产业技术联盟与政策导向

伍建民　张京成　李　梅　著

科学出版社

北　京

图书在版编目（CIP）数据

产业技术联盟与政策导向/伍建民，张京成，李梅著.—北京：科学出版社，2011.7

ISBN 978-7-03-031245-7

Ⅰ.①产…　Ⅱ.①伍…②张…③李…　Ⅲ.①产业组织政策-研究-北京市　Ⅳ.①F127.1

中国版本图书馆 CIP 数据核字（2011）第 100943 号

责任编辑：侯俊琳　李　芙　王景坤/ 责任校对：桂伟利
责任印制：赵德静/ 封面设计：无极书装
编辑部电话：010-64035853
E-mail：houjunlin@mail. sciencep. com

科 学 出 版 社 出版
北京东黄城根北街 16 号
邮政编码：100717
http://www.sciencep.com
新 蕾 印 刷 厂 印刷
科学出版社发行　各地新华书店经销

*

2011 年 7 月第　一　版　开本：B5（720×1000）
2011 年 7 月第一次印刷　印张：13
印数：1—3 000　字数：200 000
定价：36.00 元
（如有印装质量问题，我社负责调换）

前　言

创新是一个国家兴旺发达的不竭动力，是一个民族进步的灵魂。构建以企业为主体、以市场为导向、产学研用相结合的技术创新体系是建设国家创新体系的突破口。产业技术联盟是介于企业和市场之间的中间组织，是整合创新资源的新型产业组织形式。它为产学研结合提供新的路径，能够有效整合区域内创新资源，特别是组织企业进行联合攻关，在推动企业技术进步、完善技术创新体系建设、提高行业核心竞争力等方面起到日益重要的作用。

企业则通过联盟这种相对灵活的组织间交易合作方式，在获取一定的外部资源和能力的同时，降低交易的风险和成本。两个或多个企业为了共同的创新目标，共享资源、协调行动，既能分担成本，获得创新的规模优势，也可加速各主体间的知识传播和流动，促进新技术的扩散和商业化进程。产业技术联盟的创新效应和合作价值，必将产生较大的溢出效应，其扩散到联盟之外，将对区域、行业甚至国家的发展产生积极的促进作用。

产业技术联盟在提高产业核心竞争力和区域创新能力方面的作用日益突显，其已成为政府引导产业技术发展的重要组织形式，得到了国家和地方政府的高度重视和不断加大的支持。在政府的大力支持和企业的共同努力下，北京地区各类联盟总数已达到160多个，其中产业技术联盟120多个，呈现出蓬勃的生机与活力。经过多年的探索与发展，北京地区产业技术联盟已经在提升首都自主创新能力和产业核心竞争力方面显现效果，正逐步成为北京地区自主创新活动的动力源泉和首都科技创新的重要支撑力量，这对建设"科技北京"具有重要的意义。

政府作为产业技术联盟的支持者和推动者，在促进产业技术联盟发展的过程中发挥着重要作用。在发达国家，普遍存在政府介入产业技术联盟的情况，但其手段和运作方法各不相同。与发达国家相比，我国产业技术联盟起步较晚，政府在其中发挥的作用正逐渐显现。实践证明，产业技术联盟的快速、健康发展离不开政府的支持。

目前，有关产业技术联盟的研究大多集中在联盟自身的运作、相关理论和案例分析等方面，政府行为方面的研究较少，而政府作为产业技术联盟的重要推动者，其行为和作用对联盟发展非常重要，对其的研究也是一个具有前瞻性的新课题。作者在写作本书的过程中查阅了大量的文献资料，结合实际解析和总结了政府支持产业技术联盟的原因、政府在产业技术联盟发展过程中的作用和定位，以及所采取的支持方式等，试图弥补以上空白，初步探讨政策导向对产业技术联盟发展的影响。

本书在研究过程中，得到了北京市科学技术委员会软科学研究项目的支持，在"政府推动产业技术联盟发展"课题研究成果的基础上进行延伸、拓展和深化。产业技术联盟作为一种新型的组织形式，仍处于探索和发展阶段。从政策上如何支持产业技术联盟的构建和发展，非常值得深入研究。本书在考察北京地区产业技术联盟发展现状和成效的基础上，探讨了产业技术联盟相关理论与实践问题。全书共分为八章。第一章重点阐述产业技术联盟的基本理论，包括概念、基础理论、类型、组织形式。第二章重点介绍产业技术联盟的发展背景、成因、作用、理想运作机制等。第三章着重阐述国内外产业技术联盟发展现状与存在问题。第四章和第五章围绕政府支持产业技术联盟的原因、产业技术联盟发展过程中的政府作用和支持方式等进行研究。第六章和第七章则对北京地区产业技术联盟进行调查研究，运用问卷调查、实地走访等方法，较全面地反映了北京地区产业技术联盟发展的实际情况，包括联盟的形成、运作与管理、发展过程中面临的种种问题，以及政府的促进作用、政府所采取的措施等，在此基础上总结和整理近几年北京市在促进产业技术联盟发展过程中的做法、经验和体会。第八章通过大量案例分析，阐述政府在促进产业技术联盟发展过程中的重要作用和成效。

由于时间、水平、资料和实践经验有限，书中难免存在不足之处，敬请社会各界专家、读者批评指正。

作　者
2011 年 5 月

目　录

前　言

第一章　产业技术联盟概论

  第一节　产业技术联盟的概念 ················· 1

  第二节　产业技术联盟理论综述 ················· 2

    一、交易费用理论 ················· 2

    二、资源基础理论 ················· 3

    三、价值链理论 ················· 3

    四、核心能力理论 ················· 4

    五、网络理论 ················· 5

  第三节　产业技术联盟类型 ················· 6

  第四节　产业技术联盟的组织形式 ················· 9

    一、项目型 ················· 9

    二、公司型 ················· 10

    三、技术组合型 ················· 10

    四、生产型 ················· 10

    五、购买型 ················· 11

    六、服务型 ················· 11

    七、协调型 ················· 12

第二章　产业技术联盟机制

  第一节　产业技术联盟的发展背景 ················· 13

    一、解决产业共性问题的需要 ················· 13

二、提升企业核心竞争力的要求 ······················· 13

三、政府行为方式变化的结果 ························· 14

第二节 产业技术联盟的成因 ······················· 14

一、经济动因 ····································· 14

二、技术动因 ····································· 15

三、市场动因 ····································· 16

第三节 产业技术联盟的作用 ······················· 16

一、提高企业的竞争优势 ····························· 16

二、提高产业国际竞争力 ····························· 17

三、促进产业共性技术的研发 ························· 17

四、促进创新体系建设 ······························· 18

五、其他作用 ····································· 19

第四节 产业技术联盟的理想运作机制 ················· 19

一、进入退出机制 ································· 19

二、信任机制 ····································· 20

三、监督自律机制 ································· 20

四、利益分配机制 ································· 20

五、风险共担机制 ································· 21

六、协调沟通机制 ································· 22

第三章 国内外产业技术联盟概况

第一节 国外产业技术联盟发展现状 ··················· 23

一、美国的产业技术联盟 ····························· 23

二、欧盟的产业技术联盟 ····························· 25

三、日本的产业技术联盟 ····························· 27

四、国外发展产业技术联盟的基本经验 ················· 28

第二节 我国产业技术联盟发展现状 ··················· 31

一、发展概况 ····································· 31

二、存在问题 ····································· 38

第四章　政府对产业技术联盟发展的支持

　　第一节　政府支持产业技术联盟的原因·················· 40

　　第二节　政府介入对产业技术联盟的影响·················· 42

　　第三节　政府的作用及定位·························· 43

　　　　一、产业技术联盟成员的构成·················· 43

　　　　二、政府作用及定位······················ 44

　　第四节　政府对产业技术联盟的支持方式·················· 46

　　　　一、对不同类型的产业技术联盟的政府支持·········· 46

　　　　二、对产业技术联盟不同发展阶段的政府支持·········· 48

第五章　促进产业技术联盟发展的政策分析

　　第一节　促进产业技术联盟发展的政策类型·················· 50

　　　　一、财政政策与税收政策·················· 50

　　　　二、金融政策···················· 51

　　　　三、政府采购政策···················· 51

　　　　四、人才政策···················· 51

　　第二节　国际产业技术联盟政策经验与启示·················· 52

　　　　一、美国的政策经验·················· 52

　　　　二、欧盟的政策经验·················· 53

　　　　三、亚洲的政策经验·················· 54

　　第三节　我国产业技术联盟政策现状·················· 55

　　　　一、国家政策不断出台·················· 56

　　　　二、各地配套政策和措施陆续出台·········· 58

　　第四节　促进产业技术联盟发展的政策选择·············· 61

第六章　北京地区产业技术联盟调查研究

　　第一节　北京地区产业技术联盟发展优势·················· 62

　　　　一、区位优势明显·················· 62

　　　　二、知识和创新资源丰富·················· 62

　　　　三、创新环境良好·················· 63

四、政策环境优越 ··· 64

第二节 北京地区产业技术联盟发展情况 ················ 64

第三节 北京地区产业技术联盟调查分析 ················ 66

  一、产业技术联盟的形成 ································· 68

  二、产业技术联盟的运作与管理 ····················· 71

  三、产业技术联盟的发展 ································· 74

  四、产业技术联盟的创新 ································· 78

  五、产业技术联盟的需求 ································· 82

  六、政府推动联盟与自发组织联盟的对比分析 ········· 83

第四节 北京地区产业技术联盟的成效和特点 ········· 87

  一、北京地区产业技术联盟的成效 ·················· 87

  二、北京地区产业技术联盟的特点 ·················· 87

第五节 北京地区产业技术联盟存在的问题与建议 ········· 90

  一、北京地区产业技术联盟存在的问题 ·············· 90

  二、对北京地区产业技术联盟的建议 ··············· 91

第七章 北京地区产业技术联盟发展的实践与经验

第一节 北京市对产业技术联盟的支持 ················ 93

  一、政策与组织支持 ····································· 93

  二、资金和项目支持 ····································· 94

  三、具体支持措施及成效 ······························· 95

第二节 北京市支持产业技术联盟的基点分析 ········· 98

  一、谋求各方的共同利益 ······························· 98

  二、提升自主创新能力和产业核心竞争力 ············· 99

  三、符合国家政策导向和战略目标 ··················· 99

  四、适应和引导科研创新模式的转变 ··············· 100

  五、培育形成新的业务形态 ·························· 100

第三节 北京地区产业技术联盟的发展经验 ·········· 101

第八章 产业技术联盟案例研究

第一节 技术研发合作联盟 ································ 104
 一、日本的超大规模集成电路技术研究组合 ········· 104
 二、美国的半导体制造技术联盟 ····················· 107
 三、饲料产业技术创新战略联盟 ····················· 110
 四、北京数控装备创新联盟 ························· 112
 五、结论与启示 ·································· 116

第二节 技术标准联盟 ······························ 117
 一、DVD 技术标准联盟 ····························· 118
 二、闪联产业技术创新战略联盟 ····················· 120
 三、长风开放标准平台软件联盟 ····················· 123
 四、AVS 产业联盟 ······························· 125
 五、结论与启示 ·································· 128

第三节 产业链合作联盟 ···························· 130
 一、TD-SCDMA 产业联盟 ························· 130
 二、中关村数字电视增值业务产业联盟 ··············· 134
 三、中关村物联网产业联盟 ························· 137
 四、结论与启示 ·································· 138

第四节 市场合作联盟 ······························ 139
 一、中国生物技术创新服务联盟 ····················· 140
 二、3G 产业联盟 ······························· 142
 三、中关村下一代互联网产业联盟 ··················· 145
 四、结论与启示 ·································· 148

第五节 创新服务联盟 ······························ 149
 一、北京材料分析测试服务联盟 ····················· 149
 二、北京新药创制产学研联盟 ······················· 152
 三、北京协同创新服务联盟 ························· 154
 四、首都新农村建设科技创新服务联盟 ··············· 158
 五、结论与启示 ·································· 164

参考文献 ……………………………………………………… 166

附 录 …………………………………………………………… 169

    附录一　国外产业技术联盟相关政策一览表 ……………… 169

    附录二　科学技术部产业技术创新战略联盟试点单位名单 …… 172

    附录三　北京地区产业技术联盟基本情况一览表 ………… 174

    附录四　北京地区产业技术联盟调查问卷 ………………… 190

后 记 …………………………………………………………… 197

第一章 产业技术联盟概论

第一节 产业技术联盟的概念

目前，我国与产业或技术有关的联盟有很多种叫法，包括战略联盟、技术联盟、技术战略联盟、技术创新联盟、产业联盟、产业技术联盟、产业技术创新联盟、技术标准联盟、研发联盟、知识联盟等。通过对这些近义名称的抽丝剥茧，不难发现战略联盟在其中具有逻辑上的原点意义，而产业技术联盟可看做战略联盟的一个具体形式①。

这里的战略联盟指两个或两个以上的经济实体，为了实现特定的战略目标进行长期联合与合作，共担风险、共享收益。联盟各方在研发、生产、销售等方面达成相对稳定、长期的契约关系，强调借力使力，实现共同利益，创造多赢格局。

由此出发，产业技术联盟可定义为由企业、高等院校、科研院所或其他组织机构，以企业的发展需求为导向，以各方的共同利益为基础，以提升产业技术创新能力为目标，以具有法律约束力的契约形式为保障，形成的联合开发、

① 国内外理论界和产业界对产业技术联盟的称谓不尽统一，且不同称谓的含义也各有侧重。本书以产业技术联盟为主题，兼顾其他称谓的主旨，根据正文中具体内容的侧重，使用适当的称谓，特此注明。

优势互补、利益共享、风险共担的新型技术创新与产业推动组织。

第二节　产业技术联盟理论综述

国内外经济学家和管理学家分别从不同角度出发，对产业技术联盟的形成和发展做出了理论解释，以下是关于产业技术联盟的几种主要理论观点。

一、交易费用理论

交易费用理论是 20 世纪 30 年代由英国经济学家科斯（Coase）在其经典著作《企业的性质》中首次提出的。科斯认为市场与企业是协调生产的两种替换方法，企业的出现可以减少的交易成本包括搜寻价格的成本与协调和签订契约的成本。在厂商内部，市场交易消失，企业本身的内部协调取代市场交易而引导生产研发。对于企业的创新活动来说，如果企业单独从事新产品、新技术开发，则不支付对外的谈判、协商、签约等交易费用，但要支付协调开发活动的成本。企业规模越大，支付的交易费用就越少，同时企业内部协调开发活动的组织成本和失误（即组织费用）越大；而企业的开发活动如果通过市场来完成，则要支付交易费用。如果每一项开发活动都在企业内部完成，虽可节约交易费用，但会导致企业开发部门的扩大，最终使整个企业的组织费用增加。因此企业要面临选择：当组织费用小于交易费用时，企业愿意选择在组织内部开发；当组织费用大于交易费用时，企业就不愿意单独开发（钟书华，2003）。

根据交易费用理论，组织间交易的实现可以通过三种机制来进行，即完全市场、官僚组织（企业纵向一体化）和中间组织（介于完全市场和企业纵向一体化中间的组织形式）。这三种机制因交易各方目标一致性程度的不同和确定交易绩效难易程度的大小而适用于不同的情况。当交易各方拥有共同的价值观和经营理念时，中间组织是最有效率的交易方式（李振华，2005）。产业技术联盟就是一种中间组织形式，它有助于避免市场或官僚组织存在的问题。一方面，它可以将某些市场交易内部化，从而降低企业的交易成本；另一方面，它还可以避免由于企业规模扩大所带来的"组织失灵"问题。交易费用理论很好地解释了产业技术联盟存在的企业边界问题。

二、资源基础理论

企业资源是指帮助企业获取竞争优势的各种有形和无形资产的综合体。资源基础理论的核心观点是：企业有价值的资源通常是稀缺的、不可完全被模仿且是其他资源无法替代的。因此，识别、占有和积累资源是公司战略的重要步骤（刘建清，2002）。如果存在有效的资源交易市场，企业就不需要通过协作的方式来获取资源，而是依赖市场。然而市场交易通常是不完备的，在现货市场上交换有时可能是无效率的，而且某些资源可能是不可以交易的，这种资源依附于企业的内在组织中，具有无形性和知识性，难以模仿；同时这种内生的优势存在路径依赖，也就是说现存的某些资源能力是建立在以往所开展研发活动的基础之上，或者说不可能立即获得，必须通过长期的积累。任何一个企业都不可能完全拥有所需的一切资源，也不可能在所拥有的全部资源类型中都占有比较优势，特别是某些异质性资源已经固化在企业组织内部，如研发（R&D）能力、市场经验、品牌效应等，难以通过市场交易获得。另外，现代科技进步的特点是发展快，资金、技术及人力等各方面投入大，以及多种技术相互融合，因此在动态环境下，单纯地通过内部开发和并购的途径来获取资源与能力存在着致命的弱点。企业只有选择通过联盟获取合作伙伴的互补性资源，来扩大企业运筹外部资源的边界。

企业可以运用技术联盟获取其他企业拥有的有价值的资源，来建立自己独特的竞争优势；也可以在保护自己资源的同时又从利用别人的资源的过程中获益。现代技术更新速度加快，企业为了防止其技术迅速贬值，也会通过建立技术联盟的方式，使这些技术诀窍创造出更大的价值（辛瑶，2008）。

三、价值链理论

"价值链"这一概念由迈克尔·波特（Michael Porter）于1985年在其著作《竞争优势》中提出，是指企业为顾客生产有价值的产品或劳务而发生的一系列创造价值的活动（阎石，2010）。在波特的价值链理论中，企业是一个综合设计、生产、销售、运送和管理等活动的集合体，企业生存与发展的前提是不断地创造价值，而创造价值的过程可分解为一系列互不相同但又相互关联的增值活动，这一增值活动的总和就构成"价值系统"。其中每一项经营管理活动就是这一"价值系统"中的"价值链"（罗炜等，2001）。任何企业都只能在"价值链"的某些环节上拥有优势，而不可能在价值链上所有环节都拥有绝对优势，为达到"双赢"或"多赢"的协同效应，相互在各自价值链的优势环节上展开合作，使彼此的核心专长互补，在整个价值链上创造更大的价值，这是企业结成联盟的原动力。

从价值链观点来看，企业组建产业技术联盟实际上是联盟各方将各自的优势资源集中于价值链中的核心环节，实现价值链的横向或纵向扩展，保证生产要素在企业内部顺畅、快速地流通，这有利于协调各环节之间的利益关系，合理有效地利用资源，配置生产要素，提高生产效率，降低生产成本，并最终实现产业技术联盟的战略目标。随着社会分工的深入，各个企业趋向于集中自身的优势资源于价值链的某个环节，通过与价值链各个环节的企业进行长期的联盟与协作，形成具有一定竞争优势的完整的价值链。在联盟的趋势之下，企业的竞争也逐渐由单个企业之间的对抗发展成为两条价值链之间或者某条价值链和某个企业之间的竞争。

四、核心能力理论

企业核心竞争力理论是美国学者普拉哈拉德（C. K. Prahalad）和英国学者哈默（Gary Hamel）于20世纪90年代初提出的企业发展战略理论（李旭光，2008）。他们认为企业竞争优势的真正源泉在于"管理层将公司范围内的技术和生产技能合并为使各业务可以迅速适应变化机会的能力"。核心竞争力是"组织中积累性学识，特别是关于如何协调不同的生产技能和有机结合多种技术流的学识"。核心能力最基本、最重要的特征就是它的独特性，不易被仿制，也很难被替代。核心能力不同于企业资源，但核心能力的形成依赖于企业所具有的资源，其是在对企业各种资源的组织、协调、管理过程中积累形成的别的企业所不具备的、且不易被模仿、替代的各种技术、技能和知识综合体，因而具有特定的"路径依赖性"。核心能力的异质性和特定的"路径依赖性"，使其更多的是以"隐性知识"的形式存在于企业组织内部，很难在短时间内被复制、模仿，也难以通过市场交易获得，但却可以通过合作双方直接密切的接触，企业员工经常性的交流切磋、共同研究开发而逐渐渗透、融合、转移，因而技术联盟是企业获取合作伙伴"隐性知识"的最佳途径。通过技术联盟，可以借助其他企业的核心能力，强化自身的竞争优势，同时技术联盟可促使企业之间的核心能力相互融合而形成新的综合技能，从而开拓新业务（张坚，2005）。

核心竞争力包含技术能力和组织管理能力，即企业拥有的专门知识、独特的产品与技术，以及知识管理的策略与手段。技术能力是企业开发、应用新技术的能力，决定了企业技术创新的规模、水平和方向，企业通常可以通过获得、选择、应用、改进技术，以及技术学习过程形成、积累自身的技术能力。当代技术发展迅速，技术竞争加剧，技术开发国际化程度加深，不断涌现的新技术、新工艺、新的替代产品使得企业的技术能力变得极不稳定，随时面临相对弱化的威胁。企业要维系具有竞争优势的技术能力，还必须求助于外力，企业选择通过构建技术联盟，以此为机会不断进行知识、技术学习来增强自身的技术能力，这种方法具有周期短、成本低、风险小等明显的优势。由此可见，技术联盟的运作过程不仅是一个创造新产品、新技术的过程，也是一个技术学习和能力创造的过程（郭焱等，2004）。

五、网络理论

网络理论认为，具有网络型组织的企业，对于增强企业组织的活力和形成企业之间的价值链起着很大的作用，能够较好地适应市场因产品和技术周期缩短、竞争激烈所导致的动态发展要求。网络结构在协作群体企业的共同防御和相互配合中发挥重要作用。网络组织既有利于提高各成员企业的自律性，又有利于在相互协调、共同运作的基础上促进彼此的交流，从而不断提高企业对环境、技术和市场急剧变化的适应能力。

产业技术联盟作为企业间的网络化系统，其最大着眼点是在经营活动中积极地利用外部规模经济。当企业内不能充分利用已积累的经验、技术和人才，或者缺乏这些资源时，可以通过建立联盟实现企业间的资源共享，相互弥补资源的不足，以避免对已有资源的浪费和在可获得资源方面的重复建设。产业技术联盟的建立，使企业对资源的使用界限扩大了，一方面可提高企业资源的使用效率，减少沉没成本，另一方面又可节约企业在可获得资源方面的新的投入，降低转置成本，从而降低企业的进入和退出壁垒，提高企业战略调整的灵活性。

第三节 产业技术联盟类型

产业技术联盟的类型多种多样，常见的产业技术联盟分类方法主要有以下几种。

美国学者 Chan 和 Hride（1993）依据企业在研究开发阶段所选择的联盟伙伴性质，将产业技术联盟分为五种类型，包括与产品用户组成的共同研究开发联盟；与零部件的供应商组成的共同研究开发联盟；与以往竞争对手企业组成的共同研究开发联盟；与和本企业技术关联密切的企业组成的共同研究开发联盟；与政府有关部门、学校等非企业组织成员组成的共同研究开发联盟。

日本学者首藤信彦（1993）根据企业在技术资源方面的不同互换方式将产业技术联盟分为五个具体类型：包括交叉型联盟（不同行业企业互换技术资源）；竞争战略型联盟（竞争对手企业在特定研究开发领域结成联盟）；短期型联盟（拥有先进技术的企业与拥有市场优势的企业联盟）；环境变化适应型联盟（多个企业为适应市场环境变化、大规模合理配置调配技术资源而进行的联盟）；开拓新领域型联盟（多个企业共同提供某种新技术资源，开发新产品领域）。

华中科技大学钟书华（2000）依据企业结盟对象将产业技术联盟分为六种，分别是前向联盟（企业-消费者联盟）；后向联盟（企业-供应商联盟）；同位联盟（企业-配套生产商联盟或企业-竞争对手联盟）；企业-科研机构联盟；企业-大学联盟；企业-政府部门联盟。

根据是否有股权参与可以将产业技术联盟分为股权型与契约型两类。股权型是指通过相互持股或共同出资建立一家新企业等方式（如参股、股权交换、合资等）将合作双方紧密结合在一起。契约型是通过签订各种协议（如联合研制协约、交互许可等）来保护各成员企业的利益和约束彼此的行为。

根据联盟目标和联盟合作环节的不同，可将其分为技术标准联盟、研发合作联盟、产业链合作联盟、市场合作联盟以及其他类型的联盟。

1）技术标准联盟是指以制定、推行某一产业技术标准为目标的产业技术联盟，其根本目的是推动自己的技术标准，成为产业发展的主导范式。这一类型的联盟，往往拥有一批大型骨干企业，并且容易得到来自政府的支持。例如，为了解决 GSM（全球移动通信系统）标准中的知识产权问题，Motorola 与 Ericsson、Nokia、Siemens、Alcatel 等，于 20 世纪 80 年代组成 GSM 技术标准化联盟，对各自的专利许可证进行限量互换，实现技术共享；2003 年联想、TCL、海信、康佳、长城、长虹、创维等成立了闪联技术标准产业联盟，制定了闪联技术标准，并领导闪联技术标准的发展升级。

2）技术研发合作联盟是指以合作研发为目标的产业技术联盟，其根本目的是共同整合研发资源，联合承担研发风险，解决产业发展中的重大关键技术问题或共性技术问题。这一类型的联盟成员往往来自于同一个行业，有利于集中研发资源，实现能力互补。例如，1976～1979 年在日本政府的支持下，富士通、日立、三菱机电、日本电气和东芝 5 家半导体公司建立超大规模集成电路技术研究组合，合作研发超大规模集成电路（VLSI）的生产技术。1987 年在美国政府的支持下，IBM、intel、AMD、AT&T、Motorola 等 14 个主要半导体公司，组建成立了半导体制造技术联盟，目的是通过合作研发半导体制造技术，提高美国的半导体生产能力。

3）产业链合作联盟是指以完善产业链协作为目标的产业技术联盟，其根本目的是通过企业间合作，促进创新产品上下游的配套，尽快形成有竞争力的产业链。这一类型的联盟往往由跨行业的不同企业组成，成员可包括制造商、研究机构、运营商，甚至是渠道商和销售商。2002 年 10 月在我国政府的推动下，大唐电信、南方高科、华立、华为、联想、中兴通讯、中国普天等 8 家企业，发起成立 TD-SCDMA 产业联盟，有力地促进了 TD-SCDMA 创新的商业化和产业化进程。

4）市场合作联盟是指以共同开发市场为目标的产业技术联盟，其根本目的是通过联合开拓，创新产品的用户市场、联合采购降低产品成本、共用基础设施降低创新成本,通过网络互联,实现需求方规模经济。这一类型的联盟,以企业间的横向合作为特征,常常采取代理销售或捆绑销售等手段,是常见的中小企业联盟。例如,我国台湾地区从 20 世纪 80 年代开始,在信息产业领域出现了大量由中小企业组成的市场合作产业联盟。

5)其他类型的联盟是指除上述目的以外的产业技术联盟,其目的包括打击盗版、推进开放源代码、推动绿色生产等。

孙福全等(2008)按联盟成立动因和政府参与程度把产业技术联盟分为自发组织联盟、政府主导联盟和政府引导联盟。

1)自发组织联盟是指企业和企业,企业和高等院校、研究机构或服务机构等根据各自利益自发形成的,受市场机制作用影响的产业技术联盟。自发组织联盟是一种较成熟的产学研合作模式,在这类联盟中,高等院校、研究机构向企业转让技术,企业委托高等院校或研究机构进行技术研发。从成员组成来看,这类联盟中企业数量占联盟成员总数的比重较大。联盟成员通常对技术具有实际的市场需求,技术成果产业化是这类联盟的重要职责。在自发组织联盟中,各成员单位是基于成本收益原则来衡量各自的投入程度,对于那些高风险、高投入的产业共性技术缺乏投入的动力,也对那些不能快速见效的产业技术缺乏投入的热情。政府的作用主要体现在相关政策法规的制定和市场机制的完善上。

2)政府主导联盟是指一个国家或地区的政府基于区域发展需要而主导成立的,由企业、高等院校、研究机构、政府等参与组成的产业技术联盟。通常,这类联盟的成员在产业领域具有很强的实力,拥有顶尖技术,为了在世界某一产业技术领域占据领先地位,由政府主导、成员单位联合攻关重大关键技术,属于战略层面的创新。如 1987 年美国政府出资 10 亿美元实施的半导体制造技术联盟计划,大大推动了美国半导体产业发展。政府主导的模式不仅出现在苏联、东欧国家和我国的计划经济时代,也普遍存在于科技竞争日益激烈的今天。这类联盟出现在与国家或地区安全有关的战略性技术领域,大多有重大科技计划的支撑。政府主导联盟虽然具有集中资源优势和力量、全面统筹的优势,但存在一定的局限性,如财政资金的有限性、经济效益不明显或短期经济效益不显著、缺乏市场机制的利益驱动等。

3)政府引导联盟是指在相关政策引导或政府支持下,企业、高等院校、科研机构基于自身需要形成的产业技术联盟，它的发展受政策措施的影响较大。目前，大多数产业技术联盟属于这一类。这类联盟需要政府通过科技政策或科技计划的制定来鼓励和引导。根据政府介入的程度，可分为资金引导型和非资金引导型。资金引导型适用于企业出资有所顾虑的产业技术领域、共性技术和前瞻性技术领域，政府可通过设立项目资金、匹配资金、风险资金等资金，以及财税金融政策来帮助联盟企业解决资金不足问题，减少企业技术创新的风险，提高企业参与创新的积极性。而非资金引导型适用于受市场影响较大的技术领域，政府可通过政策引导，如完善市场环境、搭建信息交流平台和技术支持平台，引导联盟进行机制体制创新，设立管理协调机构等来推进联盟成员间的合作。

第四节 产业技术联盟的组织形式

产业技术联盟的组织形式多种多样，目前主要有以下几种。

一、项目型

联盟各方为了节约研究开发成本，降低开发风险而围绕特定开发项目相互合作。这种联盟组织形式可实现联盟成员的资源互补，增强技术创新实力，其特点是联盟各方都有明确的技术创新目标，并按平等和优势互补的原则将项目任务分解到每个联盟成员，所有联盟成员都能从项目开发成功中受益，一切联盟活动都服从于和服务于该项目目标，一旦目标实现，产业技术联盟自动解散。例如，1999 年 5 月，诺基亚公司与韩国运营商 SK 电信宣布结成产业技术联盟，共同推动第二代 WCDMA（宽带码分多址）技术发展；2000 年 4 月，高通公司与微软公司携手开发新型无线电通信设备与数据服务；康佳、朗讯联手开发新一代手机等。这些项目型联盟都具有动态性，其动态性并不使联盟内组织涣散，相反，各成员围绕创新项目，形成紧密合作关系（李显君，2002）。

二、公司型

由企业与合作伙伴共同出资组建新的公司,并在新公司内从事联盟各方拟定的生产和技术活动。此种联盟组织形式没有现成的技术以供转移,却有实在的联盟载体。联盟成员按照出资比例构成该公司的大小股东,他们是联盟的实际决策者;企业经营者对公司进行日常管理,对股东负责。例如,中兴通讯与新太集团合资组建的中兴新太数据通信有限公司,双方的合作以新太集团北京技术开发中心的技术和业务为基础,由中兴通讯追加 2795 万元,总投资额达 4300 万元,形成由中兴通讯持股 65%,新太集团持股 25%,经营者和内部职工持股 10% 的有限责任公司。新公司面向数据通信领域,提供基于现代多媒体综合通信网的各种全面解决方案(王彬,2004)。

三、技术组合型

联盟各方分别将各自的优势技术贡献出来进行新组合,这种新组合的技术产品实现了优势叠加,功能往往优于同类产品。这种组合形式往往出现在业界实力较强的企业之间,联盟企业一般已处于或接近市场主体地位,联盟既不以技术引进为目的,也不以赢利为目的,技术组合的结果是使联盟各方共同成为技术领先者或拉大与竞争者的差距。例如,金山公司与莲花软件(中国)公司共同推出了 WPS 1-2-3 套装办公软件。该产品由 WPS97 和 Lotus 1-2-3 Office Pro97 中文版的电子表格软件、桌面数据库产品 Approach97 中文版、多媒体简报制作软件 Freelance Graphics97 中文版、电子效率手册软件 Organizer97 中文版以及多媒体播放软件 Screen Cam97 中文版组成。这些风格相同、功能各异的软件有利于提高各种软件产品之间协同工作和网络计算的能力。与同类产品相比,WPS 1-2-3 内容更加丰富,性价比更高,具有不可比拟的特色优势,从而引领该行业的潮流。

四、生产型

生产型组织形式是企业实现侧面技术引进的方式,合作中的企业为伙伴生产新技术产品,在生产过程中,深入了解新产品的工作原理、新技术的创新原理及创新特色，并与自身特色相结合，实现新技术的本土化。通常采取这种组织形式的联盟成员一方是国内企业，另一方是跨国公司。国内企业结盟的目的是引进国外先进技术，实现世界先进产品的本地化生产。例如，北大方正集团与美国慧智（WYSE）公司合作，由方正集团广东东莞制造基地生产中西文终端 888 系列，使世界闻名的 WYSE 终端产品迅速实现规模化、本地化生产。同时，方正集团硬件制造生产技术得到了进一步提高，并为国内计算机工业引进了世界先进的生产技术。

五、购买型

购买型组织形式是指技术合作方式为一方从另一方购得技术，如专利许可、技术设备等，作为自身技术实力的补充。供应方还可以提供相关的技术培训，如派专家培训或允许购买方技术人员前往供应方考察学习等，购买方在新技术的应用与接受培训的过程中，逐步掌握该项技术。例如，1999 年摩托罗拉公司与 SNAP TRACK 结成产业技术联盟，其内容为后者向摩托罗拉公司提供应用于无线设备的全球定位系统技术。一般购买方也不以单纯的技术获得为目的，它往往在购买后对技术进行吸收与创新（杨洁，1999）。例如，2000 年 6 月，恒基伟业与微软结盟，购买了新的 Windows CE3.0 嵌入式操作系统，还在此基础上研发以 Windows CE3.0 为操作系统的高端掌上计算机产品。

六、服务型

这是一方以技术引进为目的的联盟组织形式。通过联盟，联盟成员为合作伙伴提供产品市场销售、咨询等技术服务，同时在技术服务中引进新的先进的技术。例如，中软总公司与 Borland 中国有限公司合作，将其高质量的软件工具引进中国。中软总公司作为其的总经销商，面向国家部委和国内各系统集成商、代理商，为计算机用户提供技术支持服务。与购买型相比，服务型的被服务方对技术不是正面接受，服务方也没有对其进行技术培训的义务，因此很多企业是在服务中捕捉学习机会，其技术引进程度取决于其感知能力与认知能力。

七、协调型

这是一种由联盟各方组成的、联系较为松散的组织形式，目的是协调联盟各成员之间的技术活动。例如，由联想、方正、海尔、长虹等国内 50 多家企业联合倡议发起组建的中国信息产业数字化（3C 产品）产业联盟。该联盟本着"联合、创新、发展"的宗旨，协助政府制定相关技术标准，鼓励联合创新，以规范求发展。该联盟的成立，将促使国内计算机、通信、家电厂商沿着 3C（computer、communication、consumer electronic）融合的方向调整战略，加速研发拥有自主知识产权的产品，并将影响原先分离的 3C 产业格局，掀起一股融合与竞争的高潮（李红玲等，2002）。

第二章 产业技术联盟机制

第一节　产业技术联盟的发展背景

产业技术联盟的产生和逐步发展基于如下三个方面的背景。

一、解决产业共性问题的需要

产业共性问题主要表现为五个方面：一是共性技术的研发；二是技术标准的制定；三是产业链配套；四是中小企业的市场门槛；五是新技术产业相关的社会规则。面对产业共性问题，单个企业既缺乏解决的意愿，也缺乏解决的能力，只能寄希望于政府的出面，或企业组成产业联盟来解决。政府政策与产业联盟相结合是重要发展趋势，即政府通过支持产业联盟的发展来促进产业创新。产业联盟是市场导向的组织，其效率比政府直接干预要高（陈小洪等，2007）。

二、提升企业核心竞争力的要求

由普拉赫德和哈默提出的企业的核心竞争力（core competency）是指企业拥有的关键技能、隐性知识和智力资本，它规定了企业的本质和边界，是顾客价值和企业创新的源泉，并最终决定企业的竞争优势和经营绩效。它实质上就是企业价值链的战略环节。从提升企业核心竞争力的角度，可以看出产业技术联盟是国际竞争环境变化的产物，是避免重复投资、优化资源配置的需要，是实现联盟成员间技术领先的目标以及建立和保持技术的市场优势目标的需要，是企业有效规避风险、提高竞争力的战略选择，是当今科学技术发展的必然结果（李万斌，2008）。

三、政府行为方式变化的结果

政府政策的调整促进了产业技术联盟的发展。由于全球产业竞争的加剧，许多国家的政府都更加关注本国产业的国际竞争力，扩大了市场垄断中"相关市场"的范围，放松了对合作创新的垄断管制，从提高本国产业竞争力的角度出发重视支持产业技术联盟，以解决产业发展的共性问题，特别是产业创新中的共性问题（陈小洪等，2007）。在繁荣和促进全社会创新方面，政府除了承担传统的制定规则和营造环境的角色之外，还进一步通过对风险资本市场、企业创新的赢利目标行为和企业实现创新的途径等环节的干预将支持手段（资金、渠道和组织）深入市场企业主体，由此促成了政府从单纯的管理者角色向管理者和参与者双重角色的转变（王胜光等，2007）。

第二节　产业技术联盟的成因

企业是产业技术联盟的核心主体，郭丽斌等（2007）从这个角度将产业技术联盟的形成动因归纳为三个方面：经济动因、技术动因和市场动因。

一、经济动因

从经济学的角度看，产业技术联盟是能够有效降低交易成本、优化配置、合理使用资源的组织形式。联盟形成后，联盟伙伴需要经常沟通和合作，这一方面大大降低搜寻交易对象信息方面的费用，另一方面增加相互之间的信任，以减少各种履约风险，即使在交易过程中产生冲突，联盟伙伴在长期合作的基础上亦可通过协商予以解决，从而避免无休止的讨价还价。同时，联盟的建立可以促进企业、高等院校与科研机构间的组织学习，从而提高各方对技术、产品、市场等不确定性环境的认知能力，减少因交易主体的有限理性而产生的种种交易费用。产业技术联盟运作过程具有明显的正外部性，如高等院校、科研院所与企业在合作过程中相互学习，结合自身特点不断形成对技术难点的重新认识，并将相关创新成果移植运用于其他相关领域，从而使得知识获取成本具有边际递减性；此外，联盟中的知识溢出将降低企业对于劳动力、资金等方面的需求并减少相应的成本。

二、技术动因

当代的科学技术已是各学科知识的相互交融，任何企业都不可能拥有所有的技术创新，激烈的市场竞争和新技术生命周期的缩短又不允许企业花长时间来开发所需的全部技术。因此，为了实现技术的配套开发，企业必须借助其他企业和机构的技术优势，必须与其他企业、机构结盟，才能迅速开发出新产品、新技术，才能跟上技术发展的要求，才能在竞争中取胜。

产业技术联盟通过知识的共享和融合，可以加快技术创新步伐。企业间各项技术相互关联，拥有互补的技术基础，因此通过知识的扩展能力和转换能力，企业之间相互学习、消化和吸收，可以使联盟可以在充分的技术资源基础上，集中各方力量进行核心技术创新和关联创新，使技术创新的步伐加快。同时，由于技术创新的成果具有多用途性，一项技术创新中应用的技术可以被复制、移植到其他企业的产品生产中去，从而使得各企业都可从中引发一系列新技术和新产品，产生技术创新的集群效应，并可在研究开发中节约费用和时间，企业也可收到更多的经济效益。"向合作伙伴学习"是日本及许多欧洲公司建立企业战略联盟的主要动机。通过相互学习加速了技术在联盟内的迁移，各个成员之间的技能、诀窍、经验相互交流和转移，使合作伙伴迅速掌握欲开发的相关技术，扩展了技术开发的亲近度，因此合作伙伴可以借鉴学习其他成员相关创新经验，使创新的成功率提高。

此外，组成联盟还可以分散技术创新的巨大风险。如今科技发展日新月异，产品寿命周期大大缩短，单个企业要想长久保持技术竞争的优势，就必须加强研究和开发的力度。但新技术、新产品研究开发的费用高昂，即使大企业往往也难以承担研究开发的巨额费用和巨大风险。而联盟把几个企业的资金、物质和人才资源联合起来，各企业就可以共担开发费用和风险，避免单个企业研究开发中的盲目性和风险性。另外，联盟可以采用组合投资策略，用成功项目的收益来抵消失败项目的投资损失，以获得整体技术创新的风险收益，从而可以迅速开发出新产品、新技术，占领技术高地，并可使自己的技术标准或方法准则成为整个行业的技术标准，引导和规范整个行业的技术创新行为。

三、市场动因

规模经济的实现有赖于市场需求，当市场需求有限，规模经济就难以实现。通过联盟成员各自市场边界的交叉和融合，可以在更大的范围内实现规模经济。战略联盟中跨国战略联盟占相当大比例，主要原因就是各联盟成员都想获得对方国家的相应产品市场，并扩大规模经济的边界。

通过联盟关系，联盟各方可以利用联盟的营销网络方便地进入新的市场，降低开拓新市场的成本。通过联盟，企业能够降低来自于市场的风险，由于对新的市场特别是国外市场知识的局限性和文化的差异，进入该市场风险较大，结成联盟，利用联盟成员已有的市场知识和经验，特别是营销网络，可以将市场风险降低到最低限度。同样的，利用联盟关系，联盟各方可以用其他联盟成员的优势来弥补自己的劣势，从而加强自己产品的竞争力，更好地对抗竞争者。寻求一个好的联盟者也可以充分利用其品牌形象来提升自己的品牌。

第三节　产业技术联盟的作用

一、提高企业的竞争优势

企业通过联合组建产业技术联盟，能有效突破企业现有规模、技术能力和专利保护等限制，促使企业特别是中小企业尽快进入科研开发前沿，掌握先进技术，提高产品的市场竞争力，赢得市场先入优势；能突破现有资金、人才和信息的制约，解决企业技术创新的瓶颈，提高研发的成功率和效益；依靠联盟，企业可以相互弥补资源的不足，增强研发力量，缩短技术创新周期；技术联盟使技术创新的投入和可能产生的风险在内部得到分摊，有利于减轻企业技术创新的负担并降低风险，保证创新所需的高投入，减轻成员的成本；联盟内的开放性为成员及研究人员提供了互相学习的机会，企业可以完成经验的积累、信息的获取和人才的培养，有利于提高企业自主创新能力（李树强等，2007）。

二、提高产业国际竞争力

随着经济的全球化发展和对外开放程度的加深，发达国家通过各种手段加大对我国产业的控制力，如专利池、知识产权、封锁、技术垄断等，使我国产业成长空间受到压制。例如，在DVD产业领域，我国的产业规模虽然很大，但是每出口一台DVD要缴纳一定的专利费。由于缺乏产业技术联盟组织，国内产业在标准建设、知识产权等方面难以突破发达国家的壁垒。当今世界技术竞争，已经从过去单个产品、单个企业之间的竞争发展成为以技术标准为纽带的产业链竞争，发展成为各种产业技术联盟之间的竞争。联盟成员围绕着产业内核心主体，形成一个个集成的竞争模块，通过资源整合，扩大辐射面和影响力，并最终取得共同利益。要应对这种联盟竞争，很难依靠单个企业，必须形成联盟，联合产业链上下游的关键要素，提升整个产业链的核心竞争力。实践证明，从产业技术联盟入手解决产业发展中受制的瓶颈问题，具有重要意义，我国在TD-SCDMA标准、EVD（增强型多媒体盘片系统）标准等的制定上，产业技术联盟都发挥了重要作用。

三、促进产业共性技术的研发

共性技术既是企业进行技术学习和发展专有技术的基础，也是提高企业和产业创新能力的重要支撑。长期以来，我国主要依靠行业科研院所作为共性技术研发与扩散的主体，但是随着科研院所的转制，原有的研发资助体系有所弱化。产业核心共性技术的研究与开发须长期投入并存在风险性，往往与单个企业所要追求的短期利益相矛盾，导致近年来我国产业共性技术研究薄弱。产业技术联盟作为技术进步的中间组织，可以成为共性技术研发体系的重要组成部分。首先，产业技术联盟是由产业内相关技术创新主体所组成的具有共同利益的联合体，具有承担共性技术研发的内在动力，在组成机制上有利于突破制约产业共同发展的共性技术研发瓶颈；其次，产业技术联盟本身贴近市场需求，是产业内开发、生产与应用的综合体，有利于提高共性技术的产出和扩散效率；最后，产业技术联盟有利于整合产业内各个企业及非企业组织的技术和科研资源，有效发挥联盟成员核心技术优势，对产业关键共性技术进行联合攻关，形成产业发展的技术战略和技术路线，引导产业技术发展，推动科技成果的推广应用。

四、促进创新体系建设

以企业为主体、产学研结合的技术创新体系是我国建设创新型国家的突破口，但是目前我国产学研结合还缺乏有效的机制和组织形式。进入 21 世纪以来，各经济主体的市场地位和角色基本确立，形成产学研各主体之间协作、分工，以及稳定的联系机制越来越重要。产业技术联盟作为企业和市场的中间组织形式，为产学研结合开辟了新途径。产业技术联盟从企业发展的需求出发，以合作各方的共同利益为纽带，围绕产业技术创新链构建，集聚产学研用各单位，共同开展科研攻关、技术合作、信息共享等，共同解决产业发展的重大技术问题，推动了科技资源的整合，成为以市场为导向、企业为主体、产学研用相结合的技术创新体系的重要节点。

另外，联盟在区域创新体系建设中起到积极的促进作用。它对区域创新体系建设的作用主要表现在两个方面。一是知识生产和共享，共享知识是区域创新体系的一个重要方面，因为它有助于提高互动学习的能力。二是形成了互动的学习，互动的学习是区域创新体系中的核心概念，而学习与创新密切相关。产业技术联盟使企业积极参与到创新网络中来，与网络中的其他企业和组织合作，创新就更容易产生。因此互动的学习就是指企业采用的一个建设性的战略，这一战略的运用可以补充学习过程中可能缺少的知识，而这些知识是企业自身无法提供的。企业的创新来自于互动的学习的过程。一般来说，创新成功的企业都与外部技术和知识有密切的联系。互动的学习以多种形式存在，可能以垂直或水平的方式发生互动。在区域创新体系中横向的网络更有效，因为它们转换和传递对创新至关重要的知识和信息。有两种形式的网络，一种是交易网络，这是因用户和生产者之间交易而产生的联系，另一种是知识网络，这是技术诀窍的信息交流，而这些都有助于创新。很显然，在区域范围内技术联盟构成了区域创新体系的一个重要机制，它提高了互动的学习和企业机构之间的知识分享（李万斌，2008）。

五、其他作用

除上述四个主要作用外，产业技术联盟还能够促进市场竞争秩序的规范，充当政府资助科技项目的重要载体。前者指联盟通过加强品牌建设，提升社会影响，规范联盟成员的市场竞争行为：一方面可为联盟开拓市场，增强成员之间的吸引力和凝聚力，做大联盟成员之间的"市场蛋糕"；另一方面，抑制了过度竞争和无序竞争，促进市场竞争秩序的规范。后者则指产业技术联盟有利于集中产业科技资源，开发产业共性、关键或前瞻性技术，并且贴近市场需求，从而使政府主导的科技开发与市场需求实现有机结合，利于科技成果的推广和产业化，也有利于提高产业的知识和技术水平，从总体上推动产业技术进步，达到政府支持科技研究的目的（陈宝明，2007）。

第四节　产业技术联盟的理想运作机制

只有建立科学合理的运作机制，才能保证联盟正常运转，为联盟各方带来预期利益，为增强自身竞争力发挥更积极更有效的作用。产业技术联盟的理想运作机制主要包括如下六个方面。

一、进入退出机制

在联盟成立后，建立成员进入退出机制有利于保证联盟成员的质量。在组织机构申请进入联盟时，对其进行考核可以确定其能力和层级；在成为联盟成员后，对其进行考核，可以使联盟对其信誉度、与其他成员企业之间的关系等有较好的了解，在必要的时候，可以据此将问题成员清除出联盟。联盟是一种开放的组织，进入退出机制在保障联盟持续发展、减少成员间的机会主义行为等方面具有重要作用，为联盟管理成员单位、更好地为成员单位服务提供了依据。

二、信任机制

信任是合作的基础，成员之间的信任关系是建立联盟的基础。信任能使产业技术联盟降低成本，提高反应能力与运作效率，规避经营风险，形成长效机制，进而提高产业技术联盟的整体竞争力。产业技术联盟必须妥善解决成员间的摩擦，建立起联盟成员间的信任机制。通过建立联盟内的信任机制可以加强和保障信任关系，为成员之间进行更为深入的合作创造条件。同时，也可以通过信任机制的建立加强对联盟成员的监督。成员之间的信任会促进相互之间的交流与合作，将更有利于体现和发挥联盟的整体优势，提高联盟的层次并扩大其规模。从联盟成员之间的合作形式看，成员之间的信任关系主要有合同信任和契约信任，长期合作中形成的默认信任和共识信任也很重要。

三、监督自律机制

产业技术联盟是建立在共同愿景和相互信任基础之上的组织，各成员结成联盟是为了实现共同的目标和美好的愿景，但是由于参与的组织机构在联盟中的地位和具体利益不尽相同，难免会出现在利益驱使之下的机会主义行为。因此，产业技术联盟成员和产业技术联盟本身，都应当建立一种监督自律机制，约束自身的行为。同时，需要在联盟内建立成员的监督管理机制，通过高效的行政手段、法律手段解决合作过程中出现的各种利益争端和机会主义行为，防止机会主义行为造成的损失和其他负面效应，保证联盟成员获得其应得利益，净化合作环境。

四、利益分配机制

实现"共赢"是产业技术联盟形成的基础，在联盟运作过程中，利益分配多成为矛盾的焦点问题，不少联盟都因为利益分配不合理而破裂。因此，科学的利益分配机制是联盟各成员顺利合作的关键。产业技术联盟的实质是成员利益的一体化，应明确创新产出的利益共同体，充分发挥市场在配置资源中的基础性作用，不搞"拉郎配"，不追求表面上的联合（刘旭东等，2009）。

利益分配机制的核心问题是知识产权的保护和评估，要按照市场机制建立以知识产权为中心的利益分配机制，联盟各方应通过契约安排或股权安排，约定其技术成果的归属与产业化收益。科学的利益分配机制不仅在利益分配上体现公平合理，而且在利益的获取方式上体现各成员的共同参与、决策和监督，坚持以下几个原则：

1）互惠互利原则。尽管联盟的整体会呈现一体化合作模式，但成员都具有各自的经济目标。因此，成员的自主利益应得到充分保证，否则将会影响其积极性，甚至导致合作的失败。

2）风险利益对称原则。在考虑利益分配的时候也应该使分配原则与各方承担的风险对称，并注意区分技术开发风险和生产经营风险，衡量不同程度的风险。在确定利益分配方式时，应有相应的风险补偿措施。

3）结构利益最优原则。从产业技术联盟组建的实际情况出发，充分考虑各种影响因素，合理确定利益分配的最优比例结构，促使各个联盟成员实现积极合作、协调发展。

4）个体合理原则。各个成员参与联盟得到的利益应当大于"单兵作战"的收益预期，联盟不能损害成员的个体利益，否则会造成联盟的分崩离析。

五、风险共担机制

产业技术联盟的运作面临着双重风险：技术研发失败与联盟参与方的机会主义倾向。对于前者，联盟各方主要通过周密的协议安排分担风险；对于后者，其约束机制既依赖于正式的合约惩罚机制，如司法强制力，也依赖于商业信誉、商业道德等非正式的制度约束（赵志泉，2009）。联盟也要改变风险完全由企业承担的状况，高等院校、科研院所应当按照合作合同共同承担风险责任。政府要通过税收优惠等政策、资金投入分担或其他措施降低企业的风险，支持风险投资公司加大对产业技术联盟项目的投入力度。

但是，政府在对联盟进行支持的同时，也应该要求联盟成员承担一定的投资风险，以减小盲目申报政府支持项目的可能性。目前，我国有些科技成果转化、产业化的政府科技计划对承担单位的项目资助是全额资助，没有明确要求承担单位自身必须投入多少比例的资金，在这种情况下，承担单位对获得资助的项目就不用承担任何投资风险，很容易造成项目申请单位在申报时夸大自身实力，夸大项目研发所需费用，使政府有限的科技成果经费不能得到有效配置（刘旭东等，2009）。

六、协调沟通机制

在产业技术联盟中，成员构成复杂，企业、科研机构、中介组织、政府部门之间的组织形式、工作方式、思维方式等都存在一定差异，沟通不畅极易导致误会与摩擦。沟通是了解的基础，协调是产业技术联盟中处理矛盾和冲突的主要手段（齐建英，2008）。通过构建多层面的沟通平台、创造多样化的沟通渠道，形成顺畅的沟通机制，有利于建立和巩固成员间的信任，消除摩擦，促进合作共赢。产业技术联盟协调沟通机制的建立主要包括以下几个方面：①建立目标协调机制，即建立联盟的目标体系，使联盟与联盟企业的目标趋于一致。建立一套完整的目标体系对联盟的协调管理十分关键，如果在联盟组建阶段，就和成员企业在合同中明确规定各自的目标任务，那么对联盟的运作是十分有利的。有了这种目标分解和任务规定，联盟的协调工作就变成为促使目标任务的实现而采取的组织间的管理措施（吴萍，2008）。②建立联盟信息交流机制，其内容包括资料交流机制、人员交流机制、高层互访机制、情报互通机制、联盟语言选择机制等。③建立联盟高层协调机制，包括高层互访制度、高层正式磋商制度、高层非正式磋商制度、高层对话交流制度、高层私人交流与友谊缔结制度等。④建立联盟的危机处理机制，包括冲突文化协调制度、危机防范与预警制度、争端处理制度等。⑤建立联盟文化冲突处理机制（赵志泉，2009）。

第三章 国内外产业技术联盟概况

第一节 国外产业技术联盟发展现状

自 20 世纪 80 年代以来，国际上的企业为保持在全球化中的优势，开始采用联盟形式。美国、日本以及欧洲等国家和地区的产业联盟和技术联盟逐渐兴起，实现了低成本与高收益相统一的技术创新模式。一些著名联盟相继建立，如美国的微电子与计算机技术公司（MCC）、半导体制造技术联盟，日本的超大规模集成电路技术研究组合等。这些联盟的出现，大大促进了当地技术的创新和产业的进步。据统计，自 1985 年以来，联盟组织数量的年平均增长率高达 25%。在美国最大的 1000 家企业的收入中，16% 来自各种联盟（北京数控装备创新联盟，2009）。

一、美国的产业技术联盟

自 20 世纪 70 年代，美国的制造业逐渐被日本企业侵蚀，尤以汽车、机械和电子等领域为甚。美国企业界由此意识到企业间合作竞争的重要性，迅速兴起了产业技术联盟的热潮。美国半导体产业在政府推动下，逐步建立起完整的上中下游产业技术联盟体系。上游是由先进微电子研究公司（MARCO）负责管理、由高等院校作为研究主体的半导体研究中心计划，其目标是以高等院校为基础设立 6 家研究中心，由成员企业和政府共同出资，重点进行探索性研发工作，解决 8～10 年内可能出现的技术问题。中游则包括由电子、通信与计算机企业共同成立的半导体研究集团（SRC）以及由半导体企业成立的半导体制造技术联盟，这两大联盟都积极与高等院校或政府科研机构合作，重点瞄准应用研究。下游则是半导体企业间的技术开发项目，主要是产品开发。美国半导体产业的复兴正是得益于这些不同类型的联盟的协同作用（张义芳等，2008）。

美国的产业技术联盟主要分布在三个领域：一是化学和医药工业领域；二是工业自动化、软件和航空领域；三是电信、微电子、计算机领域。此外，电子工业的产业技术联盟也较为盛行。美国的产业技术联盟有两大目的：一是获得技术知识、减少成本、降低风险；二是建立和统一技术标准。

美国的产业技术联盟的形式主要有两种：一是与同行业者在相近领域展开横向联合，集纳双方优势达到"增值效应"。这种联盟所具备的功能不是将双方能力的简单组合，而是将人力、资金、设备等诸多要素共同作用下的有机组合，从质上提升合作企业的竞争力。这样做不仅能够减少市场需求的不确定性及同行业的竞争压力，变竞争为合作，共同应对复杂的外部环境，而且可以通过合作方的共同努力扩大生产能力、拓宽销售渠道。例如，在医药行业，美国默克制药厂和生物技术公司 Schering-Plough 建立了协作性合作伙伴关系，联合开发治疗气喘和过敏的新药。二是与供应商建立垂直联盟。即通过价值链不同环节的比较优势合作达到价值链的总体增值。表现为价值链中的每个环节都由在此环节效率最高的成员来完成。这种产业技术联盟中的企业通常具有能力上的互补性，这样的合作能够同时实现资源配置和投入的优化，把技术开发涉及的不同对象都纳入统一系统，实现资源整合。

此外，美国企业还在海外寻找技术开发能力强的小企业，以自己的资金和开发优势获取其创新技能。例如，默克制药厂与瑞典一家制药公司 Astra AB 之间的合作。Astra AB 是一家相当小的公司，但它却有很强的创新能力并研究开发出了一系列有竞争力的产品。默克制药厂则是美国一家规模较大的制药厂，资金富足而且有着较为广泛的销售渠道，但灵活性及创新性均不及中小高技术创新公司。双方合作刚好可以实现资金、技术、信息互补的优势（李云娥等，2007）。

从产业技术联盟治理结构来看，美国企业多采用契约型治理方式，其次是合资股权型治理方式。

美国的产业技术联盟发展呈现出以下趋势：一是联盟的目的正从追求规模经济转向追求速度经济。前者以物质资源为主导，后者以技术创新为主导。二是联盟伙伴的选择由重视国外转向重视国内。美国国内企业结成的联盟正表现出更强的创新性，产品也更具竞争力。共同的价值取向、生活方式和文化日趋成为美国产业技术联盟持久发展的基础。三是由小范围联盟转向网络化联盟。多渠道、多层次、多角度的企业网络正在不断拓宽美国产业技术联盟的发展空间。四是由以单项联盟为主转向以多项联盟为主。多项联盟是企业之间围绕多个技术项目而进行的合作。随着联盟广度的扩大、深度的增加以及联盟网络化的发展，多项联盟将会取代单项联盟成为美国产业技术联盟的主要形式。五是由传统的合作技术开发方式转为化整为零、集腋成裘的新型战略方式。这种以核心技术为中心的联盟，通过扩散关系加强了成员间的协作和依托，既能发挥产业技术联盟的整体优势又保持了自身产品的核心地位。

二、欧盟的产业技术联盟

产业技术联盟是欧洲联盟（简称欧盟）企业发展的一种现实需求和战略选择。第二次世界大战后，美国和日本的经济实力赶超了欧洲各国。国际市场环境的变化使欧洲各国逐步认识到，要恢复昔日的经济大国地位，就必须联合成一个整体应对美日的挑战。这种实践逐步从经济、政治领域转向科技领域，推动了欧盟产业技术联盟的兴起。

欧盟的产业技术联盟主要集中在航空技术、工业自动化、微电子、生物技术及政府支持的高新技术等领域。同时，各国的产业技术联盟多集中于本国的优势领域。例如，德国企业在微电子领域的联盟居主导地位；瑞士企业加入的联盟偏重于生物技术领域；荷兰和法国的电视业、英国的医药业也都是产业技术联盟的重点。欧盟内部企业间的联盟主要偏重于欧盟所支持的技术领域，如"尤里卡计划"（EURECA）[①] 中的项目等。

---

① 20世纪80年代，面对美国、日本日益激烈的竞争，西欧国家制定了一项在尖端科学领域内开展联合研究与开发的计划，即"尤里卡计划"。它的目标主要是提高欧洲企业的国家竞争能力，进一步开拓国际市场。EURECA 是 European Research Coordination Agency（欧洲研究协调机构）的英文缩写。

欧盟的产业技术联盟的目标体现在三个方面：一是通过共同参与新技术开发降低成本、避免重复劳动；二是提高新技术创新的风险承担能力；三是以整体实力与美日企业对抗。这也是欧盟成员国企业间联盟的主要目的。

欧盟的产业技术联盟的合作方式灵活多样。开发新技术时通常采用共同研究方式，共同组建和使用研究设施。例如，法国布尔集团、德国的西门子、英国国际计算机公司等欧洲三大电子公司为了开发高级计算机技术，于1984年建立了共同开发中心。在共同研究开发项目中，一般是各自独立、任务分担，最后根据各自的贡献各取所需。例如，英法两国多家企业和科研机构合作研制"协和式"飞机项目。在技术复杂的大型项目开发中，往往由联盟实体来整合各方资源。例如，为了同美国波音公司竞争，欧洲空中客车公司把欧洲各国制造飞机的智慧和优势结合在一起：A300和A310宽体飞机由德国负责生产机身，英国负责生产机翼，西班牙负责生产尾翼，在法国总装。

为确保"跨世纪发展"，在世界市场竞争日趋加剧的情况下，欧盟各国政府都非常支持产业技术联盟的发展，采取了调整科技发展战略等一系列措施，努力发展高科技、促进科技成果产业化。例如，欧盟构建的"第五个框架计划"强调专项研究与发展计划，加强成员国的合作，鼓励创新和促进中小企业参与研究开发。

欧盟产业技术联盟呈现出以下一些发展趋势：

1）联盟形式由一般的技术性合作转向组成集团性的虚拟公司。通过建立集团公司而形成的虚拟组织是动态企业集成的最高形式，可实现单个企业无法实现的速度经济。

2）联盟的战略目标由区域化转向全球化。区域性的战略行为已越来越无法满足全球经济竞争的需要。只有与区域外具有较强互补性或较强实力的企业进行联合，才可以争取同质产品在时间上的优势，从而进一步占据全球性的消费市场。

3）欧盟内部中小企业间的产业技术联盟进一步增强。事实证明，中小企业网络的创新性及互补性较强，尤其在一些高难度、高竞争性的领域，如生物技术领域，中小企业更能发挥自身优势。通过合作，中小企业对减少失业率和促进欧洲经济发展做出重要贡献，成为欧洲经济的引擎。

4) 联盟发展战略从纵向一体化经营转向多样化经营。多样化经营指联盟的范围超出原来协议的规定。多样化经营战略减少了参与联盟的伙伴，避免了文化、管理风格上的协调费用，能更好地提高成员的绩效，还可以充分利用成员内部的闲置资源，获得更多的合作利润。

5) 联盟的目的从分担风险、降低成本转向组织学习。通过联盟可以使企业间知识形态的资源进行水平式双向或多向流动，从而提高合作方的创新能力（王德禄，2007）。

三、日本的产业技术联盟

日本的产业技术联盟自 20 世纪 60 年代开始兴起，早期形式表现为企业在研发环节的合作，20 世纪 80 年代后，企业在技术标准环节的合作开始涌现。日本企业间的合作研究开发可以分为三类：一是参加者间缔结合作研发契约，并共同提供研发经费；二是参加者共同出资成立另一法人机构（公司）；三是依据《工矿业技术研究组合法》设立"技术研究组合"。

为鼓励企业积极参与政府主导的重大产业技术研发计划，日本政府于 1961 年颁布了《工矿业技术研究组合法》，并配套一系列财政补助金、各种税制优惠等政策，鼓励企业成立"技术研究组合"，推动企业以多家企业协作组织方式积极参与国家的重大工业技术项目的研究开发。

技术研究组合主要以技术课题为中心组成，其目标是解决周期长、风险大的大规模技术课题或产业共性关键技术问题，参加成员基本上是大企业。日本的国家重大产业研究开发计划项目基本上都是在政府的倡议组织下，由企业结成技术研究组合，并联合高等院校和研究机构，组成联盟共同开展研发。技术研究组合为提高日本的产业技术水平发挥了重要作用，其成功案例包括：20 世纪 60 年代的高分子原料技术研究组合、光学工业技术研究组合；20 世纪 70 年代的原子能制铁技术研究组合、超大规模集成电路技术研究组合；20 世纪 80 年代的形状记忆合金技术研究组合、激光浓缩技术研究组合；20 世纪 90 年代的太阳光发电技术研究组合、超尖端电子技术开发机构、超音速运输机推进系统技术研究组合；2000 年的电子商务安全技术研究组合、微化学加工技术研究组合等（吴松，2009）。

从组建产业技术联盟的目的来看，日本企业更加注重通过联盟掌握自身所缺乏的稀缺性资源，并通过学习、合作、竞争，培育企业核心竞争力。突出表现为在联盟成员的选择上，日本企业注重选择资源互补性强、具有核心技能的合作伙伴。因为在产业技术联盟的运作过程中，联盟伙伴的组织、技术和管理等各方面知识处在半内部化状态，能够显著提高企业获得知识资源的效率。通过联盟内的相互学习，日本企业迅速培育起自己的核心能力，建立起从核心技术到核心产品的一整套企业竞争能力体系，用以应对全球化竞争，这正是日本企业在 20 世纪 80 年代迅速崛起的关键原因。

日本的产业技术联盟的最显著特点是政府、科研机构、企业等各个主体间的合作创新。从联盟的治理结构看，日本企业多采用交叉式股权联盟，且更加注重联盟伙伴间的承诺。日本企业认为联盟中起作用的是"和谐的合作关系"，日本这种交叉持股实际上代表一种承诺。日本企业通常并不过于依赖法律合约来调节相互之间的关系，而是通过彼此间建立相互信任的机制来克服可能出现的机会主义行为。他们认为，信任就是"亲善"，来自制造商的管理咨询、技术支持和人员培训对提高信任度作用很大。双方的技术人员定期互访进行技术交流，推动了联盟伙伴持续地进行技术创新，改进生产工艺、降低成本、提高质量，增加了企业双方面对面沟通的机会。

从产业技术联盟的文化建设来看，日本企业注重创造一种融合的联盟文化。企业文化是企业行为与作风的指导思想，联盟企业间组织文化的差异，通常会转化为经营管理上的差异，加大管理的难度，所以创造以"合作"为指导思想的产业技术联盟文化显得尤其重要。例如，东芝和摩托罗拉的合作联盟，其成功的关键在于双方企业文化的融合。东芝的采购主管与摩托罗拉的幕僚人员经常会面，进行技术及其他方面的交流，共同从事新产品设计工作。

四、国外发展产业技术联盟的基本经验

国外发展产业技术联盟的基本经验可以归纳为以下三个方面。

1. 联盟的客观运作

在联盟的客观运作方面包含三个层次。一是合作方式。从各国现有的产业技术联盟看，绝大多数的联盟采取了契约合作方式。只有少数研发合作型联盟

成立了专门的共同研究中心。从实践效果看，建有共同研究中心的联盟，由于采取集中研究的模式，更有利于巩固长期联盟关系。二是运作管理。联盟的特点决定了管理的复杂性，从筹建、战略目标确定、任务分解、各方资源投入直到最终利益分配，全程充满利益冲突和挑战，因此需要建立强有力的管理团队，有效沟通各方，不断化解矛盾和分歧，才能确保联盟的成功。此外，国外的实践经验显示，一个权威的、协调能力强的领导者对联盟的成功管理至关重要。三是利益分配机制。产业技术联盟的一个最敏感问题是如何公平合理地分配联盟利益，其中最关键的是如何分配使用共同研发所衍生的研究成果的知识产权，这一问题处理不好，不仅直接影响各方参与联盟的意愿，也影响它们参与过程的投入程度。对这一问题，国外的做法通常是由联盟各方事先在契约中约定好研发成果的归属。

2. 联盟成员之间的主观意识

在联盟成员之间的主观意识方面包含四个层次：一是信任和沟通。联盟成功的关键不在于争夺控制权，而在于成员间的信任和沟通，这既是缔结联盟的基础，也是联盟成功运作的必要条件。信任可以提高对合作伙伴的宽容度，增强联盟的稳定性。成员之间彼此信任、信守承诺，才能使未来的合作顺利实施。沟通也是建立和增强相互信任的一个必要措施。在产业技术联盟中，每项决策和信息都应当尽快地传达到每个联盟成员，因此要求成员内部的组织传导环节尽量少，组织机构趋于"扁平化"。二是文化相容。企业文化对产业技术联盟的成败起着重要作用。它包括不同的企业历史、传统、信仰和价值观，以及因此而形成的管理理念、管理作风和管理体制。不同国家、不同企业、不同文化之间潜伏着重重矛盾，联盟成员之间应该具备认同伙伴文化的态度，正视彼此文化的差异，了解不同文化的特点，相互学习和借鉴，在面临文化冲突时做出某些让步，在结成联盟的过程中积极推进文化的融合和包容。三是注重学习。产业技术联盟的最终目的是通过联盟提高企业竞争力，企业应该把向伙伴学习作为战略任务，尽可能把联盟和伙伴的优势转化为自身优势。只有学习对方的专业能力，才能提高自己的竞争力，创造出新的竞争力。否则，无论是自身还是联盟的竞争力都会日渐耗尽，导致联盟解体。四是注意风险的防范。风险永远伴随着机遇。加入产业技术联盟后，成员必须对可能出现的问题及其承受能力进行预测并加以防范和控制。所以，企业在加入联盟之前，就要考虑会出现什么风险，风险发生的概率有多大，若风险发生，对企业会造成什么样的冲击，以及风险如何管理，由谁管理。这就要求企业建立反应灵敏、准确的信息系统，能迅速对外部环境做出反应。

3. 政府的作用

政府的作用尤其引人注目。在推动产业技术联盟上，发达国家的政府大多不遗余力。美国、日本以及欧盟等普遍采取了立法和计划支持等多种措施，大力推动联盟的建立和发展。如前所述，日本为在产业技术上追赶西方，早在1961年即制定了《工业技术研究组合法》，确定企业成立"技术研究组合"的非营利法人地位，并赋予其在税收及剩余资金处理上的特殊优惠。美国也效法日本，于1984年制定了《国家合作研究法》。此外，许多国家还通过投入巨资或提供优惠贷款，直接支持制定和实施重大产业技术研发联盟专项计划，如日本的超大规模集成电路技术研究组合计划和美国的半导体制造技术联盟计划。此外，许多国家的政府还通过制度机制和行政机制，积极参与联盟的运作管理，减少联盟成员的机会主义行为，降低联盟的事前和事后交易成本，确保联盟的成功。许多政府还利用国家科技计划，以承担项目的形式带动联盟尤其是研发联盟的发展。例如，美国先进技术发展计划（ATP）是美国政府实施的一项协助产业界从事高风险但具有巨大潜在经济效益的活动的技术研发计划。该计划既支持单个企业独立提出和实施研发项目，也特别鼓励企业联合高等院校、政府科研机构一道实施联盟项目，而且在政策上向联盟项目倾斜，由此支持创建了一大批联盟，实现了许多重大产业技术突破。该计划的一个突出特点是坚持以企业为主体：研发的优先领域由产业界确定，研发项目由企业提出，政府资助直接拨给企业而不是高等院校和科研机构，企业享有研发成果的知识产权。欧共体[①]通过"尤里卡计划"和"欧洲科技合作计划"，大力支持欧共体企业在高科技方面的跨国合作。无论是通过专项资助计划还是国家科技计划支持建立联盟，经济合作与发展组织（OECD）成员国政府对联盟的资助额一般都不会超过总成本的50%，且一般集中在产业共性技术或竞争前技术，并不资助开发具

---

① 1993年11月1日《欧洲联盟条约》生效后称欧洲联盟，简称欧盟。

体的产品，以符合世界贸易组织（WTO）的相关规定（张义芳等，2008）。

第二节 我国产业技术联盟发展现状

一、发展概况

我国产业技术联盟出现较晚，20 世纪八九十年代，我国沿海地区的一些企业在顺应科技发展趋势和自身发展的需求下，开始与国外企业结成技术联盟，其主要动机是引进技术、资金（李红玲等，2001）。进入 21 世纪之后，我国各类产业技术联盟呈现出明显的增长态势，成为企业合作技术创新的一种重要模式，引起越来越多的企业和政府相关管理部门的重视。

1. 经济发达地区起步早、发展快

从地域来看，我国的产业技术联盟在经济比较发达的地区起步较早、发展较快，如北京市、上海市、广东省、江苏省等。

早在 1999 年，中国信息产业数字化（3C 产品）产业联盟、亚洲农业信息技术联盟等即在北京市成立。2002 年中关村成立第一个产业技术联盟——TD-SCDMA产业联盟之后，北京地区产业技术联盟发展开始提速，至 2010 年已经有 120 多个产业技术联盟。

上海市的产学研联盟工作开展得也比较早。2005 年，上海市科学技术委员会就设立了"产学研技术创新"专项资金，鼓励以企业为技术吸纳和技术创新的主体，以高等院校和科研院所为技术开发及技术转移的主力，推进产学研战略联盟的形成。2006 年，上海市又发布"登山行动计划"项目产学研联盟专项指南，通过关键技术的改进与再创新、促进成果转化再创新、促进企业研发中心建设三个专题来支持产学研联盟科技创新工作。随着产学研战略联盟的提出，上海市整合高等院校技术创新群、企业群和产业群，共建产学研联盟，积极整合利用资源。例如，上海交通大学将具有核心竞争优势的学科组成学科群，对接上海支柱行业的产业群，形成具有核心竞争优势的技术群，分别与上汽股份、上海电气、上海文广、上海华普、沪东造船等组建联盟，并且以技术入股，促使产学研联盟形成可持续发展的态势。上海汽车工业（集团）总公司根据各高等院校优势学科的分布，与复旦大学、上海交通大学、同济大学等建立了10余个工程研究中心，并和6所高等院校共同发起成立以产学研联盟为特征的科技基金会（许观玉等，2007）。

广东省从2007年即率先展开产学研战略联盟试点工作。省政府对产学研战略联盟的组建工作十分重视，将组建联盟看成是高效整合创新要素、提高集成创新效率、提升产业核心竞争力的有效模式。据不完全统计，广东省已经组建了数字家庭产学研创新联盟、数字化制造装备产学研创新联盟、半导体照明工程产学研创新联盟、集成电路技术产学研创新联盟、再生金属综合利用产学研创新联盟等30多个产学研战略联盟。在产业领域上，以电子信息、生物与新医药、新材料、先进制造、节能与新能源、环保与资源综合利用等为重点；在区域布局上，以珠江三角洲产业集聚地区为重点发展产学研战略联盟，然后逐步带动粤东、粤西、粤北山区产业发展。广东省产学研战略联盟组建的主要立足点是面向支柱产业和重点产业，解决整个行业的共性技术，推动整个行业的技术创新。从建设现状看，其组织形式更倾向于共建经济实体的模式，所建设的产学研战略联盟多数都是在地方注册的法人单位，这样有利于联盟更独立化、实体化地运作，有利于联盟逐步走上市场化道路，实现联盟自身的良性发展。例如，白色家电产学研战略联盟是在顺德区民政局注册的科技类民办非企业法人，主管单位为顺德区科学技术局，联盟在理事会领导下独立运作。从成员组成情况来看，广东产学研战略联盟在组建中广泛吸引国内高等院校和科研院所参与，已组建的30多个联盟中的成员包括清华大学、北京大学、香港科技大学等50余所高等院校和中国科学院广州分院、中国科学院微电子研究所、中国移动通信研究院、机械科学研究总院、中国电器科学研究院等30多家科研院所。此外，广东省组建联盟时，也重视行业协会、投资公司等中介服务机构的参与，中介机构的加入使得联盟的建设、运作和管理能够获取更加专业化的服务，促进联盟更好的发展。总的来说，广东省产学研战略联盟在高新技术产业发展、传统产业改造升级、推动清洁生产和可持续发展等方面都做出了积极贡献。例如，数字电视产学研战略联盟由深圳清华大学研究院、康佳集团、创维集团、TCL集团等单位组成，联合攻克数字电视核心和关键技术，抢占了技术标准制高点，主要技术居国际领先水平；清洁生产产学研战略联盟突破了一批陶瓷行业节能降耗减排技术，使陶瓷企业二氧化硫及粉尘排放量比国家标准低 50%，陶瓷生产废水实现厂区内循环使用并达到零排放。

江苏省也是联盟发展较快的地区之一。近年来，江苏省的新技术、新产品不断涌现，这些都是企业与高等院校、科研院所联盟后结出的硕果。2009 年 4 月，江苏省启动了科技服务社会"校企联盟"行动，动员全省高等院校、科研院所广大科技人员深入基层、服务企业，帮助企业应对危机与挑战。江苏省推行的"校企联盟"行动包括多种形式，既可以是一个高等院校、科研院所的单个学科（领域）或团队面向一个或多个企业实施科技服务；也可以是多个高等院校、科研院所的一批相关学科（领域）或团队集成服务于一个企业或一批企业，形成产学研合作的大联盟；还可以是高等院校、科研院所与县、乡镇、村或地方、高新园区合作，建立农业科技基地、园区或创新平台等。其范围不仅仅局限于省内，还可以涉及省外甚至海外高等院校和科研院所。"校企联盟"行动甫一问世，就得到了诸多高等院校的大力支持。南京大学组织了生命科学、化学化工、环保、材料等领域的 30 多名专家、教授前往连云港市共建南京大学连云港高新技术研究院，使南京大学在高新区、特色产业基地等地方建设的研发中心达到 10 家。南京农业大学在高邮市、宿迁市、常州市、张家港市、南京市六合区等地设立了产学研办公室，深入开展与企业的合作。除了企业和高等院校，"校企联盟"还得到了地方政府的积极响应。宿迁市开展了"走进高校院所"产学研对接活动，市领导亲自带队，主动组织 20 多家企业赴南京理工大学、南京工业大学等 6 所高等院校签订了 10 多个"校企联盟"合作协议。截至2010 年上半年，江苏省省内外 120 多所高等学校及科研院所的 3400 多个学科团队与江苏企业结对合作，共建立"校企联盟"4011 个，服务企业科技人员达15 000多名。

江苏省科学技术厅有关负责人表示，经过多年努力，江苏省产学研工作已由个人行为向组织行为、单个行为向网络行为、短期项目合作向长效稳定合作转变，江苏省产学研合作迈入联盟时代。当前，江苏省各级政府与高等院校、科研院所共建的产业技术创新联盟已达 10 个，涵盖生物医药、风力发电、太阳能光伏、半导体照明、轨道交通等领域。此举推动了产学研合作由单个企业、单项成果向全产业链上中下游的贯通，实现了从提升企业竞争力向提升产业竞争力的全盘跃升，为江苏省经济转型发展提供了强劲动力。

江苏省江阴市探索出的以建设区域产学研联盟推进经济优化转型的成功做法，被中国产学研合作促进会誉为"江阴经验"。2006年，江阴市把率先建设区域产学研联盟、推进政产学研合作作为江阴经济优化转型、提升发展的重要战略和主要抓手。同年，在科学技术部与江苏省科学技术厅领导的直接指导下，一个由政府牵头组织，以科研院所和当地重点产业中的骨干企业为主体的新型的紧密型联合体——中国江阴区域产学研战略联盟成立。截至2009年，成员单位已包括近200家国内外著名高等学校及科研院所、500多家江阴市重点企业，联盟促成全市506家重点企业实施产学研合作项目1000多个，其中有81%属于江阴市企业与高等学校及科研院所最新的产学研合作项目，并且80%以上属于新兴高新技术的联合开发，而其中又有72%的项目均在研发投入或项目投入的年度计划内实现了量产。中国江阴区域产学研战略联盟与企业合作的产学研合作项目，累计投入研发经费超过55亿元，带动项目总投入超过140亿元，形成产品销售超1000亿元。

2. 国家重视程度不断提高

在国家层面上，《国家中长期科学和技术发展规划纲要》中明确提出要把"建设以企业为主体、产学研结合的技术创新体系"作为全面推进国家创新体系建设的突破口，跨产学研平台的产业技术联盟因此逐渐受到国家的重视。2007年6月，在国家六部委推进产学研结合工作协调指导小组的推动下，成立了钢铁可循环流程技术创新战略联盟、新一代煤（能源）化工产业技术创新战略联盟、煤炭开发利用技术创新战略联盟和农业装备产业技术创新战略联盟4个联盟，试点探索促进产学研结合的有效模式和机制，推进技术创新体系建设。此后，科学技术部等部门又先后出台了《关于推动产业技术创新战略联盟构建的指导意见》（简称《指导意见》）和《推动产业技术创新战略联盟构建与发展的实施办法（试行）》（简称《实施办法》）等文件，支持重点领域产业技术联盟的发展和壮大。2010年，科学技术部共选择了56个联盟分两批开展试点工作。

3. 各地兴起产业技术联盟建设高潮

《指导意见》、《实施办法》等文件颁布以后，全国各省（直辖市、自治区）

纷纷展开产业技术联盟构建工作,各种联盟如雨后春笋般冒了出来。

黑龙江省积极推进产业技术创新战略联盟建设,在新材料领域重点建设铝镁合金新材料、半导体照明、先进复合材料、焊接、硅基新材料等联盟;在能源装备领域重点建设风电、核电、清洁能源及煤炭深加工等联盟;在农产品加工、种植领域重点建设大豆、乳业、粳稻等联盟;在生物、医药领域重点建设兽用生物制品、中药等联盟;在建筑施工领域重点建设节能建材等 14 个产学研紧密结合的产业技术联盟,延长 24 条高新技术产业链条。

吉林省积极探索构建产学研联盟新模式,长春市半导体照明产学研技术创新战略联盟、激光与光电医疗产学研技术创新战略联盟相继成立。2009 年,吉林省玉米加工产业技术创新战略联盟和汽车产业技术创新战略联盟又相继成立,大大加速了科技成果的转化和产业化。

天津市为加强人才链、学科链和产业链的结合,进一步加快高新技术成果转化,从 2008 年起,围绕支柱产业和新兴产业,建设中新生态城、现代中药、软件和 IC(集成电路)设计、新能源技术、创意产业、移动信息服务六大产学研联盟。中新生态城产学研联盟主要根据中新生态城建设需要,组织京津地区高等院校和科研机构的科技力量,开展绿色建筑、生态与环保技术的开发和系统集成。现代中药产学研联盟则加强校企合作,持续实施现代中药大品种群系统开发项目,筛选、突破具有市场前景的重要大品种的关键技术,探索传统名优中药的现代化提升模式。软件和 IC 设计产学研联盟依托天津大学、南开大学等高等院校 IC 设计科研教学力量,在市高新区和开发区建设集成电路设计服务中心,为天津市软件和 IC 设计企业的成长和发展提供 EDA(电子设计自动化)工具、人才培训、企业孵化等公共技术服务。新能源技术产学研联盟将筹建国际能源科学与工程联合研究院,实施新一代薄膜太阳能电池、动力电池、电动汽车、生物质能源开发等新能源重大项目,拉动天津新能源产业发展。创意产业产学研联盟将发挥天津美术学院、天津工业大学等的人才优势,推广应用动漫、游戏、设计、服装开发等共性技术,为河北区、红桥区等创意产业园和宝坻服饰产业基地提供技术和智力支持。移动信息服务产学研联盟依托移动通信运营商,发挥天津大学、天津理工大学的资源优势,共同开发移动支付等关键技术,建立移动支付平台,形成一套完善的手机支付体系。

山东省首批 20 个产业技术创新战略示范联盟于 2010 年 2 月在济南授牌，分别覆盖 RFID（射频识别）、LED（半导体照明）、计算机软件、轮胎、马铃薯、商用汽车、碳纤维、新药、体育用品、现代海水养殖等产业，以及黄河三角洲可持续发展产业技术创新战略联盟。这些创新联盟基本涵盖了各自领域内的重要企业、科研院所及工程技术研究中心、重点实验室等重大创新平台。2011 年 2 月，山东省科学技术厅等六部门又联合发布了山东省第二批产业技术创新战略示范联盟名单，共 53 个。

青岛市科学技术局于 2010 年出台了《青岛市产业技术创新战略联盟构建管理办法》，并分两批确定了 14 个市级联盟进入名单，涉及家电电子、先进装备制造、新材料、新能源等产业领域。

西安市立足于整合资源、联合攻关、提升产品核心竞争力，以"政府引导、企业为主、公平竞争、自愿联合"为原则，大力发展企业技术创新战略联盟。自 2008 年以来，西安市科学技术局相继支持并组织成立了西安石油服务产业联盟、西安电力电子产业联盟、西安创业投资联盟、西安软件外包产业联盟、西安生物医药产业研发联盟、西安数字旅游产业联盟、陕西半导体照明产业联盟、西安新材料产业联盟、陕西（西安）物联网产业联盟、陕西导航产业联盟等 10 余个联盟，产业领域涉及新材料、石油仪器、软件与服务外包、生物医药、创业投资、旅游服务等领域，涵盖西安市装备制造、高新技术、旅游、现代服务等产业。这些联盟的建立和发展，对促进产业技术集成创新，提升核心竞争力起到较好的作用。

位于海西经济区内的泉州市于 2010 年成立了泉州数字微波通信产业技术创新战略联盟。泉州市是我国微波通信产业的主要生产基地，相关企业有 130 多家，从业人员超过 2 万人，联盟聚集了该市所有的重点微波通信企业，意味着泉州市微波产业走向深度整合。除泉州数字微波通信产业技术创新战略联盟外，泉州市已成立的还有光电、数字视听和纺织机械 3 个产业技术联盟。另外软件信息、日用陶瓷、水暖器材、农产品深加工等几个产业的联盟正在筹建。石化、石材、鞋材、消防设备、服装面料、印刷等产业也提出了构建产业技术联盟的意向。

4. 高新区大力发展产业技术联盟

高新区是我国高新技术产业比较集中的特定区域，由于拥有特殊的措施和优惠条件，市场化发展相对较快，因此也促使高新区产生了大量产业技术联盟。科学技术部火炬中心主任梁桂在 2006 年"高新区产业技术联盟发展论坛"上指出，在高新区二次创业阶段，产业技术联盟是推进企业创新环境建设、实现协同创新的重要方式，也是推进产业集群从低端向高端过渡的手段。

在国内最早开展产业技术联盟探索和实践的中关村科技园区，自 2002 年第一个产业技术联盟——TD-SCDMA 产业联盟成立以后，产业技术联盟得到了快速发展。目前，中关村科技园区内有长风开放标准平台软件联盟、中关村 CRO（合作研究组织）联盟、中关村生物医药研发外包联盟、中关村新材料产业联盟、中关村创意产业联盟等各类联盟 30 多个，联盟成员千余家，覆盖电子信息、生物医药、新材料、先进制造、新能源、环境保护、创意产业等技术领域。中关村科技园区借助产业技术联盟，从单个企业独立创新转向联合创新，并走向创新集群，带动产业升级和发展。

成都高新区在落实《国家技术创新工程四川省试点方案》的过程中，积极整合产学研资源，大力推进产业技术创新联盟建设，促进区域企业实现"抱团创新"和产业升级。据统计，成都高新区已引导成立四川省集成电路设计产业技术创新联盟、四川信息安全产业联盟、成都数字媒体产业技术联盟、成都软件外包技术联盟等 16 个产业技术创新联盟。高新区充分利用联盟的技术和服务优势，依托联盟实施关键技术攻关、运营管理公共技术服务平台、承接科技攻关项目，并发挥联盟在技术和产业上的前瞻性和先导性，依托联盟制定产业规划。

上海张江高新技术产业开发区有效整合企业、高等院校和科研院所优势，构建了中国射频识别（RFID）产业技术创新战略联盟、上海物联网产业联盟等产业技术联盟，形成了空间相对集聚、结构较为合理、研发水平较高的创新链。园区企业与高等院校之间展开的产业技术联盟探索成果显著：展讯通信公司与北京大学上海微电子研究院共建实验室；微创医疗公司与上海理工大学共建技术攻关小组；宏力半导体公司与复旦大学共同申请项目达 863 项；盛大网络公司与复旦大学张江校区建立了全球研发中心等。

近几年，广州开发区积极打造产业联盟、推动产业集群发展，在电子信息、新材料、生物医药等重点产业领域分别建立若干产业联盟，如软件外包服务产业联盟、生物医药产业联盟、新材料产业联盟、节能环保产业联盟等。通过产业联盟，广州开发区有效整合了开发区的各种资源，促进了产业整体发展和产业集群的加强。

武汉东湖高新区围绕提高支柱产业的核心竞争力，积极组建产业技术联盟。先后由区内企业牵头建立了软件外包产业联盟、新一代红光高清视盘机（NVD）产业技术联盟、激光医疗器械产业联盟、武汉·中国光谷物联网产业技术创新联盟、风电产业技术创新战略联盟等产业技术联盟。

纵观近年来我国产业技术联盟的发展状况，表现出如下一些特点：

1）高新技术产业技术联盟发展迅猛。调查显示，在我国的各类产业技术联盟中，65％属于高新技术领域。

2）行业分布逐渐多元化。我国产业技术联盟已涉及通信、电子材料、生物技术、石油化工、汽车制造、食品制造等多个行业，并且在不断扩展。

3）跨国联盟逐步增多。目前我国不少产业技术联盟已经开始积极与外国企业开展合作，成立跨国联盟，谋求在全球范围内实行资源配置和战略规划（李树强等，2007）。

二、存在问题

我国产业技术联盟由于发展时间短、很多政策不完善，无论是在数量上还是质量上与欧美发达国家都有很大差距。产业技术联盟在发展过程中存在不少问题，主要有以下几个方面。

1. 产权不明晰，创新效率普遍较低

产业技术联盟不是通过法律程序注册的经济实体，不具有法人资格，它有别于实体研究机构，我国原有的《公司法》、《知识产权保护法》等法律在许多方面无法解决非实体组织产生的一些问题。由于在合作研发过程中形成的知识产权归属问题比较复杂，产权的模糊性大，极易产生纠纷，使得创新效率比较低。

2. 普遍忽视无形资产的利益分配

在产业技术联盟运营过程中，除了联盟的利润可以分配外，无形资产也是重要的利益分配来源。可供分配的无形资产是指技术创新联盟在原有无形资

产的基础上进行改造而形成的无形资产以及全新创造的无形资产，如专利权、技术诀窍、商誉等。联盟利益分配机制一般都不会着重考虑无形资产的量化分配，因而应及时地予以调整。联盟利益分配机制只有综合考虑联盟各成员在创造无形资产过程中所作的贡献，合理地确定各成员的分配数额，才能确保联盟的持续发展（安广兴，2007）。

3. 内部联系较松散，管理水平较低

产业技术联盟的管理水平普遍较低。很多产业技术联盟成立时轰轰烈烈，但是没有规范的管理机制，各个成员之间联系较少，关系松散，联盟内部的信息、知识资源缺乏整合，最后大都以解散告终。

4. 技术创新能力不强，缺乏技术标准

我国大多数产业技术联盟运作时间较短，经验不足，许多联盟仅仅停留在共同开发市场阶段，深层次的研究开发合作较少。目前只有 TD-SCDMA 产业联盟、AVS 产业联盟（音视频产业联盟）等少数联盟致力于技术标准的制定以及标准的产业化应用。此外，尽管我国企业越来越重视技术创新，但多数企业的研发投入还很低，没有自己的研发机构，缺乏自主创新的核心技术，技术创新能力与发达国家相比还有很大差距。

5. 缺乏长远规划

我国企业在结成联盟时，往往流于形式。联盟的参与方并不了解对方的优势，因而在结盟的过程中只注意一些细微的合作问题，签订一些合作范围较狭窄的协议，强调资金到位、人员到位，对应该怎样利用结盟后的优势与力量没有明确目标。同时，我国企业高层管理人员变动的频率比较高，因而管理人员在考虑联盟时只注意其在任期间的合作，谋求短期收益现象突出，忽略了对无形资产的维护与培育。

6. 忽视文化整合

在产业技术联盟中，由于不同企业有不同的文化，需要进行文化整合。而我国企业大部分只注重物质资本的整合，忽视人力资本整合，只考虑资源共享，忽视行为和观念的文化冲突，致使产业技术联盟内的企业之间矛盾不断，甚至造成联盟的解体。

第四章 政府对产业技术联盟发展的支持

第一节　政府支持产业技术联盟的原因

政府支持产业技术联盟的原因包括以下几点。

1. 产业技术联盟的发展符合国家利益

从国际竞争角度来看，技术全球化带来了新的国家利益之争，发达国家和跨国公司从自身目标利益出发，一方面通过垄断、控制、封锁发展中国家的技术升级途径，另一方面通过市场和联盟获取全球资源，特别是一些发展中国家的创新知识资源。发展中国家要突破技术封锁，获取全球价值链分工的高端价值，也必须发展产业技术联盟，以整合的力量应对挑战，提升国际竞争力。无论是发达国家，还是发展中国家，产业技术联盟都已上升到国家的战略层面，成为公共政策必须介入的领域。因此，推进产业技术联盟的建立符合国家利益，政府必须给予大力支持。

2. 产业技术联盟有利于解决我国科技和经济脱节的痼疾

受长期计划经济的影响，我国经济与科技脱节的现象比较严重，企业的技术需求难以通过市场便捷获取，科研成果也难以及时流向市场。产业技术联盟能够汇集各方优势资源进行协同创新，促进产业升级，加快技术更新和成果转化，利于解决我国科技和经济脱节的痼疾，使市场需求和国家需求有机结合。同时，产业技术联盟以企业为主体、以需求为导向、以利益为纽带，有利于发挥企业在自主创新体系中的主体作用，有利于维护竞争环境的公平性，提高效率。

3. 产业技术联盟的创新效应有利于联盟内外企业的共同发展

产业技术联盟是介于企业和市场之间的中间组织，其创新效应对联盟内外企业均有积极作用。联盟成员通过这种相对灵活的组织间交易方式，在获取外部资源和能力的同时，还能降低交易风险和成本；产业技术联盟的"溢出效应"能够辐射到联盟成员之外，促进区域、行业甚至国家的发展，提升区域创新能力和产业核心竞争力。而联盟的这种技术知识的公共产品特性，如促进技术扩散、减少重复研究、实现规模经济等，使得政府有理由支持这种企业间联盟的合作研发活动（冷民，2008）。

4. 产业技术联盟是政府引导产业技术发展的重要组织形式

目前，我国许多企业的实力还较弱，光凭某个企业难以实现产业技术进步的重任。而行业协会介于政府、企业之间，多是提供咨询、沟通、监督、公正、自律、协调等服务，缺乏推动产业技术进步的能力。产业技术联盟为解决上述问题提供有效途径，它可以有效地组织产业技术力量，共同研究企业发展的技术战略和技术路线，并作为实施组织，针对性地研发产业发展的前沿技术，从而成为引导产业技术发展的重要组织形式（陈宝明，2007）。

5. 产业技术联盟本身存在的制度性缺陷，需要政府的支持予以弥补

联盟的制度性缺陷主要表现在三个方面：一是在相互学习、信息交流过程中，可能构成"学习的悖论"[①]；二是联盟在增强市场控制力的同时，也可能产生技术垄断；三是信息的不对称可能会导致机会主义行为，以及联盟成员之间因不信任而加大组织成本等。这些缺陷需要政府通过完善法律法规和创造良好的外部环境来弥补（陈宝明，2007）。此外，联盟还面对市场失灵的问题，包括市场低效和市场缺陷，以及在不完全竞争和非竞争环境下市场的不公平等，这些因素会导致市场不能有效配置资源，需要通过政府不断完善政策法规体系来调控，尽量弥

---

① "悖论"是指在逻辑上可以推导出互相矛盾之结论，但表面上又能自圆其说的命题或理论体系。产业技术联盟在我国起步较晚，人们对产业技术联盟概念的理解、认识不够深刻或不够正确，因此联盟在相互交流过程中可能会出现"学习的悖论"。

补市场失灵。政府通常使用的支持手段包括推行有利于技术创新、开发与成果转化的信贷、投资、融资政策，并引导研发资源更多地流向技术产业化阶段，完善实验室研发技术成果与市场经济需求技术成果之间的断层；有效实施知识产权法律制度，消除或缓解创新者在创新成果的维护和转让方面所遇到的困难；建立开放的技术信息市场，确立有偿交换与使用机制；建立产业共性技术研发平台，避免研发资源重复利用，提高资源利用效率等（孙南申，2009）。

第二节　政府介入对产业技术联盟的影响

政府在我国产业技术联盟发展过程中的作用不容忽视，政府的支持和引导能够促进联盟又好又快发展。目前我国产业技术联盟的创新效率与国外相比还存在较大差距，这种差距的产生，除了与合作企业的技术能力、组织模式和发展战略有关外，还与政府行为密切相关。实践表明，政府介入对产业技术联盟的形成与发展产生了重要的影响，主要体现在以下几个方面。

首先，政府促进了一些重点领域内产业技术联盟的成立。政府结合国家或区域产业发展需求，选择对经济社会发展具有推动作用的产业领域或关键共性技术领域，利用其支配巨额公共资源和信息资源的能力，推动成立一批产业技术联盟，解决产业技术瓶颈问题。我国政府介入的第一家国家级产业技术联盟——"C3G"技术联盟的成功经验也表明，在政府引导下的产业技术联盟可以成为实现 R&D 投资"收益最大化，风险最小化"的有效途径。

其次，政府的介入有利于创造更宽松、开放的发展环境。由于我国产业起点比较低，市场经济体系仍不完善，单凭市场机制很难创造良好的条件，实现特定产业的集聚及其结构的优化升级。而政府可以通过直接或间接的干预、系统的安排和协调，为产业的发展创造一个宽松、开放的政策环境，实现社会资源的有效整合和配置，壮大产业规模，从而提高产业竞争力（邝国良等，2006）。

最后，政府的介入有利于消除产业技术联盟生命周期中的成本障碍。企业在运作过程中要面临一定的成本障碍，对于联盟成员来说，这种成本障碍将会贯穿整个产业技术联盟的生命周期，企业需要承担联盟构建前期的信息搜寻成本，运作过程中的信任维护和协调成本，以及合作后创新成果所有权分配引来的成本等。另外，产业技术联盟内的企业还要受到政府反垄断规则的影响。在联盟生命周期中企业所面临的以上成本障碍，以及由此所引发的冲突和失衡必须得到有效控制和化解，这就需要对相关要素进行系统调控，需要政府的积极参与。政府不仅能够有效降低联盟构建前期信息搜寻成本，而且政府在一定程度上提高了联盟成员间的相互信任。因此，政府的介入有利于消除产业技术联盟生命周期中的成本障碍。

除此之外，政府介入联盟将大大提高组织效率，推进技术资源的整合和学习，从而促进技术创新效率的提高。政府介入联盟创新，存在着经济上的合理性、政策上的可行性，联盟的构建和发展离不开政府的支持和重视。

第三节　政府的作用及定位

一、产业技术联盟成员的构成

产业技术联盟的参与方包括企业、高等院校、科研机构、政府、第三方服务机构及行业协会等，其内部存在着完整的技术创新链，包括紧密衔接的科研、设计、工程、生产和市场诸环节。作为联盟的参与方，联盟成员之间存在着利益的让渡。联盟成员必须对联盟有"贡献"与"承诺"。"贡献"意味着联盟成员应具有核心能力、异质性资源或异质性知识；"承诺"意味着联盟成员愿意在联盟内部实现某种程度的核心能力、异质性资源或异质性知识的共享，愿意让渡部分利益（赵志泉，2009）。产业技术创新联盟的主要参与方及其职责分工可以用下图说明（图4-1）。

1) 政府是产业技术联盟的推动者。产业技术联盟是政府运用市场手段促进产学研结合的重要尝试，也是在产业层面落实国家创新体系的战略举措。

2) 企业是国家创新体系的主体，也是各种创新资源的主要拥有者和创新利益的主要享有者。积极参与产业技术联盟的企业可以获得两方面的竞争优势：

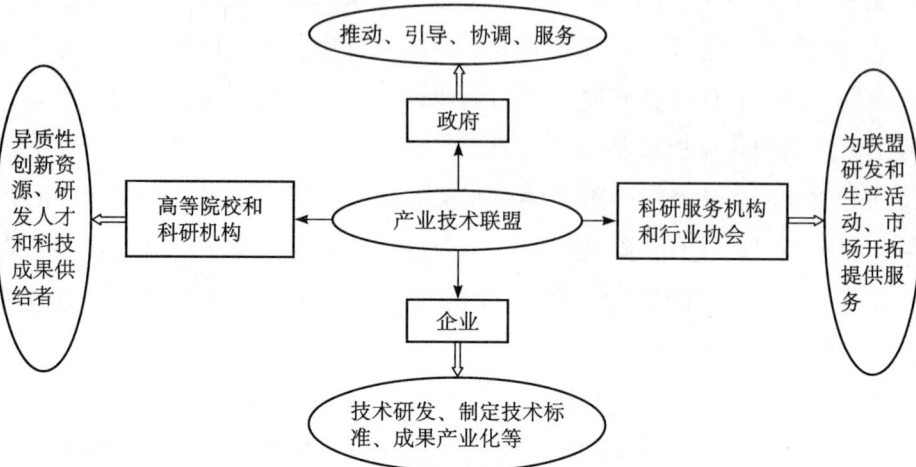

图 4-1　产业技术联盟主要参与方与职责分工图

一是团体优势；二是因企业特定能力而产生的竞争优势。企业的创新优势在于对市场需求和动向的准确把握，具备研发及成果转化必需的资金、劳动力、设备厂房等资源，以及良好的市场开拓能力、销售渠道和配套服务能力等。

3）高等院校和科研机构是研发人才和科技成果的供给者和研发活动的参与者。它们加入联盟的一个重要目的就在于实现资源共享、资源转移，即以联盟网络进行合作渗透，实现异质性资源外取。

4）科研服务机构和行业协会的作用是为联盟各企业的研发活动、生产化过程和市场开拓提供服务，包括协调联盟成员之间各种关系，特别是通过搭建科技服务平台，促进联盟内部的技术信息交流、合作研发和联合推广。

二、政府作用及定位

产业技术联盟的组成主体和组织管理都比较复杂。每个成员在联盟中的地位和作用各不相同。政府作为联盟的参与者，其作用是其他部门、行业、机构无法替代的，政府作用的特殊性在于它可以从法律、政策等方面进行整体的、宏观的和外部的协调。无论是对产业技术联盟本身的制度性缺陷，还是针对技术创新的市场失灵，政府都可以通过扶持予以弥补。

目前，我国大多产业技术联盟是在政府和市场的共同作用下成立的。一方面，政府的介入对产业技术联盟的构建起到了很大的推动作用。另一方面，政府干预也可能出现非法与低效现象，导致"政府失灵"，使联盟产生依赖性，不利于联盟的持续发展。因此，我们有必要界定政府作用，明确政府的职能定位，使政府更好地引导和规范联盟运作，为联盟创造一个更好的发展环境和成长空间（陈立泰等，2009）。

1. 政府是产业技术联盟的推动者和引导者

从产业技术联盟成员的职责分工、联盟的性质和特点及世界各国联盟的发展历程来看，政府应该是产业技术联盟的推动者和引导者。

（1）政府是产业技术联盟的推动者

联盟形成与发展的大部分动力来自政府。政府的推动作用体现在：根据国家或区域的产业战略布局和技术需求，遴选那些对国家、区域经济社会发展具有重要推动作用的产业与重大关键共性技术，并在这些重点领域推动成立联盟，以达到提高产业核心竞争力的目的（李伟等，2009）；推动国内企业与跨国公司或国际研发机构组成技术联盟并积极参与国际技术联盟，积极利用国际研发资源提高自主创新能力（陈宝明，2009）。

（2）政府是产业技术联盟的引导者

政府对产业技术联盟的引导作用可体现在四个方面：一是政府通过制定产业政策，鼓励、支持、引导、规范联盟的运作，撮合联盟的目标与国家或地方战略目标对接；二是通过一系列计划项目引导联盟的发展方向，根据产业的不同发展阶段需求确定联盟发展战略；三是以财政资金为引导，组织产业内企业、高等院校和科研机构、中介服务机构等共同参与建立联盟，联合攻关共性技术或重大关键技术，完善产业链，提高产业竞争力；四是引导技术创新要素按市场规则组合，调解联盟运作过程中的摩擦与冲突，等等。

2. 政府是产业技术联盟的监督者和协调者

政府的介入有利于提高产业技术联盟的创新效率和组织效率。

从成员单位的接触频率来看，政府的监管职能可以有效克服联盟自身的"学习的悖论"、道德风险等制度缺陷，使成员单位之间接触频率更高，信息交流更充分。此外，政府在联盟中还肩负一项重要职责，即增强全体成员的信用意识，建立健全联盟的信用制度。

从成员的数量和范围来看，政府介入联盟的行为是非营利性质的，具有更高的可信度和号召力，能够吸引更多的企业、科研机构、高等院校、中介机构等参与联盟，便于协调成员间的文化、技术、资源。

产业技术联盟构建时的成员筛选机制、联盟运作中的政府监管和协调机制，使得联盟成员更便利地展开知识的学习和交流，为联盟目标的达成及核心能力的构建奠定了基础，并进一步增强未来联盟成员间合作的可能性。

3. 政府是产业技术联盟的服务者

随着政府职能的转变，建设服务型政府是构建社会主义和谐社会的必然要求。政府作为公共服务产品的提供者，必须进一步拓宽提供公共服务的渠道，提高社会管理和公共服务的社会化程度。对于产业技术联盟发展来说，政府的公共服务具体表现在：公共服务平台的建设（信息、人才等），通过平台开展成果发布、技术推介、用户交流、宣传培训、研讨交流、会议展览等活动，推动相关技术、产品的示范应用，积极为企业技术创新提供服务。

第四节 政府对产业技术联盟的支持方式

一、对不同类型的产业技术联盟的政府支持

1. 技术研发合作联盟

技术研发合作联盟的兴起与技术进步速度不断加快，国际竞争逐步加剧，技术创新投资越来越巨大等密切相关。技术研发合作联盟的目标一般是研发竞争前技术或共性技术，其动力来自企业和政府。实践表明，各个国家或地区制定联盟发展目标与企业的研发能力有关。例如，美国企业的研发能力强且处于全球领先地位，因此联盟目标就是研发未来的前沿技术（陈小洪等，2007）。

技术研发合作联盟通常由企业发起，政府支持。政府的支持表现在：通过制定政策来限制国外企业参与政府资助的产业技术联盟，例如，美国1992年实施的《美国技术领先法》（*American Technology Preeminence Act*）明确规定了外国企业参与美国政府资助的技术研发合作联盟的门槛；对研发关键技术的联

盟给予资金支持，资助比重最多可达到总投入的一半；在联盟治理方面也发挥一定作用，如日本政府会定期聘请一些独立机构评估研发进展，并对联盟提出指导意见；当联盟成员间出现利益冲突时，政府发挥重要的协调作用，如制定赏罚制度、对贡献者给予奖励、对消极者给予惩罚，努力消除机会主义现象。

2. 产业链合作联盟

受经济全球化的影响，产业链分工日益细化，产品包含的技术越来越复杂，企业产品的竞争逐步变成产业链的竞争。通常创新产品的产业链难以依靠市场机制快速形成，它的市场竞争力依赖于整个产业链的竞争力，产业链合作联盟通过企业间合作促进创新产品上中下游的配套，尽快形成有竞争力的产业链。产业链合作联盟的主要目标就是吸引投资或改善技术，提高产业链上各个环节的效率，提高整个产业链的竞争力。

发展中国家的企业实力较弱，产业链不完善，创新产品在市场上无法与发达国家竞争，因此发展中国家非常重视本土企业打造创新产业链。以我国TD-SCDMA产业联盟为例，政府在联盟组建和发展过程中充分发挥了宏观指导作用，突出表现在把握行业发展方向这一重大问题上。纵观 TD-SCDMA 产业联盟发展，政府从一开始就积极参与，推动组建联盟，扩大产业集群；出台产业政策，明确政府态度，坚定企业信心；组织专项工程，推动技术开发，加快产业化进程；开展网络技术试验，促进制造运营整体发展。各部门统一思想、联合行动，信息产业部内各司局相互配合、形成合力，成为 TD-SCDMA 产业联盟快速发展的重要保障。

3. 技术标准联盟

随着经济社会的不断发展，竞争日益激烈，制定技术标准成为新的竞争手段。技术标准联盟即技术标准的倡导者通过战略联盟的方式将标准进行市场扩散，是技术标准竞争的常用方式，技术标准之间的竞争往往表现为不同技术标准联盟之间的竞争。同时，这种技术标准联盟也是解决知识产权和标准化矛盾的主要方式（严清清等，2007）。

技术标准联盟的目标是：整合产业资源，形成强大的市场力量，提高技术标准的竞争力，为技术标准的商业化打下基础；指定技术标准的详细规范，一般包括技术标准和技术标准测试两个方面。

技术标准联盟有两种主要的产生与发展途径：一种是通过市场力量先形成核心联盟，再不断接收更多已接受标准的成员；另一种是通过政治的力量来融合资源，形成具有很强政治背景的联盟。

目前，许多国家都日益重视技术标准战略，把制定技术标准作为提高本国产业国际竞争力的手段，政府通过制定有关法律、制度、战略计划等，使本国的技术标准在国际上占据领先地位。例如，美国 1995 年制定了《国家技术转让和进步法》，鼓励政府部门积极参与相关自愿性技术标准的制定；2004 年又制定了《标准开发组织促进法》，放宽对技术标准制定组织的反托拉斯限制。

4. 市场合作联盟

企业在产业发展初期为了降低市场启动成本、实现规模经济，会进行横向合作，而市场合作联盟是促进企业横向合作的重要手段。市场合作联盟在发达国家通常受到严格管制，而在发展中国家通常受到相对宽松的管制，政府在必要时还会给予大力支持。例如，中关村软件企业出口联盟为了拓展海外市场，得到了政府提供的部分资金，政府还帮助其设立海外办事处、鼓励其参加国际会展；再如，为了促进中关村城市污泥无害化产业联盟的发展，政府以示范工程的形式引导产业发展。

二、对产业技术联盟不同发展阶段的政府支持

政府通过政策引导、提供公共服务、规范市场秩序等行为，对产业技术联盟的构建和发展产生重要影响。产业技术联盟在不同发展阶段所面临的问题和发展重点各不相同，因此政府要摸清产业技术联盟不同阶段的发展特点，在适当时期给予及时的引导和扶持。我国产业技术联盟起步较晚，大多联盟还处于初级阶段，因此把产业技术联盟的发展过程简单地分为形成阶段和运作阶段。

1. 产业技术联盟形成阶段

通常，产业技术联盟的形成均需要一个筹备过程，短至几个月，长至几年。联盟成员之间的关系从建立到取得进展，再到形成联盟，是发展变化的。Das 和 Teng 认为联盟组建大致经历联盟战略的选择、合作伙伴的挑选、协商和建立联盟四个阶段。而 Brouthers 等提出联盟的形成需要经过运作模式的选择、合作伙伴的定位和协商三个阶段（李钦，2004）。

在我国，产业技术联盟形成过程中往往会有提倡者，这个提倡者可能是政府、企业、科研院所。达成共识之后，还需要进行许多工作，包括选择联盟成员及成员定位、制定目标和宗旨、选择运作模式、初步制定联盟工作规划、协商确定理事长和秘书长、制定联盟章程等。这一过程中最关键的是成员的挑选及定位、共同目标的确定，以及确定要干什么、解决什么问题。

政府作为产业技术联盟的重要驱动力，全程发挥着重要的推动作用，从不同角度给予大力支持，包括直接支持和间接支持。直接支持体现在：政府通过财政、金融等手段，按照有关政策的要求，直接鼓励、支持一些联盟的发展，或为了促进产业升级和科技进步，以及提高区域产业核心竞争力，在重要产业领域推动成立一批产业技术联盟，并给予适当的资金、项目支持，甚至还提供场地、人员等来帮助联盟解决筹备过程中所面临的种种问题；间接支持则是政府通过一些政策措施的制定为产业技术联盟的发展创造有利条件，引导和鼓励某一产业领域或某一类型的联盟的构建。

总而言之，在联盟形成阶段，政府的参与可以有效提高组织效率，有利于集聚各方的优势资源，从而有效推动联盟的构建进程，起到"助推器"的作用。

2. 产业技术联盟运作阶段

联盟成立后开始进入运作阶段，这一阶段联盟将面临更复杂、更严峻的问题。这些问题较多地出现在内部管理和运作机制的完善方面。在此阶段中发挥主导作用的是企业，政府不直接干预联盟运作。由于联盟成员间的文化差异和机会主义行为的存在，资源共享机制、利益分配机制、沟通交流机制以及信任机制的不完善会导致联盟效率低下，甚至解散。这个阶段政府会把支持重点放在以下几点：鼓励联盟进行运作机制和体制创新，凡是有利于联盟发展的创新做法，政府都给予支持；利用政府的公信力和号召力，促进联盟间互相学习和交流，定期组织经验交流活动；经常与联盟开座谈会，及时了解联盟的发展动态和需求；组织相关领域专家开展联盟机制创新研究，帮助联盟尽快建立适合自身发展的运作机制和发展模式；引导联盟明确发展方向，等等。

第五章 促进产业技术联盟发展的政策分析

第一节　促进产业技术联盟发展的政策类型

政策是以政府为主的公共机构对社会公共事务进行管理的工具。政策制定者、执行者、评估者和分析者在不同时期、不同层次、不同领域要面对不同情况，因此不同的政策类型在促进产业技术联盟发展的过程中起到的作用各不相同。在促进产业技术联盟发展的过程中，需要根据产业技术联盟的需求制定相应的政策，因此这种政策从分类的角度看是一种手段型政策，目的在于促进联盟的发展。

一、财政政策与税收政策

财政政策是指国家根据一定时期政治、经济、社会发展的任务而规定的财政工作的指导原则，通过财政支出与税收政策来调节总需求。在促进产业技术联盟发展的过程中，财政政策主要是通过政府对各种项目进行投资或者入股等多种方式的财政投入，不断提高联盟承担项目的能力。

在市场经济条件下，由于受经济利益的驱动，产业发展不平衡，一些新兴产业，特别是一些投资大、风险高的产业，私人资本一般不愿介入，但这些产业发展的快慢又影响着整个经济结构的优化和经济运作质量的提升，为此就需要国家采取相应措施鼓励引导其发展，其中税收政策是一个重要方面。税收政策对经济的调节作用主要是通过征税多少调整经济利益来实现，通过税收减免鼓励相关产业及产业技术联盟发展，通过高额税收限制相关产业及产业技术联盟发展。在经济结构调整时期，发挥税收的调节作用十分重要。

二、金融政策

金融是科技创新的重要因素，在提高创新成功率和保障创新方面发挥着重要作用。金融政策是指中央银行为实现宏观经济调控目标而采用各种方式调节货币、利率和汇率水平，进而影响宏观经济的各种方针和措施的总称。一般而言，一个国家的宏观金融政策主要包括三大政策：货币政策、利率政策和汇率政策。在促进产业技术联盟发展的过程中，金融政策的含义有所扩展。由于货币政策、利率政策和汇率政策都属于国家严格掌控的政策，所以在促进产业技术联盟发展的过程中金融政策在这些方面不可能有过多的变动，而是指为了实现联盟发展，在银行贷款、担保、融资、上市等与金融业相关的方面做出一些政策调整。

三、政府采购政策

政府采购是指国家各级政府为从事日常的政务活动或为了满足公共服务的目的，利用国家财政性资金和政府借款购买货物、工程和服务的行为。政府采购具有公共性，是面向社会需求的公共产品的采购行为，这为产业技术联盟的技术和服务提供了广阔空间。通过政府采购的政策，可以为联盟产品进入政府政务活动领域提供平台，为产品和服务发展提供示范作用。

四、人才政策

人才是世界上最宝贵的财富，人才的竞争是最激烈的竞争，只有把握了人才发展的脉搏才能为事业的发展提供最为坚实的基础。良好的人才发展环境是一笔巨大的无形资产，对内产生凝聚力、创造力和推动力，对外产生影响力、竞争力和吸引力。在人才发展环境的所有要素中，人才政策居于核心地位。通过人才政策，可以凝聚人心、发挥才智、促进人才为联盟的发展贡献力量。

第二节　国际产业技术联盟政策经验与启示

目前，许多国家和地区的政府都在通过立法和政策手段健全有利于联盟发展的体制、机制和组织环境。支持方式可分为直接支持和间接支持两种。直接支持体现在早期，在重要共性技术领域，国家或地方政府亲自牵头构建产业技术联盟，并对联盟的运作发展进行规划。间接支持体现在政府通过某些措施使金融机构对联盟实施贷款，拟定专项科技发展计划，出资组织风险投资和为联盟提供政策支持，包括税收政策、土地政策、人才政策、财政补贴政策等。总的来说，发达国家主要通过营造良好的法制环境和政策环境来支持产业技术联盟发展。

20世纪80年代，产业技术联盟开始蓬勃发展，美国、日本、欧盟等制定和实施了很多综合性、系统性的国家科技产业政策，其中许多与产业技术联盟密切相关。

一、美国的政策经验

美国主要通过制定法律法规、建立合作研发中心和专项计划、组织网络等方式支持产业技术联盟的发展。在美国，产业技术联盟是反垄断法严格监管的潜在对象。目前美国已建立了严格的反垄断法律体系，该法律体系以1890年制定的《谢尔曼反托拉斯法》（*Sherman Antitrust Act of* 1890）为基础，涉及多个相关法案，同时美国设有司法部反托拉斯局、联盟贸易委员会两个专门的政府反垄断执行机构。

从20世纪80年代开始，美国通过制定《技术创新法》（1980年）、《大学和小企业专利程度法》（1980年）、《拜杜法案》（1980年）、《国际合作研究法案》（1984年）、《联合研究开发法》（1986年）、《国际合作研究与生产法案》（1993年对《国际合作研究法案》的修正版）、《竞争者合作的反托拉斯法准则》（2000年）、《标准发展机构促进法》（2004年）等，鼓励企业技术创新，大大提高了企业在全球经济中的竞争力，促进了官产学研之间的密切合作，并放松了对企业合作创新的反托拉斯限制，为联盟蓬勃发展提供了良好的法制环境。

此外，政府通过公共组织来参与研发联盟。例如，美国成立直接对总统负责的中小企业管理局和组织网络；1973 年以来，美国已建立 45 个合作研究中心，20 世纪 80 年代后，美国高等院校设立的产业研究所数量明显增加，大大促进了产业技术联盟的发展；1987 年美国政府出资 10 亿美元实施的半导体制造技术联盟计划，大大推动了美国半导体产业发展。

二、欧盟的政策经验

欧盟主要是通过公共组织为联盟搭建对话平台、促成联盟实体间在知识方面的联系。组织网络和合作文化建设是欧盟国家和区域部门当前重要关注点，相关平台和网络组织有欧洲支持企业和创新中心网（EBN）、卓越先导行动计划（PAXIS）、创新驿站等（冯海红等，2008）。

欧盟对企业间的研发合作采取积极支持的态度。例如，1981 年制定欧洲信息技术研究发展战略计划（ESPRIT），加强产业科技基础；1984 年制定四年科技发展框架计划（FWPs），对产学研合作、关键性和基础性竞争前技术研发合作活动提供政府支持；随后的"尤里卡计划"将主要目标定位于提高欧洲企业的竞争能力，进一步开拓国际市场；1989 年实施了旨在加强工业企业进行技术开发和使用科研成果的力度的 VALUE 计划；1994 年，将 VALUE 计划和其他促进企业技术创新的规划纳入到第四个总体研究规划（1994～1998 年），为了鼓励和支持企业参与，欧盟专门建立了一个研究机构，还针对企业筹备合作时所需要的费用，提供部分补助，最高可达 45 000 埃居①或全部费用的 75%；为了鼓励中小企业建立产业技术联盟，1999 年年初欧盟在第五个框架计划中制定了"创新与中小企业"专项计划。

法国则通过制定《研究与技术开发纲要指导法》（1982 年）、《技术创新与科研法》（1999 年）等法律法规，加强了研究机构与企业间的交流合作，加速了科研成果的转化。此外，在 1997～1998 年的全国技术创新大会上，"科研与技术

---

① 欧洲共同体各国之间的清算工具和记账单位，在 1999 年 1 月 1 日欧元诞生后，埃居自动以 1∶1 的汇价折成欧元。

创新网络"建设方案正式通过,加快了公共科研成果的转化;2005 年成立国家科研署(ANR),进一步对科研和技术创新网络建设提供支持。

三、亚洲的政策经验

亚洲的日本和韩国在发展产业技术联盟方面走在世界前列,产学研合作体制建设大大促进了两国的产业和技术发展。

在日本,研发合作联盟成为实现追赶战略的重要手段,技术研究公会(TRAs)是日本产业技术联盟的一种主要形式,其最大特点在于政府的创办和引导。日本产学研合作体制最早始于 20 世纪 30 年代的产学合作,到 20 世纪 60 年代中期,产学合作体制不断完善,已具备相当规模。1961 年日本成立了矿业和制造业技术研究公会,这是日本首个研究公会组织,是产业技术联盟的雏形;在 1971 年的日本科学技术会议报告中,产学官相结合的研究开发体制作为一项政策或制度被正式确定下来;1986 年颁布《官民暂定合作研究制度》和《促进研究交流法》,1998 年发布《创造性科学技术推进制度》和《下一代产业基础技术研究开发制度》,为产学官研发合作提供了良好的政策环境。此外,日本根据国家意志导向和产业技术目标,制定了日本超大规模集成电路技术研究组合计划,日本产业集群与知识集群计划(区域发展层面)等。

韩国政府主要学习日本经验,从 20 世纪 60 年代开始,制定了一系列的政策措施来促进科技创新与进步。1981 年制定的《技术发展促进法修正案》在企业研发及产业技术联盟促进中发挥了重要作用,同年还建立了产业研究公会(I-RAs)。1986 年出台科技发展十五年规划,明确提出将技术开发的主体由政府逐步转为企业;通过《工业发展法》、《产业技术研究组合扶持法》等法律,强化产业技术开发措施;通过政策支援措施促进民间企业和中小企业技术开发,推动企业技术研发机构的建立。到了 20 世纪 90 年代,全面实行产学研合作的科研开发体系,全方位调动各方面的积极因素。

综上所述,各国的共性经验可总结如下。

(1)立法支持

立法是国外支持产业技术联盟的重要手段之一。通过立法可以明确产业技术联盟的法律地位,在制度上保障联盟的发展。在促进高新技术发展中,立法工作是非常重要的工作之一，在法律上给予高新技术产业以足够的地位保障和认可，是对其发展的最重要的推动。对于产业技术联盟也是如此。国际上，美国、欧盟、日本等都在立法上为产业技术联盟的发展提供了保障，这种保障体现在明确了产业技术联盟的法律地位，为加强监管和促进发展提供了更多的制度性基础。例如，美国制定的一系列法律法规，为联盟发展提供了空间，同时也划定了框架，使其既有发展的余地，同时又不至于脱离政府的监管。从根本上看，立法保障不仅是联盟发展的基础，对于整个产业，特别是高新技术产业而言，立法保障还使其能够在最高权威下获得发展的合法性，这是其他措施所不可比拟的。

（2）组织支持

强有力的组织保障是产业技术联盟发展的重要基础。组织体系作为一种社会结构，可以连接联盟内外部的不同要素，使其共同为技术创新服务，同时也为产业发展提供必要的支撑。因而对于产业发展，组织保障比其他社会结构更加重要。对产业技术联盟的组织支持是国际通行的做法。例如，美国成立专门的政府机构和专业性组织，推动联盟发展。欧盟和日本、韩国也通过将联盟实体化和建立支持其发展的组织，使联盟获得更多的发展空间。这种组织支持，既是联盟本身的需要，也是政府和社会对联盟的认可。不论联盟的建立是基于政府的主导还是相关企业自发的组织联合，通过对其在组织体系和结构上的支撑，都能有力地推动联盟的发展。

第三节　我国产业技术联盟政策现状

我国产业技术联盟从20世纪八九十年代开始萌芽，进入21世纪尤其是近几年得到了快速发展，但由于我国的产业技术联盟刚刚起步，仍处于探索阶段。政策是产业技术联盟发展的一个重要推动力，良好的政策环境会促进联盟又快又好地发展。我国对产业技术联盟发展的政策支撑主要包括科学技术部等国家部委和各省（自治区、直辖市）发布的相关政策。

一、国家政策不断出台

从国家宏观政策层面来看，2008年科学技术部出台的两项政策对我国产业技术联盟的构建与发展具有重大意义，这两项政策的出台直接促使我国广大地区各类联盟的迅速构建，引起了社会各界对产业技术联盟的广泛关注，也使人们深刻认识到构建产业技术联盟的战略意义。

2008年1月科学技术部出台的《国家科技计划支持产业技术创新战略联盟暂行规定》（简称《规定》），初步明确对产业技术创新战略联盟的支持力度和方式。《规定》提出国家科技计划（重大专项、国家科技支撑计划、"863"计划等）积极支持联盟建立和发展，经科学技术部审核的联盟可作为项目组织单位参与国家科技计划项目的组织实施；指出理事长单位是联盟的责任主体，承担项目组织实施的法律责任；指出国家科技计划支持联盟的原则和条件等。同时，《规定》里明确要求，产业技术创新战略联盟的技术创新方向要符合《国家中长期科学和技术发展规划纲要（2006～2020年）》，以及国家产业、环保和能源等政策，符合国家科技计划支持的方向，符合区域支柱产业发展的重点。《规定》的出台加快了联盟在重大领域的构建和布局，意味着联盟已被视为落实国家战略层面科技发展部署的强有力的抓手。

2008年12月科学技术部、财政部、教育部、国务院国有资产监督管理委员会（简称国资委）、中华全国总工会、国家开发银行六部委联合发布的《关于推动产业技术创新战略联盟构建的指导意见》（简称《意见》），提出要支持和鼓励一批重点领域联盟的发展。《意见》中就产业技术创新战略联盟的概念，推动产业技术创新战略联盟构建的重要意义、指导思想、基本原则，以及联盟的主要任务、应具备的基本条件和开展产业技术创新战略联盟试点工作等提出了明确的意见和要求，并要求各地方要把推动区域性联盟建设作为加强产学研结合，加快技术创新体系建设的紧迫任务。《意见》的出台对我国产业技术联盟的构建和发展具有重要意义，各地也纷纷出台了相关政策措施，大大促进了我国产业技术联盟的发展，并提高了社会各界的积极性。

2009年年底到2010年年初，国家又出台了几项强有力的政策（表5-1）。2009年9月，科学技术部等六部委联合发布了《国家技术创新工程总体实施方案》（简称《方案》）。《方案》提出，要统筹推动产业技术创新战略联盟构建和发展，以增强产业核心竞争力为目标，重点围绕十大产业振兴和战略性产业发展，形成工作布局。《方案》还从技术创新的国家战略层面对产业技术创新战略联盟的构建和健康发展提出要求。根据《方案》，推动产业技术创新战略联盟的构建和发展，与建设和完善技术创新服务平台、推进创新型企业建设、面向企业开放高等院校和科研院所科技资源、促进企业技术创新人才队伍建设、引导企业充分利用国际科技资源五项内容，共同成为实施国家技术创新工程的首要任务，意味着联盟将会成为国家技术创新工程的重要组成部分（杨靖，2010）。2009 年 12 月科学技术部出台的《推动产业技术创新战略联盟构建与发展的实施办法（试行）》（简称《实施办法》），《实施办法》对联盟构建提出了明确要求，即构建联盟要以国家战略产业和区域支柱产业的技术创新需求为导向，实现企业、高等院校和科研机构等在战略层面的有效结合，共同突破产业发展的技术瓶颈。《实施办法》不仅对联盟的技术创新水平提出了较高的要求，还强调了联盟的构建结构。

表 5-1　国家有关部委关于促进产业技术联盟发展的政策文件

编号	发布时间	发布机构	名称
1	2008 年 1 月	科学技术部	《国家科技计划支持产业技术创新战略联盟暂行规定》
2	2008 年 12 月	科学技术部等六部委	《关于推动产业技术创新战略联盟构建的指导意见》
3	2009 年 1 月	科学技术部	《产业技术创新战略联盟部内审核工作程序》
4	2009 年 3 月	科学技术部农村科技司	《科技部农村科技司关于大力推进农口产业技术创新战略联盟构建的通知》
5	2009 年 9 月	科学技术部等六部委	《国家技术创新工程总体实施方案》
6	2009 年 12 月	科学技术部	《关于推动产业技术创新战略联盟构建与发展的实施方法（试行）》
7	2010 年 1 月	科学技术部	《关于选择一批产业技术创新战略联盟开展试点工作的通知》
8	2010 年 6 月	科学技术部	《关于选择部分产业技术创新战略联盟开展试点工作的通知》
9	2011 年 1 月	科学技术部高新技术发展及产业化司	《科技部高新司关于进一步加强生产力促进中心业务联盟建设的函》

　　为了促进联盟更快更好的发展，把支持联盟的工作落到实处，经科学技术

部研究，决定从全国已成立的联盟中选择一批符合条件的联盟开展试点工作。到目前为止，共有 56 个联盟分两批进入试点名单。2010 年 1 月，科学技术部下发《关于选择一批产业技术创新战略联盟开展试点工作的通知》。钢铁可循环流程技术创新战略联盟、新一代煤（能源）化工产业技术创新战略联盟等 36 个联盟首批进入试点名单，这次试点涵盖新材料、新能源、先进制造等产业，是推动战略性新兴产业技术创新体系建设，促进产学研相结合的又一重要举措。2010 年 6 月，科学技术部发布《关于选择部分产业技术创新战略联盟开展试点工作的通知》（国科办政［2010］37 号），继续选择 20 个符合条件的产业技术创新战略联盟开展试点工作，入选的有长三角科学仪器产业技术创新战略联盟、城市生物质燃气产业技术创新战略联盟、地理信息系统产业技术创新战略联盟等，涵盖遥感、矿产资源、环保等领域。

二、各地配套政策和措施陆续出台

自一系列政策文件颁发以来，产业技术创新战略联盟构建工作在全国各省（自治区、直辖市）有序展开，各地根据实际情况陆续出台了一系列的配套政策。

继科学技术部等部委出台《关于推动产业技术创新战略联盟构建的指导意见》、《推动产业技术创新战略联盟构建与发展的实施办法（试行）》政策文件之后，湖北省（2009 年 6 月）、黑龙江省（2009 年 7 月）、山东省（2009 年 7 月）、福建省（2009 年 9 月）、内蒙古自治区（2009 年 11 月）、安徽省（2009 年 12 月）、湖南省（2010 年 4 月）、陕西省（2010 年 9 月）、河北省（2011 年 1 月）等纷纷发布了有关产业技术创新战略联盟构建与发展的指导意见或实施方法（表 5-2），这些省份根据自身的产业发展方向、技术创新需求等，提出支持一批重点领域联盟的发展，为联盟发展指明了方向。例如，《内蒙古自治区关于推动产业技术创新战略联盟构建的实施意见》提出，到 2015 年，通过组织实施联盟推进计划，在重点产业、重点区域形成 5 个左右在国内有重要影响、引领产业技术创新并纳入国家试点的优势联盟，50 个左右既规范又有自身特色并纳入内蒙古自治区试点的特色联盟；《陕西省高技术产业联盟建设指导意见》提出，到 2015 年，陕西省将在新一代信息技术、新能源汽车等高技术产业重点领域，建立 20 家高技术产业联盟，以进一步推动该省高技术产业可持续发展。另外，一些省份也制定了有关管理方法，海南省科学技术厅 2009 年 11 月制定了《产业技术创新战略联盟认定和管理暂行办法》，山东省科学技术厅 2009 年 8 月出台《山东省推进产业技术创新战略联盟工作管理办法（试行）》，2010 年 7 月，浙江省科学技术厅制定了《产业技术创新战略联盟建设与管理办法》，为规范产业技术创新战略联盟认定和管理工作奠定了基础。

表 5-2　部分省（自治区）促进产业技术联盟发展的相关政策文件

编号	发布时间	发布机构	名称
1	2009 年 11 月	内蒙古自治区 11 个部门	《内蒙古自治区关于推动产业技术创新战略联盟构建的实施意见》
2	2009 年 7 月	黑龙江省科学技术厅	《关于推进我省产业技术创新战略联盟建设的工作意见》
3	2011 年 1 月	河北省科学技术厅	《关于推进河北省产业技术创新战略联盟建设的指导意见》
4	2009 年 7 月	山东省科学技术厅、财政厅、教育厅等	《山东省关于推动产业技术创新战略联盟构建的实施意见》
5	2009 年 8 月	山东省科学技术厅	《山东省推进产业技术创新战略联盟工作管理办法（试行）》
6	2009 年 9 月	福建省科学技术厅	《福建省产业技术创新战略联盟构建实施方案》
7	2010 年 4 月	湖南省科学技术厅	《湖南省关于推动产业技术创新战略联盟构建与发展的实施办法（试行）》
8	2009 年 6 月	湖北省科学技术厅、财政厅、教育厅、国资委、总工会、国家开发银行湖北省分行	《关于推进湖北省产业技术创新战略联盟建设的指导意见》
9	2010 年 7 月	湖北省科学技术厅	《湖北省产业技术创新战略联盟试点工作方案》
10	2009 年 12 月	安徽省科学技术厅、安徽省发展与改革委员会、安徽省经济和信息化委员会、安徽省财政厅等	《关于促进产学研结合构建和发展产业技术创新战略联盟的实施意见》
11	2010 年 6 月	浙江省科学技术厅	《关于申报浙江省产业技术创新战略联盟的通知》
12	2010 年 7 月	浙江省科学技术厅、浙江省财政厅	《浙江省产业技术创新战略联盟建设与管理办法》
13	2010 年 11 月	浙江省科学技术厅	《关于建设首批浙江省产业技术创新战略联盟的通知》
14	2010 年 6 月	江西省科学技术厅	《江西省推进产业技术创新战略联盟构建与发展的实施方案》
15	2009 年 11 月	海南省科学技术厅	《海南省产业技术创新战略联盟认定和管理暂行办法》
16	2010 年 9 月	陕西省发展与改革委员会	《陕西省高技术产业联盟建设指导意见》

部分城市也出台了相关配套政策（表5-3），如福建省泉州市在全省率先制定了《泉州市构建产业技术创新战略联盟实施方案》，计划3年内设立10个创新联盟以提高重点产业的技术创新能力，加快泉州市区域创新体系建设的步伐。

表5-3 部分城市促进产业技术联盟发展的相关政策文件

编号	发布时间	发布机构	名称
1	2006年12月	中关村科技园区管理委员会、北京市科学技术委员会、北京市质量技术监督局、北京市知识产权局	《促进中关村科技园区产业技术联盟发展的实施方法》
2	2010年5月	成都市科学技术局、成都市发展与改革委员会等	《关于推动成都市产业技术创新战略联盟构建与发展的指导意见》
3	2007年5月	太原市科学技术局	《关于开展产学研战略联盟试点实施意见》
4	2007年5月	太原市科学技术局	《关于开展产业集群技术联盟试点实施意见》
5	2010年11月	青岛市科学技术局	《产业技术创新战略联盟构建与发展管理办法》
6	2009年7月	泉州市科学技术局	《泉州市构建产业技术创新战略联盟实施方案》
7	2009年	晋江市科学技术局	《晋江市构建产业技术创新战略联盟实施方案》
8	2009年5月	重庆市科学技术委员会	《关于组建十大产业技术创新战略联盟的通知》

在开展联盟试点工作方面，湖北省、浙江省、广东省、山东省、山西省，以及北京市、上海市、太原市等积极启动了联盟试点工作。2009年湖北省全面启动产业技术创新战略联盟试点工作，选取磷资源综合开发与利用产业技术创新战略联盟等10个联盟作为省级试点单位；在山东省有关部门的推动下，山东省首批20家产业技术创新战略示范联盟也在济南市宣告成立。湖北省2010年7月制定了《产业技术创新战略联盟试点工作方案》，明确提出主要建设目标，即通过3~5年的努力，在激光装备制造、地球空间信息、磷资源开发与利用、物联网、风电、油菜加工等领域建成30~50个省级产业技术创新战略联盟，力争5~10个进入国家产业技术创新战略联盟；推进50项重大自主创新产品的开发和产业化，形成省级行业标准20~30项、国家级标准3~5项，建立和完善20个技术创新平台，建成20个以企业为主体、相对稳定的产业技术创新团队，联盟核心企业年均研发投入占年销售收入的比例达到2.5%以上，联盟产值规模超过50亿元的达到10~15个，超过100亿元的达到5~10个；还明确了试点工作的内容与任务、申请联盟试点的基本条件及工作程序等。

北京地区产业技术联盟与其他地区相比，起步较早。北京目前是全国范围内联盟数量最多、实践最多、类型最丰富的地区，尤其是中关村国家自主创新示范区，汇聚各领域的骨干企业，已在各高新技术领域形成 30 多个联盟。早在 2006 年 12 月，出台了《促进中关村科技园区产业技术联盟发展的实施方法》，这一方法的出台与北京科技创新活跃、新事物不断出现紧密相关。特别是在中关村地区，通过给予补贴、配套支持、政府采购等多种形式的政策扶持，为产业技术联盟的发展提供了广阔空间，为产业技术联盟在全国的发展提供了宝贵的经验。

第四节　促进产业技术联盟发展的政策选择

产业技术联盟在促进科技创新、提升产业竞争力方面具有重要作用，需要政府为其发展提供更有效的政策保障和支撑。

1. 帮助联盟明确价值取向

联盟的根本目的是促进创新，而非满足联盟内部主体成员的一己之私，只有基于公共利益而建立的联盟才有可能为科技创新提供广阔的空间。政府是产业技术联盟的推动力量之一，不论是在联盟的建立还是联盟的发展过程中都应引导联盟的公共价值取向。

2. 引导联盟明确发展方向

要充分发挥联盟的作用，政府必须帮助联盟明确发展方向，创造多种方式引导联盟实现内外部的共赢，不断修正联盟的发展轨迹，扶持联盟长效发展，在激烈的市场竞争中保持联盟旺盛的生命力，促进科技创新成果不断涌现。

3. 加大财政投入力度

联盟的发展尤其需要财政的支持，政府在引导联盟发展的过程中应该进一步加大财政投入力度，为促进科技创新投入更多的财政资金。政府的财政投入不能局限于项目的方式，还应该创新多种方式。例如，通过补贴、贷款、股权、期权等多种方式参与联盟的发展，使政府资金的作用得到充分发挥。

第六章

北京地区产业技术联盟调查研究

第一节　北京地区产业技术联盟发展优势

北京地区产业技术联盟最早出现在 20 世纪 90 年代末，到 2003 年之后产业技术联盟数量开始迅速增多，尤其近两三年呈现出迅猛发展的态势，数量和规模已居全国首位，有效提升了北京的区域创新能力和国际竞争力。北京地区产业技术联盟的蓬勃发展得益于两方面原因：一是北京大环境和整体趋势的影响；二是北京良好基础条件的保障。

一、区位优势明显

北京作为首都，是我国的政治、文化和对外交往中心，拥有 3000 多年建城史和 850 多年建都史，充满了文化气息与现代风采。北京的城市基础设施完善，是全国铁路和航空运输的枢纽。1.64 余万平方千米的辽阔地域，为企业和个人提供了广阔的发展空间。同时北京处于中国经济发展较快，并且极具发展潜力的环渤海城市群的中心，具有独特的环境优势和市场优势，对全国具有较强的辐射能力和示范作用。

二、知识和创新资源丰富

北京具有丰富的人才资源、科技资源、金融资源、信息资源、人文资源，为产业技术联盟的快速发展提供了良好的资源条件。北京聚集了众多高等院校和科研机构，是知识、智力高度密集的区域。截至 2010 年年底，北京拥有中央和地方各类科研院所 400 余所，其中中央科研院所占全国的 74.5%；普通高等院校 89 所；国家重点实验室 86 个，占全国的 28.1%；国家工程实验室 32 个，占全国的 43.2%；国家工程技术研究中心 61 个，占全国的 23.4%；国家工程研究中心 40 个，占全国的 31.5%。

在科技产出方面，2010 年，北京市高技术产业、科技服务业和信息服务业实现增加值 3021.6 亿元，占地区生产总值的 21.9%。中关村国家自主创新示范区实现总收入 1.55 万亿元，实现增加值占地区生产总值的 19%。全社会研发经费支出 758 亿元，相当于地区生产总值的 5.5%。专利申请量和授权量分别为 5.7 万件和 3.4 万件，分别是 2005 年的 2.5 倍和 3.4 倍。技术市场规模逐年增长，对首都经济发展的贡献日益显著。全年技术合同成交额 1579.5 亿元，占全国的 40.4%，对首都经济发展的直接贡献率达到 9%[①]。

三、创新环境良好

科技创新政策体系日趋完善。2006～2010 年，北京市制定实施了《中共北京市委北京市人民政府关于增强自主创新能力建设创新型城市的意见》等 200 余项支持科技创新和产业化的地方法规、政府规章和规范性文件，促进了创新要素的高效配置与优化集成；出台一系列鼓励企业、高等院校、科研院所、科技服务机构等创新主体发展的科技政策，进一步完善了区域创新体系。

创新型人才建设力度不断加大。北京市科技工作不断落实国家和北京市中长期人才发展规划纲要，启动中关村人才特区建设，对接国家"千人计划"，实施"北京市海外人才聚集工程"，一批战略科学家、科技领军人才、科技企业家和高科技创业团队在北京创新创业。截至 2010 年年底，299 名人才入选国家"千人计划"，119 名人才入选"海聚工程"。"科技北京百名领军人才培养工程"启动实施，"科技新星"培养机制进一步优化。

财政税收政策进一步完善。用于支持科技创新和产业化的政府资金实现了部门间的统筹整合，并创新投入方式，在无偿资助、贷款贴息、后补助等方式

---

① 资料来源：闫傲霜.2011-04-28.加快"科技北京"发展建设，为率先形成创新驱动发展格局奠定坚实基础.2011 年北京市科技工作会议。

的基础上，采取股权投资和股权激励相结合的方式，集中支持一批重大科技成果转化和产业化项目，发挥了政府资金的引导带动作用，进一步调动了企业增加科技研发投入的积极性。

知识产权和技术标准战略稳步推进。北京市制定了实施首都知识产权战略，健全知识产权服务体系，推动知识产权的创造、应用、管理和保护相结合。"十一五"期间，北京地区单位主导创制或参与制定的国家或行业标准占全国30%[①]。

四、政策环境优越

政府的支持对北京地区产业技术联盟的发展起到了很大的促进作用。政府为确保其长期发展，采取了一系列措施，如调整科技发展战略、努力发展高技术产业、促进科技成果产业化等。近几年，北京市科学技术委员会认真落实中央和北京市委、市政府的决策部署，以首都创新战略为指导、以首都产业需求为导向、以解决首都发展技术瓶颈为突破口、以提高企业技术创新能力和产业竞争力为目标，大力推动产业技术联盟的构建和发展，推动以企业为技术创新主体、产学研用有效合作的首都区域创新体系建设，促进新技术的推广和商业化进程。北京市科学技术委员会相继出台一系列针对产业技术联盟的政策举措，积极支持科技中介服务机构、行业协会、骨干企业等单位负责牵头联盟的构建和运作，依托牵头单位确定联盟的发展思路和主要方向，并通过政府采购等形式，加速自主创新产品的推广应用，提高联盟企业创新的积极性。

第二节　北京地区产业技术联盟发展情况

当前，在经济全球化和社会分工日益细化的形势下，产业技术联盟作为一种新兴的组织形式，集中了产学研用各方优势资源，可以在短时间内实现重大技术突破，加快科技成果的产业化和市场化进程，成为增强自主创新的重要载体，对我国产业经济发展的推动作用日益凸显，受到社会各界的广泛关注。北

---

① 资料来源：闫傲霜.2011-04-28.加快"科技北京"发展建设，为率先形成创新驱动发展格局奠定坚实基础.2011年北京市科技工作会议。

京市创新资源丰富，科技、智力资源密集，高新技术企业云集，在政府引导和市场驱动下，近几年积极推动以技术联盟、产业链联盟、技术标准联盟、市场联盟、服务联盟为代表的新型产业组织发展，充分发挥科技支撑引领作用，促进首都经济在新的起点上实现更好的发展。

北京地区产业技术联盟随着信息技术的发展而兴起，并因信息技术的更新而快速发展。从图 6-1、图 6-2 可以看出，北京地区产业技术联盟总数从 1999 年的 4 家迅速增加至 2009 年的 98 家，已初具规模；仅 2009 年，北京市就先后组织建立了新能源产业技术联盟、北京新药创制产学研联盟、首都新农村建设科技创新服务联盟等近 30 个联盟，到 2010 年产业技术联盟增至 120 个；从 2003 年开始，北京地区的产业技术联盟以较快的速度增加，这与我国 2002 年加入 WTO 后对全面提升自主创新能力和国际竞争力的迫切要求密切相关。

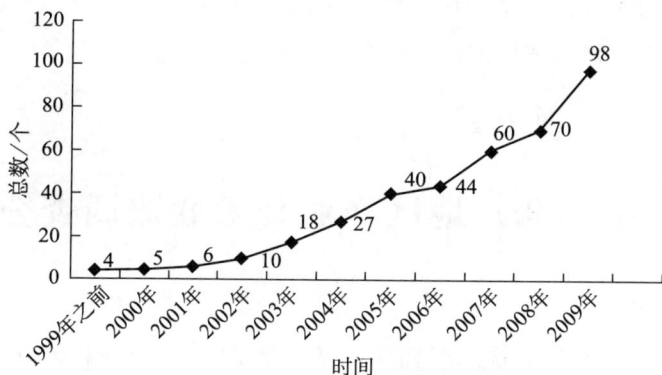

图 6-1 北京地区产业技术联盟发展趋势图

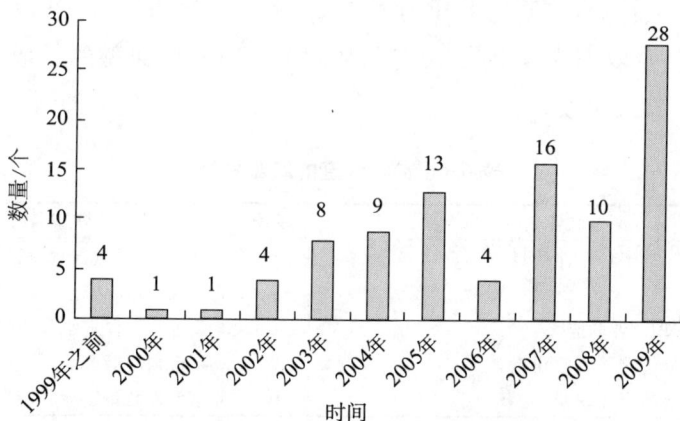

图 6-2 北京地区产业技术联盟每年增加的数量

据统计，截至 2010 年 8 月，北京地区各类联盟近 160 个，其中产业技术联盟 120 个左右，成员单位接近 7000 家，其中企业约占 2/3，科研机构和高等院校占 1/10 左右。此外，政府机构、科研服务机构及用户等也广泛参与。

北京地区产业技术联盟大多在高科技产业和新兴产业领域中形成，在解决技术成果产业化、创新产品的市场开拓等产业共性问题的过程中逐步发展，正处于成长期或跨越式发展阶段。从行业类型和分布来看，所涵盖的行业类型较全，主要集中在信息技术（IT）、新能源、软件、农业、环保等领域。联盟类型也逐步趋向多元化，有技术研发联盟、产业链联盟、市场联盟、技术标准联盟、服务联盟等，多种联盟共存，且多数联盟之间存在着竞争与合作关系，这有利于北京地区联盟的发展，涌现出闪联产业技术创新战略联盟、TD-SCDMA 产业联盟、长风开放标准平台软件联盟、中国生物技术创新服务联盟等一批较为成功的联盟。总的来说，北京地区产业技术联盟具有发展快、数量大、覆盖产业领域广、成员实力强、类型多样、创新突出等特点。

第三节　北京地区产业技术联盟调查分析

调查以北京地区产业技术联盟为对象，采取问卷调查和实地访谈的方法，重点调查了联盟的基本情况、形成过程、运作与治理方式、存在问题及需求等，共收回 51 份调查问卷，其中有效问卷 42 份（截至 2010 年 5 月，名录如表 6-1 所示），有效率为 82.4%。在此基础上，对一些典型的、成功的产业技术联盟进行了深入访谈。

表 6-1　参与调查的联盟名录

序号	联盟名称	序号	联盟名称
1	长风开放标准平台软件联盟*	6	北京多媒体创意产业联盟
2	3G 产业联盟	7	北京农村水环境治理创新服务联盟
3	TD-SCDMA 产业联盟*	8	北京生产力促进服务联盟
4	北京材料分析测试服务联盟	9	北京市太阳能产业联盟
5	北京动力电池产业联盟	10	北京数控装备创新联盟

续表

序号	联盟名称	序号	联盟名称
11	北京协同创新服务联盟	27	首都籽种产业科技创新服务联盟
12	北京新能源汽车产业联盟	28	饲料产业技术创新战略联盟 *
13	北京新药创制产学研联盟	29	污染场地修复科技创新联盟
14	北京医疗器械产业创新联盟	30	中关村物联网产业联盟
15	北京中关村农业生物技术产业技术创新战略联盟	31	中关村半导体照明产业技术联盟
16	固体废弃物处理处置科技创新服务联盟	32	中关村国际超导技术研究开发联盟
17	互动媒体产业联盟	33	中关村教育信息化产业联盟
18	林下山参产业技术创新战略联盟	34	中关村节能环保产业联盟
19	热泵热水机 CRAA 认证联盟	35	中关村数字电视增值业务产业联盟
20	肉类加工产业技术创新战略联盟 *	36	中关村下一代互联网产业联盟
21	生物燃气产业技术创新战略联盟	37	中关村虚拟现实产业联盟
22	食品安全科技服务联盟	38	中国 RFID 产业联盟
23	首都钢铁服务产业联盟	39	中国高清光盘产业推进联盟
24	首都农产品加工科技创新服务联盟	40	中国高性能计算产业联盟
25	首都设施农业科技创新服务联盟	41	中国生物技术创新服务联盟
26	首都新能源产业技术联盟	42	中国太阳能热利用产业联盟

* 为科学技术部产业技术创新战略联盟试点。

从产业技术联盟的成立年限来看（表6-2），42 个联盟中成立年限不足 1 年的联盟有 8 个；1～2 年的联盟最多，有 20 个；3 年的联盟有 5 个；4～5 年的联盟共有 7 个；7 年及以上的联盟最少，有 2 个。总而言之，被调查的多数为成立 2 年以内的联盟。

表 6-2　联盟成立年限统计表

成立年限	序号	联盟名称
1 年以下	1	北京生产力促进服务联盟
	2	固体废弃物处理处置科技创新服务联盟
	3	污染场地修复科技创新联盟
	4	北京动力电池产业联盟
	5	中关村物联网产业联盟
	6	肉类加工产业技术创新战略联盟
	7	3G 产业联盟
	8	生物燃气产业技术创新战略联盟
1～2 年	1	首都钢铁服务产业联盟
	2	中关村半导体照明产业技术联盟
	3	北京医疗器械产业创新联盟
	4	首都新能源产业技术联盟
	5	北京农村水环境治理创新服务联盟
	6	北京新药创制产学研联盟
	7	首都设施农业科技创新服务联盟

续表

成立年限	序号	联盟名称
1～2年	8	食品安全科技服务联盟
	9	首都籽种产业科技创新服务联盟
	10	首都农产品加工科技创新服务联盟
	11	中关村国际超导技术研究开发联盟
	12	北京新能源汽车产业联盟
	13	中国高清光盘产业推进联盟
	14	热泵热水机 CRAA 认证联盟
	15	中国高性能计算产业联盟
	16	北京多媒体创意产业联盟
	17	中关村虚拟现实产业联盟
	18	中关村节能环保产业联盟
	19	中关村数字电视增值业务产业联盟
	20	林下山参产业技术创新战略联盟
3年	1	北京协同创新服务联盟
	2	北京数控装备创新联盟
	3	北京中关村农业生物技术产业技术创新战略联盟
	4	互动媒体产业联盟
	5	北京市太阳能产业联盟
4～5年	1	长风开放标准平台软件联盟
	2	中国生物技术创新服务联盟
	3	北京材料分析测试服务联盟
	4	中关村教育信息化产业联盟
	5	中国太阳能热利用产业联盟
	6	中国 RFID 产业联盟
	7	中关村下一代互联网产业联盟
7年及以上	1	TD-SCDMA 产业联盟
	2	饲料产业技术创新战略联盟

调查对象既有政府推动的联盟，也有企业自发组织成立的联盟；既有北京地方政府牵头的联盟，也有科学技术部产业技术创新战略联盟试点联盟。调查涵盖不同时间段的联盟，既有成立时间不足 1 年的联盟，也有成立时间超过 7 年的联盟。被调查的联盟类型齐全，包括技术研发联盟、产业链联盟、技术标准联盟、市场联盟、服务联盟等。样本具有典型性和代表性，在一定程度上能够反映北京地区产业技术联盟的现状。

一、产业技术联盟的形成

1. 联盟的成立动因和目的

目前，促使产业技术联盟成立的动力主要来自两个方面：一是内部动力——企业自身发展需求，是在市场机制下企业、高等院校和科研机构、科研服务机构、用户等成员根据各自利益需要或自身发展需要自发形成的；二是外部动力——政府力量，是在政府的直接推动下或政策的引导作用下组织成立的。对于政府推动成立的联盟，政府从不同角度给予了大力支持，包括项目支持、资金支持、直接提议成立联盟等，而许多自发组织成立的联盟运作和发展过程中也会受到政府的关注。但事实上，大多联盟的成立是受以上两个因素的综合影响。例如，中关村虚拟现实产业联盟，由于国内虚拟现实企业规模较小，需要企业和企业、政府、科研机构之间建立良好的沟通机制来完善产业链，自主研发先进技术，创造一个公平合理的行业发展机制，以解决企业自身的生存与发展的种种问题。而海淀区政府正努力把海淀区打造成为中国虚拟现实产业的中心，把虚拟现实技术纳入其产业发展重点，并加大支持力度。《海淀区文化创意产业十一五发展规划》和《海淀区文化创意产业行动计划》明确提出，将虚拟现实作为海淀区新兴的文化创意产业。这是企业自身需求和政策导向相结合的典型案例。

而联盟成立的目的主要是推动竞争前技术的合作研发，促使重大科技项目落地北京，加快创新产品的市场化，打造创新产品的产业链，制定技术标准并加以推广，从而提高国际竞争力和核心技术竞争力，等等。

2. 联盟的驱动力

调查结果显示，23.8%的产业技术联盟驱动力来自市场竞争和需求，典型代表为互动媒体产业联盟、中国太阳能热利用产业联盟等；16.7%是技术驱动型，以北京中关村农业生物技术产业技术创新战略联盟、中关村物联网产业联盟等为代表；7.1%的联盟的驱动力来自政府的推动，典型代表为长风开放标准平台软件联盟、中关村半导体照明产业技术联盟等；而52.4%的联盟的驱动力来自多个方面，即混合驱动型，受到市场、技术、政府等多方因素的综合影响（图6-3），如北京动力电池产业联盟是在政府和技术的共同驱动下成立的。

3. 联盟的发起者

产业技术联盟的发起者包括联盟成立的提议者和组织者。北京地区产业技术联盟的成立包括由政府牵头或发起、在政府倡议下由企业共同发起、在政策引导下由多个企业发起、由某一企业发起、由科研机构或行业协会发起等多种

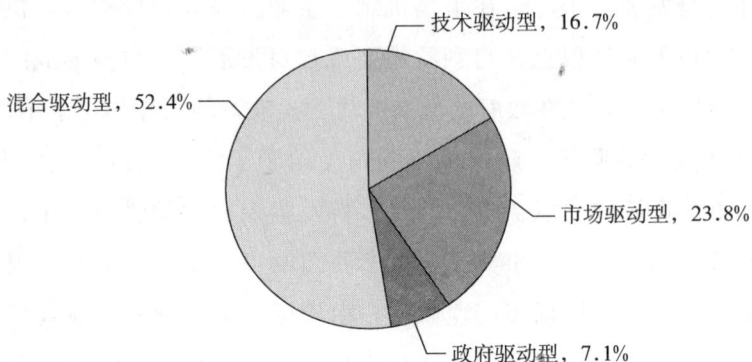

图 6-3 联盟的驱动力类型及所占比例

方式。在被调查的联盟中，在政府的引导下由企业共同发起成立的联盟和由政府牵头成立的联盟所占比重较大，由某一企业、科研机构或行业协会发起成立的联盟所占比重较小。政府牵头成立的联盟多为科技服务、节能环保、新能源、新材料、新医药和文化创意等战略性新兴产业领域。

4. 联盟的行业领域分布

调查的覆盖面较广，基本涵盖了软件、通信、计算机与互联网、新能源与环保、生物医药、新材料、文化创意、农业等领域，以及科技服务业。其中新能源与环保领域、农业领域的联盟较多，分别有 9 个、7 个。其次是 IT 和通信、生物医药、新材料、文化创意以及科技服务业。这些联盟大多为高新技术产业和新兴产业，产业价值较高，正处于成长期或跨越式发展阶段，有很多产业共性问题需要解决，包括创新产品的市场开拓、技术成果产业化等。

5. 联盟成员的构成

被调查的 42 个联盟共涉及 3976 个单位，其中企业 3100 家（跨国企业 87 家），科研机构 269 家，高等院校 224 所，政府机构 42 个，第三方服务机构 51 家，用户 290 家。每个联盟的成员构成比例的平均值为：企业占 67.9%，科研机构占 13.2%，高等院校占 10%，政府机构占 3.3%，第三方服务机构占 3.3%，用户占 2.3%。

6. 联盟的类型

根据联盟成立的动因和政府参与程度，以及政府支持目标，我们把北京地区产业技术联盟分为政府推动型、政府引导型和自发组织型。根据联盟的目标、合作环节、主要工作内容等，把北京地区产业技术联盟分为技术研发联盟、产业链联盟、技术标准联盟、市场联盟和服务联盟。被调查的联盟中，技术研发联盟、市场联盟及服务联盟较多，技术标准联盟和产业链联盟较少。

二、产业技术联盟的运作与管理

1. 联盟的目标

产业技术联盟目标的确立与产业特性问题、产业共性问题、政策导向及市场需求等有关。北京地区产业技术联盟目标主要包括：打造有竞争力的产业链；制定产业技术标准并推广；竞争前技术的合作研发；推动创新产品和成果的产业化进程；通过整合资源，为企业和社会提供科技服务；形成有利于产业创新和发展的社会规则。

2. 选择成员的条件

联盟在选择成员时重点考虑的因素有：成员是否具有先进技术或新技术、是否与联盟的目标和理念一致。除此之外，企业规模、是否具有互补性技术开发资源，以及市场开拓优势等也是重点考虑的因素。而与政府的关系，以及是否具有国际资源等考虑较少（图6-4）。

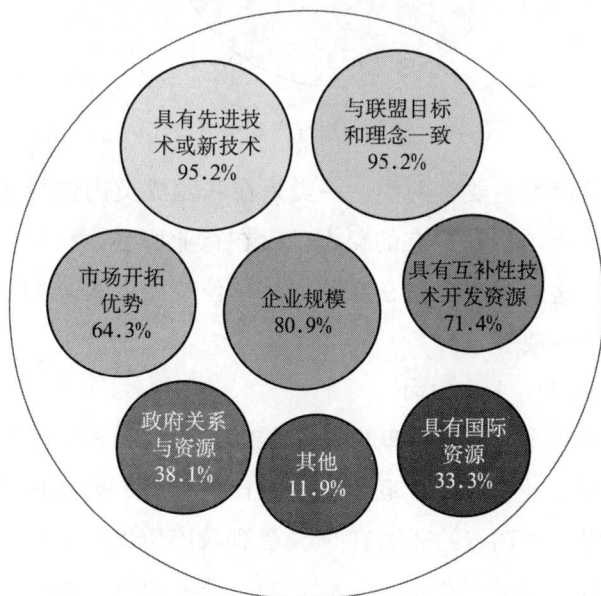

图 6-4 联盟选择成员的条件

3. 联盟的治理方式

被调查的所有联盟均属非营利性组织或机构。除少数联盟采取某单位主导或企业主导的方式之外，绝大多数联盟采用成员大会-理事会-秘书处或理事会-秘书处的治理方式（图6-5）。通常联盟的最高权力机构是成员大会，成员大会负责审议批准重要文件、做出重要决议、选举和罢免理事长和秘书长等。理事会是成员大会的执行机构，一般由联盟发起人组成。理事会下设秘书处，负责联盟的日常事务。有些联盟设有委员会，如首都新能源产业技术联盟、首都新农村建设科技创新服务联盟，均设有专家委员会和指导委员会；长风开放标准平台软件联盟设有标准委员会、市场委员会、技术委员会，三个委员会又下设若干工作组。

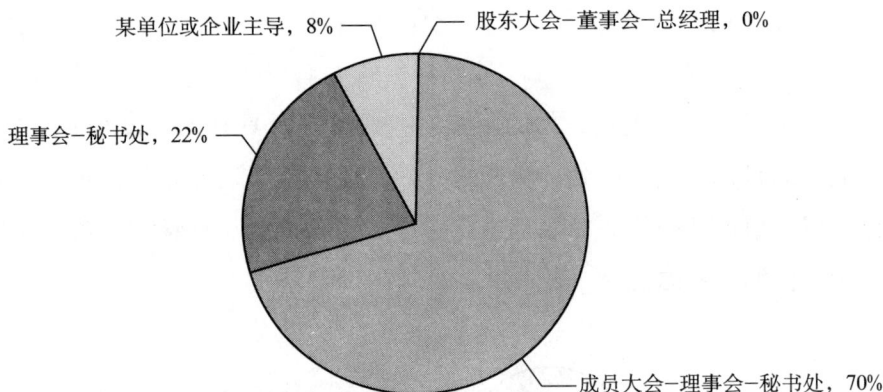

图 6-5　联盟的治理方式及所占比例

联盟秘书处的设置主要有两类，一类是在联盟成员内选择合适的单位，如政府部门的下属事业单位；也有的秘书处设在行业协会、科技中介机构、科研院所及主导企业。这类主要出现在联盟内某单位或企业主导的联盟中。另一类是委托第三方处理各项事务。

4. 联盟经费来源与支出方向

目前，北京地区产业技术联盟的研发经费和日常运作费用来源是多方面的。研发经费主要来源于政府资助、联盟企业按比例出资、委托项目研发费和各自独立运营、贷款等。被调查的联盟有57％受到政府资助。日常运作费用的主要来源包括会费、政府资助、提取项目管理费、企业出资、捐赠、在核准的业务范围内开展活动或服务的收入、利息及其他合法收入等。经调查得出，有40％

以上的联盟受到政府资助，另外有 50％以上的联盟收取会费。

联盟的经费支出主要用于宣传活动、日常运作、交流学习，其次是外部活动和培训，除此之外还用于市场推广、项目前期工作、内部研发、共性设施建设等（图 6-6）。

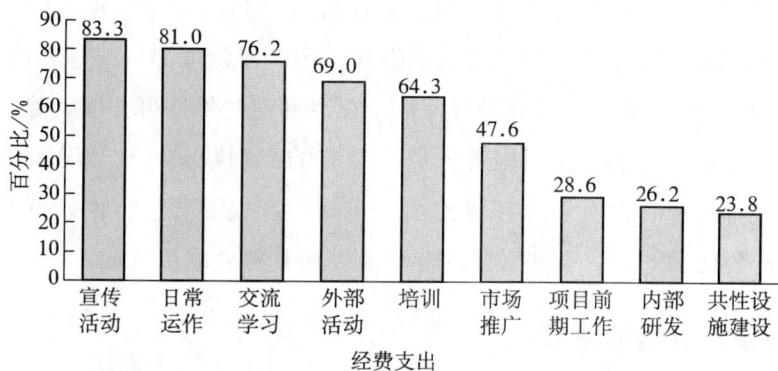

图 6-6　联盟的经费支出

5. 联盟的法律身份

截至 2010 年 5 月，所调查的 42 个联盟中，12 个联盟挂靠在行业协会或其分会下（占 28.6％）；8 个联盟挂靠在科技服务机构下（19.0％），如北京市科学技术委员会下属的各个中心；2 个联盟以公司形式注册；未注册的联盟有 15 个，占 35.7％；其他 5 个正在办理注册手续（图 6-7）。

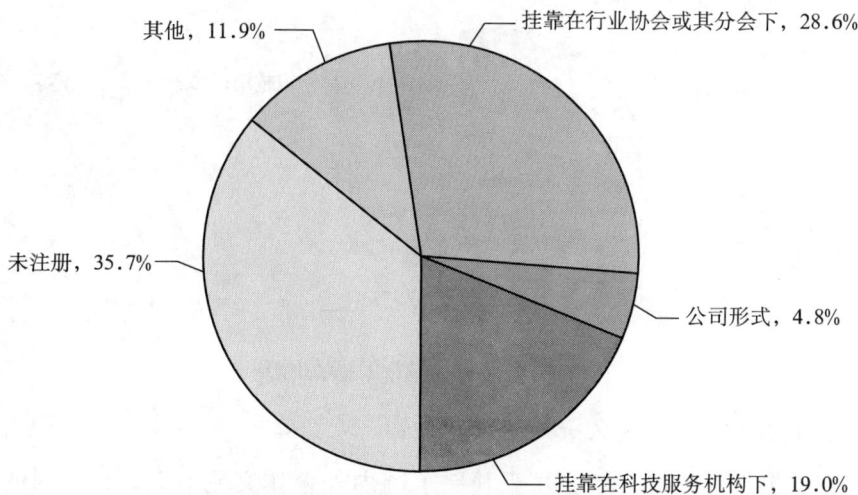

图 6-7　联盟的法律身份及所占比例

6. 专利池运作管理

随着各类产品功能的日益丰富，其包含的技术也越来越多，而这些技术往往以专利的形式被众多不同的权利人所有。对于产业技术联盟而言，在协同创新过程中必将产生大量的专利技术，构建专利池能够有效消除专利使用中的授权障碍，有利于专利技术的推广应用。尽管目前专利池饱受争议，但仍然受到专利权人的青睐。42 个联盟中 6 个联盟设立知识产权管理部门或专利池。其中，4 个联盟定期对专利池中的专利进行评估。在专利池对外许可方面，除了 1 个联盟执行统一的收费标准，并根据各成员所拥有的专利数量按比例分配之外，其他 3 个联盟目前暂时没有对外许可使用。在知识产权的管理方面，有些联盟采用有限责任公司的形式，有些联盟的专利池委托其部分成员负责。

三、产业技术联盟的发展

1. 联盟的开放性和地域性

北京地区产业技术联盟多为开放性联盟，除了 18 个联盟门槛较高之外，其他联盟完全开放或仅设置较低的门槛。

从地域性来看，被调查的联盟多为全国性联盟，约 80％的联盟是全国性的或以北京地区为主。其余 20％左右的联盟仅限于北京地区，这些联盟都是由地方政府直接牵头成立的（图 6-8）。

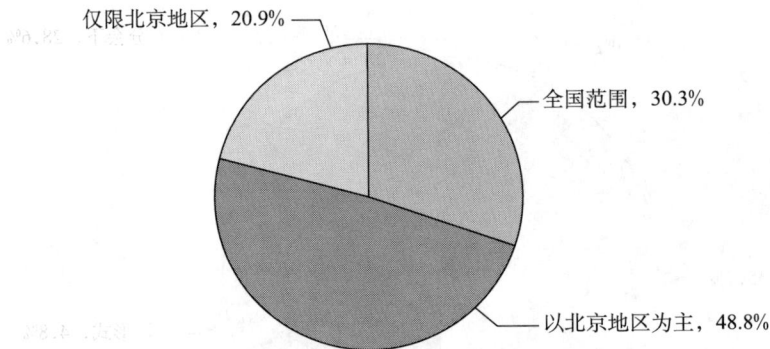

仅限北京地区，20.9%
全国范围，30.3%
以北京地区为主，48.8%

图 6-8　联盟的地域性及所占比例

2. 国内外合作交流与人才培养

调查结果显示，71.4％的联盟开展了国内外合作交流活动，45.2％的联盟有人才培训或培养计划。国内外合作交流主要采用技术交流与项目合作方式

（42.9％）、技术引进方式（40.5％）及人才交流方式（38.1％），另外还有组建跨国战略联盟、经验交流、进修等其他方式（图6-9）。许多联盟十分重视国内外合作交流与人才培养，这有利于联盟的持续健康发展。

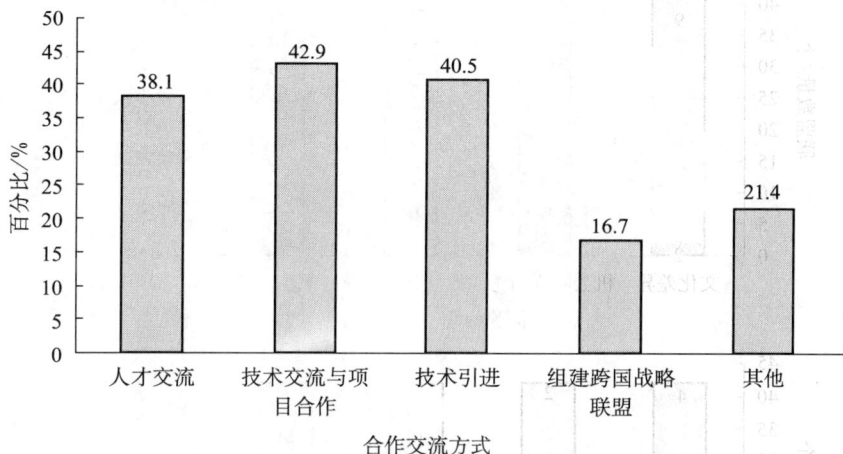

图 6-9　国内外合作交流情况

3. 联盟间的关系

目前，50％以上的联盟认为存在竞争对手或潜在竞争对手。例如，在通信与软件、节能环保、农业、新材料、信息产业、研发服务等领域都存在竞争。90％以上的联盟与其他联盟存在联系，其中66.7％的联盟以学习交流活动为主，26.2％的联盟与其他联盟有业务合作（图6-10）。这呈现出北京地区产业技术联盟之间竞争与合作共存的特点。

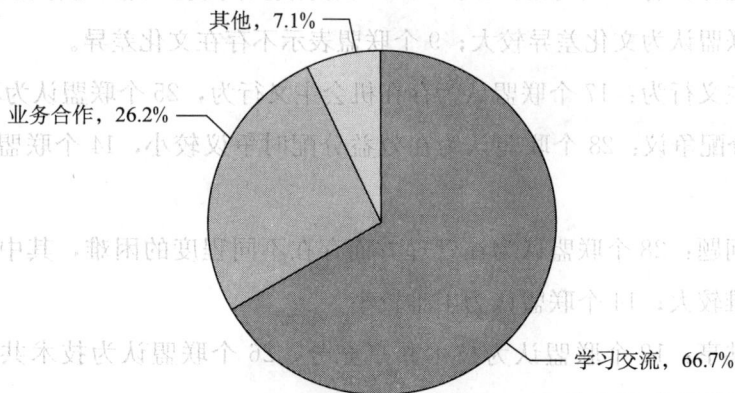

图 6-10　联盟间的关系及所占比例

4. 联盟发展过程中遇到的问题

联盟在发展过程中会面临如下问题（图 6-11）。

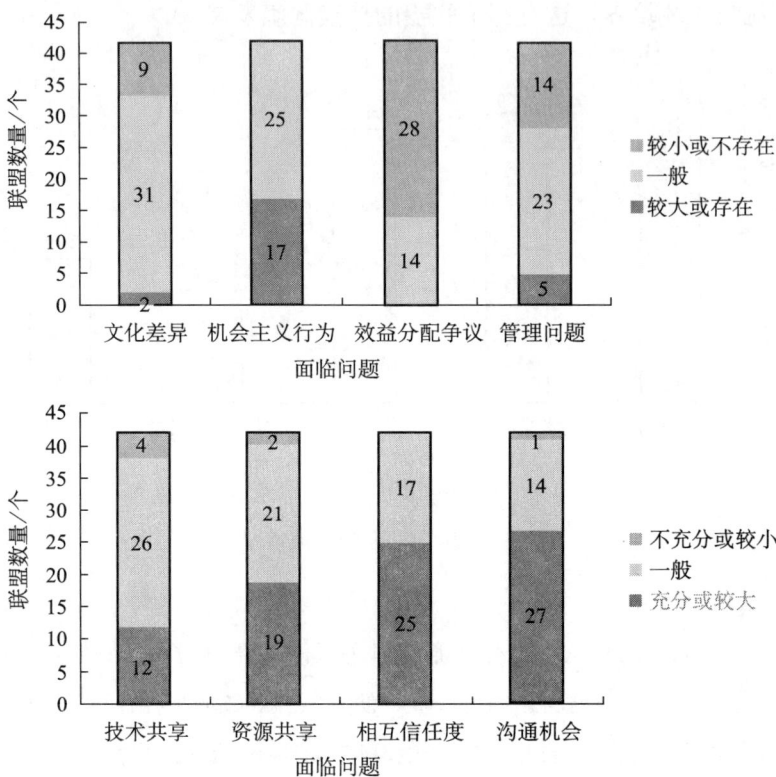

图 6-11　联盟发展过程中遇到的问题

文化差异：有 33 个联盟（约 80%）认为成员间或多或少地存在文化差异，其中 2 个联盟认为文化差异较大；9 个联盟表示不存在文化差异。

机会主义行为：17 个联盟认为存在机会主义行为，25 个联盟认为不存在。

效益分配争议：28 个联盟认为在效益分配时争议较小，14 个联盟认为程度一般。

管理问题：28 个联盟认为在管理方面存在不同程度的困难，其中有 5 个联盟表示困难较大；14 个联盟认为困难较小。

技术共享：12 个联盟认为技术共享充分，26 个联盟认为技术共享程度一般，4 个联盟认为不充分。

资源共享：19 个联盟认为充分，21 个联盟认为共享程度一般，2 个联盟认为不充分。

相互信任度：25 个联盟认为成员间相互信任度大或较大。

沟通机会：27 个联盟认为沟通机会较多，14 个联盟认为一般，只有 1 个联盟反映成员间沟通机会较少。

总的来说，北京地区产业技术联盟尽管发展速度快，但是在联盟运作过程中存在一些问题，如机会主义行为、成员间文化差异，联盟治理与管理困难，技术和资源共享不够充分等。今后应不断完善资源共享机制、沟通机制、利益分配机制等，这也是联盟下一步需要重点解决的问题。

5. 联盟下一步工作

联盟下一步需要加强如下几个方面的工作：一是加强联盟内外交流与合作（85.7%）；二是申请重大科技项目（83.3%）、明确联盟管理运作（81.0%）；三是加强宣传与品牌建设（78.6%）、探索联盟创新机制（73.8%）；四是加强基础建设与研究（71.4%）。另外还有培育战略性新兴产业、争取国内外市场、调整并深化产业布局及扩大规模等（图 6-12）。

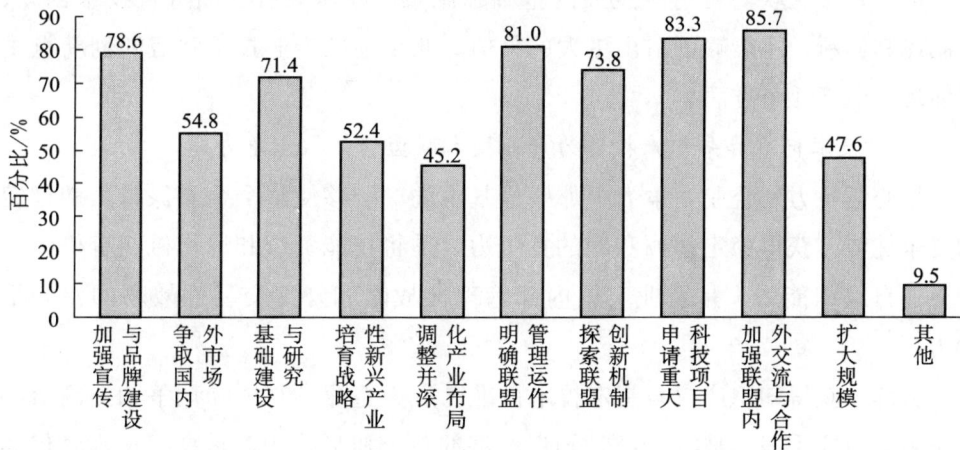

图 6-12　联盟下一步工作

6. 预定目标完成后联盟的选择

产业技术联盟通常会有明确的、共同的目标，这些目标通常是经联盟成员的充分协商后而确定的，这也是联盟与行业协会的区别之一。制定明确的目标是联盟成功运作的关键。

被调查的联盟中，64.3%的联盟表示预定目标完成后会再寻找新的目标，

26.2％的联盟表示会转型，9.5％的联盟选择重新构建，没有一个联盟表示预定
目标完成后会解散（图6-13）。

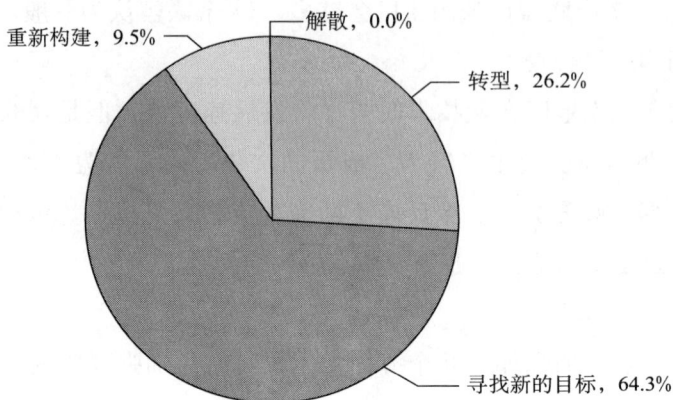

图 6-13　预定目标完成后联盟的选择及所占比例

四、产业技术联盟的创新

创新是实现联盟可持续发展的基础和源泉，联盟只有不断进行技术创新、
机制体制创新，才能够创造出更大的价值。北京地区产业技术联盟的创新点主
要体现在以下几个方面。

1. 以技术标准和知识产权作为产业技术联盟的核心竞争力

核心竞争力是企业竞争力中那些最基本的、能够使整个企业保持长期稳定
的竞争优势、获得稳定超额利润的竞争力，是将技能资产和运作机制有机融合
的企业自组织能力，是企业实施内部管理性战略和外部交易性战略的核心推
动力。

目前，获得知识产权与制定技术标准已成为企业参与国际竞争和提高核心
竞争力的重要手段。技术标准是知识经济的一个典型代表，是高新技术时代体
现知识和技能优势的工具。一个核心技术标准的研发往往能带动一系列技术的
创新，技术标准的成功能够带动一个产业的发展，因此掌握技术标准的制定权
意味着赢得产业发展的主导权和话语权。技术标准的制定对前沿科技领域的可
持续发展、提高市场竞争力和产业化发展具有重要意义。

而知识产权是知识与科技成果转化为资产、转化为生产力的桥梁，是知识
经济实现（智力）资源配置、无形资产运营、创新动力推动、产业结构升级的

关键；知识产权制度不仅是市场经济的产物，更是知识经济时代的法律制度保障，是调整经济结构、发展知识产权经济、提升产业（区域、企业）竞争力的根本制度。因此，可以说知识产权是企业核心竞争力，知识资产是未来企业和区域竞争制胜的法宝（郭民生，2004）。

北京地区产业技术联盟的创新点之一就是：联盟以技术标准和知识产权作为核心竞争力。在42个联盟中有将近一半（20个）的联盟制定了技术标准，技术标准总数达490个，其中国际标准51个、国家标准162个、行业标准205个、地方标准72个。

部分联盟国际标准和国家标准数量较多，有8个联盟制定了国际标准，有的联盟制定的国际标准多达20个，表现出较强的国际竞争力；有13个联盟制定了国家标准，有的联盟制定的国家标准多达50个，表现出在该产业领域的优势和综合实力。

另外，授权专利方面，19个联盟有授权专利，其中获得授权专利总数达200个以上的联盟有10个，100～200个的联盟有1个，50～100个的有4个，5～50个的联盟有4个。

2. 产学研用紧密结合，加强科技研发和成果转化

产学研结合的本质，是科技、教育与经济的结合。实践表明，要使科技成果更好更快地转化为现实生产力，必须走产学研用相结合的道路。《国家中长期教育改革和发展规划纲要》明确提出："高校要牢固树立主动为社会服务的意识，全方位开展服务"，并列出了产学研用结合、科普、文化传播、智囊团等服务路径。

"产学研用"进一步强调了"应用"和"用户"的重要作用，更加突出了产学研结合必须以企业为主体，以市场为导向。"用"主要指应用和用户。应用是技术创新的出发点和落脚点。一项技术或科研成果只有通过应用，才能走向成熟或转化为现实生产力。而作为技术创新的参与者和利益相关者，用户的直接参与不仅能够减少技术创新的盲目性，缩短新产品从研究开发到进入市场的周期，且能够有效降低技术创新的风险和成本。

北京地区产业技术联盟普遍采用产学研用相结合的模式，以需求为导向，在传统产学研相结合的基础上增加了与用户的结合。比较典型的有长风开放标

准平台软件联盟，在联盟成立时，该联盟就把用户作为骨干力量吸纳进来，因为在基础软件产业链中用户是龙头。现成员中17%为用户单位，企业按照用户需求提供产品的定制化服务，又根据用户的实际应用不断提高产品质量和服务水平。还有一些联盟根据实际情况采用不同的结合方式。例如，北京医疗器械产业创新联盟采用产学研医相结合的方式；生产力促进服务联盟则采用产学研介相结合的方式。

3. 整合首都优势资源，推进服务创新

科技中介服务机构是国家创新体系的重要组成部分，是指为科技创新主体提供社会化、专业化服务以支撑和促进科技创新活动的机构。近年来，科技服务业得到迅速发展，已具备了一定的规模和服务能力，对有效配置科技创新资源，加速科技成果向现实生产力转化，提高科技创新能力具有重要的促进作用。

北京科技中介服务业近年在全国范围内发展较快，经济效益也较好，已初步成为资源与市场的纽带、买方与卖方的桥梁。其发展格局呈现多元化，国有、股份制、民营等多种所有制共同发展。

在调查过程中，我们发现在北京市科学技术委员会的大力推动下，近几年科技服务类联盟数量增长速度较快，北京地区共成立了20多个，占北京地区联盟总数的15%左右。这类联盟主要通过整合优势资源，以企业与市场需求为导向，提供服务。例如，中国生物技术创新服务联盟以全球创新活动为服务对象，按研发产业链条整合资源，用市场化机制提供一站式服务；北京材料分析测试服务联盟将北京科技大学分析检测平台作为机制创新试点，将第三方商业化实验室的运作模式引入首都高等院校科技资源的整合，在所有权和经营权分离的框架下，实现了高等院校仪器资源的开放共享，大幅提高了北京科技大学科研仪器设备的平均机时利用率，服务收入也比试点前增长了6倍，分析测试服务在支撑企业尤其是中小企业技术创新的过程中发挥了重要作用。

4. 积极探索科技成果产业化新模式，以科技创新促进产业升级

产业化科技成果是一种现实的生产力，是经济成长的推进器，是实现和维持经济增长最有效的工具。近年来，北京市科学技术委员会十分重视重大科技成果在京产业化，大力支持拥有自主知识产权项目的研发和生产。促进科技成

果产业化，加快重大项目落地，是北京市转变经济发展方式，加快产业结构调整的重大举措。

经过多年的探索和实践，北京地区产业技术联盟在科技成果产业化方面大胆创新，取得了显著成效。例如，北京材料分析测试服务联盟在促进成果转化上形成一套独特的流程，即首先对科技成果进行评定，其次通过建立行业市场信息网络，组织北京企业对成果进行了解与对接，最后创造融资机会，提供技术与资本结合的渠道。饲料产业技术创新战略联盟的成果产业化创新模式是联盟成员优先购买技术成果，进行产业化。此外，还有多个联盟的成员通过投资组建公司进行科技成果的产业化；一部分联盟还通过吸引联盟外的企业购买技术产品，进行产业化，同时保留联盟内企业购买技术产品的优先权。北京新药创制产学研联盟成果产业化的主要做法是使企业在科研成果研发的早期介入，与科研院所共同开发。这是一种转化率比较高的方式，可以使研究成果更贴近市场，便于企业进行产业化。

5. 加快机制创新，推进产业技术联盟持续发展

机制创新是产业技术联盟长效运作的关键，通常产业技术联盟成立后首要任务是尽快建立和完善联盟运作机制，以便提高联盟动力、市场推广力度、诚信度、联盟运作效率与效果，保证联盟收益分配的公正性与客观性，以及联盟成员合作的积极性。产业技术联盟运作机制包括联盟的动力机制、分工机制、分配机制、信任机制、协调机制等。

北京材料分析测试服务联盟、长风开放标准平台软件联盟、饲料产业技术创新战略联盟等结合实际情况，通过建立创新机制，探索联盟可持续发展的道路。北京材料分析测试服务联盟通过机制创新，采取有效的组织方式和管理机制，实现科技资源市场化；提出设备和人员集中管理、使用权和所有权分离的新思路，通过成立北京科技大学分析检验中心有限公司，建立了由主管副校长担任主任的指导委员会，依托学校科技管理处，在各学院成立了二级中心，统一管理设备的使用与经营；出台校内鼓励政策，规范公司和实验室的责、权、利，并把实验室的对外测试服务工作量作为实验室业绩考核的重要内容，从考核机制方面为平台建设提供有力的制度保障。长风开放标准平台软件联盟成立之初，便制定了8份规则文件，解决了联盟的机制问题，目

前共有 15 份文件，联盟管理日趋完善；建立了理事会和全体会员大会两层组织架构，重大问题全部采用公开征询意见和投票的机制；运作机制方面，组建了技术委员会、市场委员会、标准委员会，下设 9 个技术工作组和 3 个市场工作组，推动企业间协同互动和技术的纵深发展；另外，设计了会费反馈奖励机制，调动集成商的积极性，通过制定《良性竞争公约》，建立和谐竞争机制、投诉机制等。联盟则把秘书处放在中国农业科学院饲料研究所。作为一个中立机构，中国农业科学院饲料研究所的加入有利于较合理的信用机制的形成，有效解决了利益分配问题。饲料产业技术创新战略联盟通过采取联合研发、联合采购、统一宣传策划、人员培训等多种形式，积极开展成员间的互补性合作，大大降低了企业经营成本；并通过整合联盟内国家重点实验室、国家饲料工程中心、国家企业技术研究中心和试验评价基地等优质科技资源，形成了完整的成果转化链条。

五、产业技术联盟的需求

1）42 个联盟中，88％的联盟认为政府在促进联盟发展过程中作用很大或较大。

2）半数以上的联盟希望政府在项目实施、战略规划制定和市场开拓过程中给予重点支持，在项目筹建和启动阶段，以及运作管理过程中提供帮助（图 6-14）。

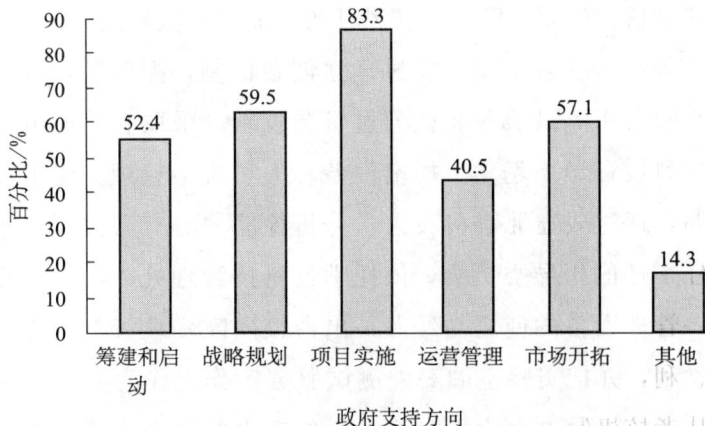

图 6-14　联盟对政府支持方向的意愿

3）大多数联盟认为，重大科技成果转化和产业化投资专项基金政策对联盟影响最大，其后依次是科技重大专项项目（课题）经费间接费用列支管理方法、促进中关村科技园区产业技术联盟发展的实施方法、开展政府采购自主创新产品试点工作、中小科技型企业投标承接重大建设工程项目的若干措施等。

4）大多数联盟认为，出台相关政策、鼓励联盟承担重大项目、加大资金支持力度等措施有利于联盟发展。另外，建设公共信息服务平台、组织国内外合作交流、完善法律保障体系、健全知识产权保护体系、实施人才培养计划、建立社会信用监督机制，以及加强基础设施建设等措施也对联盟发展起到积极作用（图 6-15）。

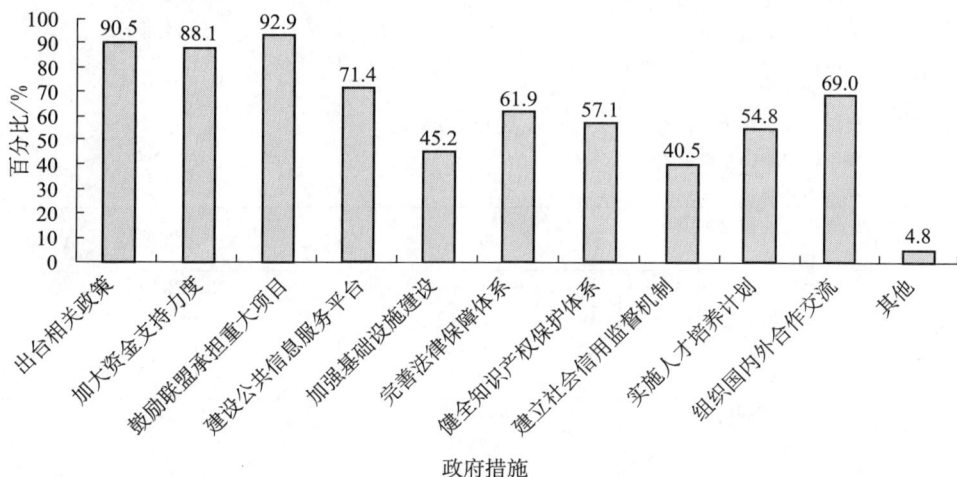

图 6-15　政府措施对联盟发展的影响

六、政府推动联盟与自发组织联盟的对比分析

为了解在政府推动下成立的联盟（简称政府推动联盟）与企业自发组织成立的联盟（简称自发组织联盟）的形成、发展、运作等情况，我们对这两种联盟进行了统计（表 6-3）。被调查的联盟中，政府推动联盟共 26 个，占 61.9%；自发组织联盟 16 个，占 38.1%（表 6-4、表 6-5）。

表 6-3 政府推动联盟和自发组织联盟基本情况对比表

指标		政府推动联盟/个（所占比例）	自发组织联盟/个（所占比例）
数量/个		26	16
联盟目标		主要以合作研发技术和完善产业链为目标	以完善产业链、合作研发技术和开拓市场为目标
成员构成（联盟成员的平均构成比例）	企业	64.5%	73.8%
	科研机构	15.0%	10.0%
	高等院校	11.0%	8.0%
	政府机构	3.0%	4.0%
	第三方服务机构	3.0%	4.0%
	用户	3.5%	2.5%
驱动力	技术驱动型	2（7.7%）	5（31.3%）
	市场驱动型	3（11.5%）	7（43.8%）
	政府驱动型	3（11.5%）	0（0%）
	混合驱动型	18（69.2%）	4（25%）
国内外合作交流	开展合作交流的联盟	19（73%）	11（68.7%）
	采用人才交流方式的联盟	10（38.5%）	6（37.5%）
	采用技术交流与项目合作方式的联盟	8（30.7%）	10（62.5%）
	采用技术引进方式的联盟	10（38.5%）	7（43.8%）
	采用组建跨国战略联盟方式的联盟	5（19.2%）	2（12.5%）
联盟的身份	挂靠在行业协会或其分会下	8（30.7%）	4（25%）
	公司形式	0（0%）	2（12.5%）
	挂靠在科研服务机构下	6（23%）	2（12.5%）
	未注册	10（38.5%）	5（31.3%）
	其他	2（7.7%）	3（18.8%）
治理方式	成员大会-理事会-秘书处	17（65.4%）	12（75%）
	理事会-秘书处	6（23%）	2（12.5%）
	某单位或企业主导	2（8%）	2（12.5%）
日常运作费用来源	会费	11（42.3%）	11（68.8%）
	政府资助	13（50%）	4（25%）
研发经费来源	政府资助	20（77%）	4（25%）
联盟之间的关系	有竞争对手	15（57.7%）	7（43.8%）
	有学习交流	17（65.4%）	11（68.8%）
	有业务合作	8（30.8%）	3（18.8%）
政府作用		政府参与程度较高，在联盟构建和运作过程中通常给予资金、项目、场地等方面的支持	主要通过制定政策来引导联盟发展，对于运作较好的、具有特色的联盟给予一些项目、资金等方面的支持

注：仅对日常运作费用来源中政府资助及会费数据，以及研发经费来源中政府资助数据进行统计。

表 6-4　政府推动联盟

序号	联盟名称	序号	联盟名称
1	长风开放标准平台软件联盟	14	首都设施农业科技创新服务联盟
2	首都钢铁服务产业联盟	15	食品安全科技服务联盟
3	中关村半导体照明产业技术联盟	16	中关村教育信息化产业联盟
4	北京协同创新服务联盟	17	北京中关村农业生物技术产业技术创新战略联盟
5	北京医疗器械产业创新联盟	18	互动媒体产业联盟
6	首都新能源产业技术联盟	19	TD-SCDMA 产业联盟
7	固体废弃物处理处置科技创新服务联盟	20	3G 产业联盟
8	污染场地修复科技创新联盟	21	北京多媒体创意产业联盟
9	北京动力电池产业联盟	22	中关村国际超导技术研究开发联盟
10	北京农村水环境治理创新服务联盟	23	北京新能源汽车产业联盟
11	北京生产力促进服务联盟	24	生物燃气产业技术创新战略联盟
12	北京数控装备创新联盟	25	中国高清光盘产业推进联盟
13	北京材料分析测试服务联盟	26	中关村数字电视增值业务产业联盟

表 6-5　自发组织联盟

序号	联盟名称	序号	联盟名称
1	饲料产业技术创新战略联盟	9	中国太阳能热利用产业联盟
2	北京市太阳能产业联盟	10	中关村虚拟现实产业联盟
3	北京新药创制产学研联盟	11	中国 RFID 产业联盟
4	首都农产品加工科技创新服务联盟	12	林下山参产业技术创新战略联盟
5	中国生物技术创新服务联盟	13	热泵热水机 CRAA 认证联盟
6	首都籽种产业科技创新服务联盟	14	中国高性能计算产业联盟
7	肉类加工产业技术创新战略联盟	15	中关村节能环保产业联盟
8	中关村物联网产业联盟	16	中关村下一代互联网产业联盟

　　上述比较分析显示，政府推动联盟和自发组织联盟在联盟目标与成员构成、驱动力、运作和发展、政府作用等方面存在如下差异。

　　1）在联盟目标与联盟成员构成方面，政府推动联盟主要以合作研发技术和完善产业链为目标；自发组织联盟则以完善产业链、合作研发技术，以及开拓市场等为目标。政府推动联盟中，企业所占比例低于自发组织联盟，而科研机构与高等院校所占比例要高于自发组织联盟。

　　2）在联盟的驱动力方面，政府推动联盟驱动力来自于市场、技术、政府等多个方面；而自发组织联盟驱动力相对集中于市场竞争和技术需求。

3）在联盟的运作和发展方面，二者的差异最多，表现在五个方面。

第一，联盟身份的差异。政府推动联盟大多挂靠在行业协会或科研服务机构之下，还有一部分联盟尚未注册，但成员间立有协议。而自发组织联盟的身份形式相对丰富，除了挂靠在行业协会或科研服务机构之下，还有一部分以公司形式存在。

第二，联盟治理方式的差异。政府推动联盟大多采取成员大会-理事会-秘书处或理事会-秘书处的方式（92％）。自发组织联盟大多采取成员大会-理事会-秘书处的方式（75％），除此之外，还采取理事会-秘书处或某单位或企业主导的方式。

第三，联盟经费来源的差异。在日常运作费用来源方面，自发组织联盟中近70％通过收取会费来解决，而政府推动联盟日常运作费用多半来自政府资助。在研发经费方面，政府推动联盟中77％的联盟受到政府资助，比例明显高于自发组织联盟（25％），说明政府对前者的支持力度较大。

第四，国内外合作交流的差异。总的来说，政府推动联盟在国内外合作交流方面要比自发组织联盟活跃。具体的交流方式中，政府推动联盟通常会采用人才和技术交流、技术引进、项目合作等方式；自发组织联盟采用最多的是技术交流与项目合作方式，其次是技术引进方式。

第五，联盟间关系的差异。在政府推动联盟中，约60％的联盟表示存在竞争对手。而在自发组织联盟中，44％的联盟认为存在竞争对手或潜在竞争对手。联盟之间通常采取学习交流的方式进行联系，除此之外也有业务方面的合作。

4）在政府作用方面，政府对于自身推动成立的联盟参与程度较高，支持力度也较大。主要体现在：在联盟筹备和成立过程中，政府充当了"催化剂"和"推动器"，有些政府直接提议成立的联盟能够得到全方位的帮助和支持。例如，政府为联盟提供场地和注册便利，帮助联盟制定战略规划，推荐联盟申报国家或北京市重大科技项目，引导联盟进行机制体制创新等。而对于自发组织联盟，政府的参与程度相对较低，但也会给予必要的帮助，主要表现为给予政策引导和适当的资金支持与项目支持。

第四节　北京地区产业技术联盟的成效和特点

一、北京地区产业技术联盟的成效

产业技术联盟的产生为北京地区企业带来了新的变化，在提高企业创新能力和国际竞争力方面发挥着重要作用，主要表现在四个方面。

1）通过产业技术联盟，北京地区企业逐步走出过去恶性价格战的泥潭，实现了研发经费的节约、技术资源和开发能力的互补。

2）参与标准的制定使企业进入世界领先企业的阵营。国外领先企业的技术标准战略包括技术专利化、专利标准化、标准国际化，成为我国企业进入国际市场的技术壁垒。北京地区企业通过产业技术联盟的形式参与标准的制定，在政府的支持和引导下，正在突破这种困境。

3）通过企业纵向资源整合，形成产业链相互配套发展，为用户提供整体解决方案，实现突破性新产品产业化。

4）TD-SCDMA产业联盟、中关村下一代互联网产业联盟和移动多媒体产业技术联盟等围绕行业标准的制定，进行了一系列自主知识产权的创新，填补了多项国家行业空白。

二、北京地区产业技术联盟的特点

从北京地区产业技术联盟发展现状和发展历程来看，呈现出如下几个特点。

1. 北京地区产业技术联盟发展迅速、数量多、规模大、覆盖产业领域广

北京地区产业技术联盟发展经历了两个阶段。第一阶段（萌芽阶段）是2002年之前，北京地区仅有10个左右的联盟，最初的联盟主要以"联合体"的形式出现在环保和软件领域，之后相继出现在农业、通信、生物医药等领域，但大多数企业间的合作规模较小，联盟成员数量较少。也有一些联盟是通过共同实施重大项目的形式来开展工作，如环保领域的联盟。到2002年，中关村地区开始出现实力较强的联盟，如TD-SCDMA产业联盟和龙芯产业化

联盟。第二阶段（快速增长阶段）是 2002 年之后，自 2002 年中国加入 WTO 之后，北京地区企业的自主创新面临重大的挑战和机遇。在这样的背景下，北京市政府意识到产业技术联盟在提高区域创新能力和国际竞争力方面的重要作用，开始鼓励构建和发展产业技术联盟，促使其在多个领域快速形成。这一阶段，平均每年成立 10 多个联盟，较早成立的部分联盟已开始在提高首都创新能力和竞争力方面发挥重要作用，成为首都创新体系的重要组成部分。2007 年以来，在国家政策和地方政府的引导下，北京出现了一批科技服务类联盟，如中国生物技术创新服务联盟、北京材料分析测试服务联盟、北京数控装备创新联盟等，有效地提高了首都的创新能力与服务能力，带动了产业发展。

2. 北京地区产业技术联盟的实践形式丰富、类型多样，形成鲜明的特色

北京具备产业技术联盟发展的良好资源、环境基础和优势。一直以来，北京顺应全球化的发展趋势，整合首都优势资源，不断完善首都区域创新体系。北京已把产业技术联盟视为加快"科技北京"建设和首都创新体系建设的重要手段，以中关村国家自主创新示范区建设为契机，大力推动产业技术联盟发展。目前，北京地区产业技术联盟不断探索、积极实践，形成一批具有特色的联盟，如闪联产业技术创新战略联盟、长风开放标准平台软件联盟、TD-SCDMA 产业联盟、北京材料分析测试服务联盟等。

北京地区既有技术研发联盟、技术标准联盟、产业链联盟、市场联盟，也有以创新服务为特色的服务类联盟；既有政府推动或引导成立的联盟，也有企业自发组织成立的联盟；从成立年限来看，既有 TD-SCDMA 产业联盟、中关村医疗器械产业联盟、龙芯产业化联盟等成立 7 年以上的联盟，也有 2010 年成立的一批联盟，但多数是 2008～2010 年成立的；既有科学技术部试点联盟，也有地方级创新机制试点联盟，呈现出创新活跃的特点。

北京地区大多数产业技术联盟吸引了其所在行业的顶尖企业、高等院校和研究机构加入联盟，有些联盟吸引了外地企业及跨国企业加入联盟，或与跨国联盟合作，体现联盟的广泛性。北京地区产业技术联盟中的技术合作呈现向全国各地甚至向跨国企业扩散的趋势，区域化、国际化的步伐加快。

另外，在联盟运作和发展过程中，发展目标、组织结构、治理和管理方式、

运作机制，以及法律形式呈现出多样性、灵活性和创新性，为联盟下一步发展奠定了良好的基础。

3. 政府在产业技术联盟构建和发展过程中起到了重要的推动和引导作用

北京地区产业技术联盟的活力，与政府的大力推动密切相关。目前北京地区政府推动或引导成立的联盟占一半以上，尤其是 2008～2010 年，政府推动成立的联盟较多。政府的推动不仅填补了科研与产业之间的鸿沟，也避开了长期以来同质化恶性竞争的局面。过去，我国政府支持创新主要通过支持单个项目和高等院校、科研院所，作为自主创新主体的企业未能发挥真正的作用。随着我国自主创新体系建设步伐的加快，以及企业自主创新主体地位的提升，成立产业技术联盟逐步成为政府扶持企业创新的新途径，成为整合资源、联合攻关关键技术、完善产业链、提高产业核心竞争力和国际竞争力的重要手段。

北京市对产业技术联盟的重要作用主要体现在以下两个方面。一方面是政府促进产业技术联盟构建，并在联盟形成阶段给予大力支持。作为产业技术联盟的重要驱动力量，北京市科学技术委员会根据区域产业布局、产业目标、技术需求及产业瓶颈问题，在对区域经济社会发展具有重要作用的产业领域、关键共性技术领域，以及新兴战略产业领域，直接提议或直接推动成立联盟，如成立首都新能源产业技术联盟、污染场地修复科技创新联盟、北京多媒体创意产业联盟等。另一方面是北京市科学技术委员会发挥了良好的引导作用，通过促进出台有利于联盟发展的政策来引导和规范联盟的运作，如政府采购自主创新产品试点政策、重大科技成果转化和产业化投资专项资金、科技重大专项项目经费间接费用列支管理办法、促进中关村科技园区产业技术联盟发展的实施办法等政策措施，对联盟产生了良好的影响。

总的来说，北京地区产业技术联盟主要采取"政府引导培育、市场需求驱动、社会广泛参与"的发展模式。近几年，政府充分发挥其协调引导作用，营造良好环境，鼓励产业技术联盟不断创新，对产业技术联盟凝练的符合产业发展的重点项目给予大力支持，同时培育了一批特色产业技术联盟。随着首都经济的快速发展，人们对技术产品或服务的要求日益多样化，这就要求某项技术或产品或服务必须立足于市场需求，以满足人们需求为目标。经调查，北京地区产业技术联盟非常重视市场需求，以市场需求为导向，部分联盟吸引其所在行业用户参加联盟，如长风开放标准平台软件联盟。在政府和市场的"双轮"驱动下，北京地区产业技术联盟已初步形成一定规模，大多拥有其所在行业技术和产品的应用市场，以市场需求为导向来开展技术和产品的研发，即"以用立研"。另外，北京地区雄厚的科技资源和智力资源为产业技术联盟的发展奠定了良好的基础，政府在成立联盟时非常重视联盟能否整合资源、凝聚优势、形成合力。在政府的号召和引导下，北京地区产业技术联盟已形成了社会广泛参与、优势互补的良好局面。

第五节　北京地区产业技术联盟存在的问题与建议

一、北京地区产业技术联盟存在的问题

1）产业技术联盟相关法律法规和政策不完善[①]，主要体现在以下三点：一是联盟的法律身份不明确，这是联盟普遍关注和亟待解决的问题。联盟的法律身份问题在以往的研究中多次被提及，无论是按行业协会注册还是按公司注册，或不注册都存在不利因素。二是对联盟的监管困难，目前未明确统一监管联盟的具体部门，缺乏对联盟组织治理的明确要求。三是联盟发展的配套政策尚不完善。当前关于自主创新的优惠政策难以囊括产业技术联盟的特殊性。

2）社会各界对产业技术联盟的认识不统一、不全面。北京地区产业技术联盟在联盟的内涵、运作模式、地位与作用等方面还未达成共识。片面肯定联盟在产业升级和技术创新中的重要作用，对联盟有可能出现的市场失灵、技术垄断等弊端认识不足，导致联盟基础建设和公共服务的资金投入不足，不利于创造良好的服务环境，不足以为创新服务主体提供丰富的、深入的公共服务资源。

3）联盟自身的目标和定位不够明确。联盟成功的关键在于两点：第一，定位要准确；第二，目标要符合实际。部分联盟成立的时候，由于缺乏对行业的深入分析，定位不准确，制定的目标笼统、模糊、大而空，影响了联盟的发展

---

① 2010 年 12 月公布施行的《中关村国家自主创新示范区条例》解决了一些问题。

方向和持续性。

4）联盟自身的运作机制和管理有待完善。北京地区大多数产业技术联盟成立时间较短，成立时间为1~3年的联盟占一半左右，联盟成员利益协调和内部治理等方面尚不成熟，主要面临如下几个方面的问题：一是联盟成员分散，任务分散，造成管理困难，需要建立良好的沟通机制、协作机制等。二是联盟内部存在机会主义行为，需要构建以选择、监督和信任为基础的治理机制。三是联盟内部治理还需进一步规范。一些联盟存在着发起者"一家独大"的情况，其他联盟成员没有发言权，联盟成员间互动少，不利于整个联盟的发展。四是部分联盟尚存在内部合作和技术与资源共享不充分的情况。五是目前我国的法律法规没有对产业技术联盟的知识产权归属做出明确的规定，联盟存在发生知识产权纠纷的隐患。此外，联盟内产学研结合的程度还不高，各方积极性未得到有效调动，运作机制不健全，科技和产业的沟通机制亟待加强；企业追求效益最大化，区域创新服务体系建设存在一定难度；国际化能力有待进一步提高；知识产权管理有待在实践中细化。

二、对北京地区产业技术联盟的建议

针对产业技术联盟发展现状和急需解决的问题，建议按照如下思路予以解决。

1）针对产业技术联盟的法律地位问题，政府应尽快通过地方性立法加以明确，解决联盟的后顾之忧；同时，着眼于国家反垄断法律法规及政策的要求，提前谋划，制定"促进"和"监管"并用的政策，明确联盟可以从事的业务范围和行为禁区。

2）政府应摸清北京地区产业技术联盟的发展现状，出台联盟管理法规。目前，北京地区产业技术联盟发展速度快、数量多、种类多、情况复杂，政府需要尽快理清现状，为制定政策、明确政府支持方向奠定基础；在此基础上出台联盟管理法规，制定联盟运作管理细则，推进联盟登记备案、考核、评估等工作，加强对联盟行为的监督和规范管理；同时，政府应指定某一部门（机构）来统一协调、管理和指导，通过建立促进机制、奖惩评价机制、推荐服务机制等，推动一些重点行业和领域成立产业技术联盟，促进联盟成员间的合作。

3）政府应进一步明确支持方向、力度和期限。前面已经多处提到，北京地区产业技术联盟的快速发展离不开政府的大力支持，但如何提高政府资金的效益，将其用到实处，真正为联盟发展作贡献，还需要政府明确支持方向、力度和期限等。

4）政策导向和市场机制要相结合。技术创新的市场失灵为政府的干预和支持提供了理论依据，而创新作为联盟的主要目标，同样也为联盟政策的制定和政府支持行为提供了依据。例如，知识创新会受到市场不完善带来的严重影响，包括信息不对称、外部性、免费搭车问题。因此，需要政府通过制定政策来调控和补充。然而当政府的介入行为或支持手段不得当时，有可能造成政府失控，体现在政策的低效率、工作机构的低效率、政府职能的扩张等。可以看出，无论是政策导向还是市场机制都无法单独有效地维护一种生产效率最高、资源配置最优、市场主体行为约束最好的秩序，只能将二者结合起来（王学杰，2005）。

第七章 北京地区产业技术联盟发展的实践与经验

短短十多年时间，北京地区产业技术联盟在政府的大力支持和社会各界的共同努力下迅猛发展，积累了许多经验和教训。本书通过对其系统的梳理和总结，明确政府下一步的支持方向和重点，并为其他地区提供借鉴。

第一节 北京市对产业技术联盟的支持

近些年，北京市把建设产业技术联盟视为加快产业升级和提高产业竞争力的重要手段，不断加大对产业技术联盟的支持力度，许多联盟都曾受益于政府的帮助。政府扶持联盟的方式大致有三种：一是推动和支持科技中介服务机构、行业协会、骨干企业等牵头成立联盟，帮助制定联盟的发展思路和主要方向；二是给予项目和资金支持，鼓励联盟承担国家和北京市的科技计划项目，开展科技研发和成果转化；三是出台有利于联盟发展的政策措施，如采用政府采购的方式，加速自主创新产品的推广应用。

一、政策与组织支持

为了促进联盟的发展，北京市出台了一系列有利于联盟发展的政策措施。例如，2006年在国务院提出"支持做强中关村科技园区"决策的基础上，北京市科学技术委员会、中关村科技园区管理委员会（简称中关村管委会）等四部门联合发布了《促进中关村科技园区产业技术联盟发展的实施办法》，明确了政府支持产业技术联盟发展的主要工作，提出了对配套资金额度、贷款贴息比例，以及专利申请补贴等的具体规定。2009 年北京市出台了《北京市人民政府关于在中关村科技园区开展政府采购自主创新产品试点工作的意见》、《关于落实科技北京行动计划，发挥科技优势，以联盟方式促进三农工作的意见》、《支持中关村国家自主创新示范区中小科技型企业投标承接重大建设工程项目的若干措施》等一系列政策措施。为了进一步加大对联盟的规范引导和支持，北京市科学技术委员会与中关村管委会共同研究制定《关于促进技术创新联盟加快发展的若干意见》、《关于促进技术创新联盟加快发展的实施方法》等政策。

在众多政策措施中，推进政府采购自主创新产品试点显得尤为突出。北京市在全国率先通过首购、订购首台（套）重大技术装备试验和示范项目，并予以推广应用等方式，加大对自主创新产品的政府采购力度，扩大相关技术或产品的示范应用。据统计，截至 2010 年年底，北京市累计认定 1632 家单位的 4566 项自主创新产品，政府采购自主创新产品累计签约 612 个示范项目，采购金额累计 84.5 亿元（北京市科学技术委员会，2011）。政府采购中关村自主创新产品工作的开展，有力地促进了首都经济社会的发展和产业结构的优化调整，加快了中关村国家自主创新示范区的建设。此外，北京市政府还支持在京银行机构为联盟成员企业提供信贷支持，满足其在融资、贷款贴息、担保等方面的需求。

组织层面上，为进一步引导和支持联盟的发展，促进中关村自主创新示范区建设，北京市科学技术委员会与中关村管委会经研究、协商后，整合了近年来组织的近 60 个联盟的资源，联合成立了北京技术创新联盟联席会，以加强联盟间及联盟与政府间的交流、互动，规范联盟发展，提升联盟凝聚力和协同创新能力。

二、资金和项目支持

北京市在重大科技研发和产业化项目中加大对产业技术联盟构建和发展的

支持力度，促进产学研用相结合。产业技术联盟正在成为自主创新和科技成果转化的重要载体。政府加强科技计划引导，加大对联盟建设与发展的支持力度；围绕企业技术创新的需求，支持联盟搭建技术创新服务平台；支持联盟成员制定技术标准和技术规范，在联盟内部构建完整的产业链条；支持联盟内的骨干企业、高等院校、科研院所向中小企业辐射转移先进技术等。

三、具体支持措施及成效

1. 鼓励联盟对接国家科技重大专项

对接国家科技重大专项一直是北京市科学技术委员会高度重视的问题。为了对接《国家中长期科学和技术发展规划纲要（2006～2020 年）》确定的重大专项，全力做好落地服务工作，加强北京科技资源对全国相关领域的支撑，提升行业发展水平，北京市科学技术委员会鼓励和支持联盟积极参与到国家重大科技计划项目中去。2009 年以来，北京市科学技术委员会以产业技术联盟为重要依托，整合首都科技资源，引导和支持在京单位对接 11 个民口领域国家科技重大专项，取得了重要的阶段性成果。其中，北京数控装备创新联盟秉承"努力承担国家重大专项，提升首都制造业竞争力"的理念，以联盟共同承担科技项目为纽带，以组建"北京高档数控装备研发服务平台"为基础，整体对接国家科技重大专项。2009 年，在"高档数控机床与基础制造装备"国家科技重大专项的三批课题申报过程中，由联盟牵头，以产学研用的模式联合申报课题 28 个，占北京市总申报数的 57%。其中基本落实 19 个，总经费 6.1 亿元（包含国家拨款 1.9 亿元）。在国家科技重大专项的带动下，联盟成功研制了"1M 高精度数控立式万能磨床"，打破了国外封锁和市场垄断；开发了 2 种高性能精密主轴单元，解决了精密主轴设计和精密制造过程中的技术难题，打破了国外技术壁垒。通过研发能力的突破，以及一批具有自主知识产权的拳头产品的成功研发，极大地提高了行业竞争力，推动了北京数控装备制造业的跨越式发展。同样，为对接国家重大新药创制和传染病防治专项，北京市科学技术委员会还支持中国生物技术创新服务联盟在 2008 年年初启动了"一个平台，一个基地"（即北京新药研发系统性创新服务平台和北京生物医药中小科技企业创新孵化基地）建设，与在京的大院大所、大企业合作，形成资源共用、利益共享、具有竞争力的优势集成单元平台。联盟成员北京正旦国际科技有限公司成为承接蛋白质关键技术科学研究设施建设的主要单位之一。

2. 鼓励联盟向标准创新迈进

北京市科学技术委员会鼓励联盟从技术创新和产品创新向标准创新迈进，支持联盟成员协助政府部门研究制定技术标准和技术规范，并将其在上下游企业、竞争对手间广泛扩散，推动形成业内技术标准。长风开放标准平台软件联盟就是在"完善产业链，靠用户发展"的理念指导下，将基础平台软件厂商、应用平台软件厂商、第三方中介机构联合起来，整合资源，协同合作，将优势互补，紧紧围绕标准、应用、品牌、渠道开展工作，帮助企业拓展市场，打造国产软件第一品牌。目前长风开放标准平台软件联盟完成了《（现代服务业）共性服务描述及接口规范》国家标准编制工作，完成的 UOML 标准（电子文档领域的读写接口标准）在 2010 年 1 月正式被批准成为国际标准组织 OASIS（结构化信息标准促进组织）标准。

3. 支持联盟加快创新成果的应用和产业化

北京市科学技术委员会以产业技术联盟为依托，通过推动技术转移要素聚集，专项资金支持高新技术成果转化等方式，不断加快创新成果的应用和产业化，尤其注重中央单位科技创新成果在北京的落地，为实施科技北京行动计划和重点产业振兴提供全面支撑。例如，首都工程技术创新产业联盟由 10 所中央在京转制院所组成，拥有两院院士 23 名，国家级研究中心 30 个，代表了我国钢铁、煤炭、建筑、有色金属、电信、机械、农机、矿冶、纺织和建材科技的先进水平。首都工程技术创新产业联盟围绕重大工程技术问题，吸引不同行业的联盟成员参加，开展联合攻关和协同创新，加快了重大工程科技成果的应用推广，促成了重大产业化项目在北京落地，推动了重点产业的发展，形成了集科学研究、技术开发、高新技术产业为一体的发展格局，联盟成员 2008 年营业收入合计约 366 亿元。这些院所各自均承担着若干国家重大科技专项和国家重大科技计划项目，项目建设期一般为 2～3 年。其中，北京矿冶研究总院开展的大型高效节能矿冶装备与控制系统产业化、高性能锂电池正极材料产业化、高性能表面工程材料产业化等项目,投产后实现年产值近 50 亿元,利税约 7 亿元。中国钢研科技集团公司作为首都工程技术创新产业联盟的成员单位,掌握万吨级非晶带材产业化关键技术,使我国成为继日本之后全球第 2 个万吨级非晶带材生产基地。北京市科学技术委员会支持该公司牵头成立非晶带材产业创新联盟,联合产业链上下游企业,在北京建设非晶科技产业园,围绕国产非晶带材的应用,集成联盟相关优势资源,加速拓展非晶产业链。

4. 加快构建首都技术创新服务平台

科技条件平台能够为科技活动、科技项目的运作提供共性技术与基础条件资源,可以提高科技资源利用率、实现社会化共享,是衡量区域创新能力的重要指标。首都科技条件平台发挥了整合科技资源的重要作用,初步改善了科技资源利用效率不高、投入分散等情况,对全国各地都起到了示范作用。自 2009 年以来,北京市科学技术委员会与中国科学院、清华大学、北京大学等 14 家中央单位共建首都科技条件平台,发挥财政科技经费的杠杆引导作用,推动首都高等院校、科研院所、大型企业的科技条件资源优化整合、开放共享和高效利用。推动 423 个国家和北京市级重点实验室(工程中心)1.8 万台(套)价值约 110 亿元的科研仪器设备,面向企业开展市场化运营服务(闫傲霜,2010)。形成了 14 家研发实验服务基地、7 个产业领域平台、13 个资源工作站"三位一体"的首都科技条件平台工作体系和科技资源开放服务体系(北京市科学技术委员会,2011)。

首都科技条件平台通过市场化的制度安排,探索出促进首都科技资源面向社会开放共享的"北京模式",提高了科技资源的利用率,提高了中小企业自主创新能力,促进了产学研深入合作和研发服务业发展。主要做法如下:一是建设网络化的科技资源开放服务体系和研发实验服务基地,推动科技资源的整体开放共享;二是实现所有权和经营权分离,引入专业服务机构作为核心运营与服务载体,发挥连接科技需求和科技资源的纽带作用,促进开放科技资源的市场化运营和服务;三是建立科学合理的工作机制与利益分配机制,促进科技资源整体向全社会开放,并与市场需求相结合,推动科研仪器设备拥有方、管理部门、实验室和专业服务机构成为利益共同体,实现多方共赢,形成长效的运作机制(闫傲霜,2010)。

5. 鼓励联盟进行组织和机制创新

近几年，北京市科学技术委员会一直鼓励产业技术联盟进行组织创新和机制创新，已经指导一大批联盟走上高效的技术研发与产业化道路。具体表现在五个方面：一是在推动联盟组建上，对联盟参与主体的作用与定位认识深刻，积极引导各类主体加入联盟，通过建立合理的分工协作机制形成完整的产业链条；二是帮助联盟形成具有持续竞争力的运作理念，引导联盟从成员单位的切身利益出发，始终坚持"集成、协同、增值、服务"的发展理念；三是在联盟运作模式的选择上，根据不同行业产业技术联盟的运作特点，支持联盟选择各具特色的运作模式，为联盟高效运转提供保障；四是指导联盟形成自身的发展思路，立足全市战略高度，从产业和技术的发展形势出发，帮助联盟制定合适的发展思路；五是积极开展联盟组织模式和机制创新研究，开展机制创新试点工作，通过立项和特邀相关领域专家研究联盟组织模式和机制创新，及时总结经验，为产业技术联盟的发展提供科学依据。

第二节　北京市支持产业技术联盟的基点分析

在推动产业技术联盟的发展过程中，北京市科学技术委员会主要考虑了以下五个基点：求利益之同、立创新之本、布战略之局、引趋势之先、成业态之形。

一、谋求各方的共同利益

求利益之同，即以满足联盟各方的要求和共同利益为基点。共同的长期战略利益是联盟组建和持续发展的基础。在推动组建联盟的过程中，北京市科学技术委员会十分重视联盟成员的合理诉求和正当利益。例如，长风开放标准平台软件联盟就是在大多数企业的共同利益诉求基础上成立的。为了改变当时软件企业单打独斗、恶性竞争严重的状态，突破跨国企业的垄断，建立自主创新的基础软件平台，大多数企业很快达成共识，也得到北京市政府的大力支持和鼓励。联盟成立时目标很明确，就是开拓国产软件市场。2004 年下半年，长风开放标准平台软件联盟开始筹备，北京市科学技术委员会正式立项重大科技项目"长风开放标准平台软件联盟"予以支持，探讨联盟的运作机制和主要任务。经过数月的充分筹备，联盟于 2005 年 4 月正式成立，成为我国首个国产基础软件应用推进平台。

二、提升自主创新能力和产业核心竞争力

立创新之本，即以提升企业自主创新能力和产业核心竞争力为基点。在组建和促进联盟发展过程中，北京市科学技术委员会始终把提升企业自主创新能力和区域创新能力作为核心，鼓励和引导联盟创新。以首都新能源产业技术联盟为例，联盟成立后通过强化产业链条的地区优势环节，建立了科技创新平台，对制约产业发展的关键技术进行联合攻关，使项目、资金、技术、人才等创新要素向企业集聚，加快形成产业技术创新链，提升企业自主创新能力和产业核心竞争力。再如，北京数控装备创新联盟是在国家大力发展装备制造业和北京建设创新型城市的大好机遇下成立，成立之初提出"创新机制、优势集成、构建区域创新体系"，努力承担国家科技重大专项、提升首都制造业竞争力，旨在推动装备制造业行业内的大联合；同时促进装备制造业与汽车、航空航天、航舶、发电等行业的融合发展，带动北京数控装备行业的技术提升。这不仅有利于掌握核心技术和自主知识产权，也有利于促进区域装备制造业的发展。

三、符合国家政策导向和战略目标

布战略之局，即以符合国家政策导向和体现国家战略目标为基点。《国家中长期科技发展规划纲要（2006～2020 年)》立足于我国国情确定了 11 个重点发展领域，重点安排了 68 个优先主题和 16 个重大专项，突出了 8 个技术领域的 27 项前沿技术、18 个基础科学问题，提出实施 4 个重大科学研究计划。北京市科学技术委员会以联盟为载体，积极对接国家科技重大专项，配合科学技术部重大行动或重大计划。例如，为配合"十城万盏"照明工程，中关村半导体照明产业联盟发挥北京在检测和标准制定方面的优势，积极对接和

承担一批重大示范工程，扩大了联盟企业的市场影响力。生物燃气产业技术创新战略联盟的成立就是符合国家战略目标、生物燃气产业的发展需求和产学研各方的共同利益的，它以提升产业技术创新能力为目标，紧紧围绕生物燃气产业技术创新链，聚集、优化和整合创新资源，实现产学研在战略层面上的有效结合。

四、适应和引导科研创新模式的转变

引趋势之先，即以适应和引导科研创新模式的转变为基点。科研组织是国家知识创新与技术创新的关键力量。当前科研创新模式的新趋势表现出如下特点：一是从单个企业、单项产品或单项技术的竞争，转变为产业集群、产业链的竞争，企业间形成"竞合"关系；二是从封闭式创新转变为集群协同的开放式创新，往日的"单打独斗"将被"团结协作"所取代；三是科研创新超越一国范围，转变为全球范围内的竞争，产品、技术的创新转变为国际范围内技术标准的创新；四是从注重单项创新转变为更加强调各种技术的集成，强调在集成基础上形成有竞争力的产品和产业。例如，长风开放标准平台软件联盟成立时，国际软件产业的创新模式正在发生转变，包括国际范围的开放标准、平台软件主导、面向服务的体系架构、软件开放模式等方面的转变。有鉴于此，北京市科学技术委员会引导长风开放标准平台软件联盟设定了三个组织目标：一是提高自主平台软件产品的市场份额，发展中国自主软件产业；二是构建协同联动的软件产业链，树立中国最有影响力的自主高端平台软件品牌；三是提供安全适用、服务优质的一流平台软件产品，并构建实用的解决方案，促进信息化进程的实施。目前，长风开放标准平台软件联盟正在从基于产品的协作，向基于技术与标准的协作升级转变。

五、培育形成新的业务形态

成业态之形，即以培育形成新的业务形态为基点。随着技术和产业的不断融合，北京市通过推动成立产业技术联盟促进技术创新，从而引导和创造新的需求，培育形成新的业务形态和新的产业。中关村数字电视增值业务产业联盟由在海淀科技园区内的许多新媒体领域的资深企业组成，其通过这些创新人才和企业代表，实现资源整合、集成技术、流程再造、资本运作、资讯共享的全新合作模式，建立了中关村数字电视增值业务产业联盟链合作发展的绝佳平台。

第三节　北京地区产业技术联盟的发展经验

在政府的大力推动下，北京地区产业技术联盟在汇聚科技资源、提升创新能力、制定技术标准、促进产业发展等方面发挥了积极作用，成为提高首都自主创新能力，提升产业竞争力的主要力量。联盟的发展是一个不断探索、不断提升的过程。北京市科学技术委员会在积极推动联盟构建和发展的过程中，积累了许多经验，主要包括如下几个方面。

1. 关注企业加盟的需求

北京市科学技术委员会在推动组建联盟的过程中，发现企业加入联盟主要看重以下六个方面：一是开展关键技术联合攻关，降低技术研发风险和成本；二是通过联盟内部上中下游的合作，共同拓展市场；三是借助联盟的合作力量，共同开展科技成果的转化；四是参与制定行业技术标准或技术规范，加强企业在行业发展中的话语权；五是获得联盟提供的公共服务平台的支持（如信息、政策、交流、研讨、培训、展览展示等）；六是利用联盟的社会影响力，打造企业品牌，提高企业的市场竞争力。因此，联盟在发展过程中应关注和满足成员企业的共同需求。

2. 发挥联盟成员的特点

联盟成员通常由企业、高等院校、科研院所、科技服务机构和行业协会等组成，每个成员在联盟内发挥的作用和优势是不同的，高效合理的管理协作机制有利于联盟内成员发挥各自比较优势。例如，企业作为联盟技术创新的核心，可利用其准确把握市场需求的能力，以及良好的市场开拓能力、销售和服务能力，加快科技成果的产业化。因此，北京市政府鼓励行业领军企业牵头成立联盟，以企业为联盟技术创新的核心。科技研发项目在联盟中分解后，各企业分头主持研发，通过与其他成员的协作，完成任务，最后再由联盟主导，进行技术成果产业化和市场化。而高等院校和科研院所则负责提供研发人才和设施条件。科技服务机构和行业协会为联盟成员的研发活动、生产化过程和市场开拓提供服务，包括搭建科技服务平台、协调成员关系、促进技术信息交流和联合推广等。因此，北京市科学技术委员会在推动组建联盟时，特别引导应用部门和用户参与进来，使联盟内部的科技成果和应用需求实现对接，形成完整的产业链条，既为产学研单位提供市场"出口"，又为用户提供便捷的寻求技术解决方案的渠道。

3. 把握联盟成功运作的关键

实践表明，联盟成功运作的关键有以下五点：一是组建联盟时必须有明确的目标，这是联盟运作成功的前提和基础，没有明确的目标，联盟将会失去动力，合作效率降低，从而影响联盟的持久性；二是联盟内需要有较高威信和较强号召力的联盟倡导者，联盟倡导者既可以是实力超群的业内大企业，也可以是具有技术专长或销售市场的龙头企业，还可以是若干家骨干企业的联合体；三是构建"合作共赢"的联盟文化体系，一方面联盟应遵循"集成、协同、增值、服务"的运作理念，只有为联盟成员创造价值和市场空间，联盟本身才能得到长远发展，另一方面联盟成员必须具有"共赢"的观念，在联盟内部提倡团队精神；四是联盟成员的资源结构、实力与能力应各具优势，组建联盟的出发点是"资源整合、优势互补、利益共享、风险共担"，联盟成员应该具有不同的规模和实力，形成互补结构和集成优势；五是联盟组织的灵活性和开放性，联盟应是一个灵活的开放性组织，在运作过程中，不断地吸收新的成员，补充新的血液，才能保持联盟的生命力和吸引力。

4. 处理好联盟内外部的各种关系

（1）联盟与政府的关系

联盟是由企业、高等院校、科研机构、政府或其他组织机构等独立法人，根据自愿原则，立足共同需求，按市场经济规则结成的合作开发共同体。在我国的现有体制下，联盟的发展离不开政府的支持。国外实践证明，政府应充分发挥其协调、引导作用，通过制定有利的政策、营造有利的法制环境，来推动联盟的发展，不宜用行政手段干预联盟的内部运作。

（2）联盟与行业协会的关系

联盟与行业协会在促进产业技术创新方面存在许多共同点，也存在不同点。行业协会是自律性的行业管理组织，是为政府和企业服务的非营利性组织，会员之间的联系仅限于一些信息交流和共同参加协会组织的展览、调研等活动，不存在任何目标上、利益上和风险上的制约关系。行业协会追求的是行业交流与合作的广泛性，成员之间的关系松散。行业协会可牵头组织联盟，在推动成立联盟上发挥积极作用，但不完全等同于联盟。

（3）联盟成员竞争与合作的关系

不可否认，联盟成员在业务、市场和产品方面存在竞争的关系，但联盟通过组织协调和推广，能够将整个联盟的"市场蛋糕"做大，使联盟成员实现扩大业务规模的目的。同时，联盟可通过成员之间的协调机制，来合理规范成员之间的竞争关系，促进联盟内部的有序竞争，帮助联盟成员走出争夺市场和恶性价格战的怪圈，促使联盟成员形成"竞合"的市场关系。

第八章

产业技术联盟案例研究

第一节　技术研发合作联盟

这类联盟的优势包括以下三点：一是能够提升企业技术创新的速度。与单个企业相比，组成联盟后进行技术创新有显著的优势。例如，联盟后的技术水平会更高，资金会更雄厚，同时人力资源优势也会显现。由于投入大量时间、技术和资金，技术研发合作联盟进行技术创新活动的速度会加快。二是能够降低企业研发费用。技术创新既是高收益的活动，也是高风险的活动。企业进行技术创新，要有大量的资金和丰富的人力资源做后盾。而组建技术研发合作联盟，可以有效降低企业研发费用，节约成本。三是可以增强联盟各方的竞争力。技术研发合作联盟的参与方是一个利益共同体，各方优势互补，互相支持。在合作和发展的过程中，各方的各项实力会得到提升，从而使各方保持优势，竞争力增强。

一、日本的超大规模集成电路技术研究组合

1. 成立背景及发展概况

超大规模集成电路技术研究组合（VLSI 技术研究组合）在日本企业追赶美国 IBM 公司的过程中产生。20 世纪 70 年代，IBM 公司着手开发第四代计算机

"未来系统"，需采用超大规模集成电路（VLSI）。生产 VLSI 必须使用电子束或 X 射线进行投影曝光，并需研发新型感光材料和精密检测装置，以及大口径硅片、微尘清除技术等。

当时，日本在集成电路技术领域大幅落后于美国，如果不能在此核心技术上取得突破，日本企业就休想赶上 IBM 公司，日本的半导体产业乃至整个民用电子工业都将会受制于美国。但是 VLSI 的研发，需要的资金十分庞大，不是个别企业所能承受的。因此，日本通产省于 1975 年成立了包括多名产业界和学术界人士在内的 VLSI 研究开发政策委员会。经该委员会酝酿，通产省于 1976 年成立了由政府和民间企业共同出资、共同负责研究开发的组织——VLSI 技术研究组合。

2. 组织管理

VLSI 技术研究组合以非营利性组织形式存在。1961 年日本通过了《工矿业技术研究组合法》，允许企业之间合作建立联合型开发机构，这类机构可以免于反垄断调查，并且获得减税优惠。日本合作研究框架为不同的企业合作研究提供了一个平台，但是这类机构只是暂时的合作组织，随项目而产生，随项目完成而解散。按照日本《工矿业技术研究组合法》，VLSI 技术研究组合以超大规模集成电路技术研究协会为名注册（吴松，2009）。

加入 VLSI 技术研究组合的企业全部由通产省选定。它们是日本电气、东芝、日立、富士通、三菱电机，几乎囊括了日本境内所有的大型半导体生产企业。同时，通产省还决定在 VLSI 技术研究组合下面设立一个研究基地——共同研究所，由通产省所属的工业技术院电子技术综合研究所和各参加企业派遣的科研人员组成。这是日本第一次由存在竞争关系的企业各自派遣研究人员组成相对稳定的共同研究所。

VLSI 技术研究组合的最高管理机构是理事会，由各大企业的总裁和通产省的代表组成，理事会的主席由理事轮流担任，秘书长由通产省的离职官员担任。理事会下设运营企划委员会，其成员由各企业分管半导体工作的副总裁级人物以及通产省管辖的电子技术综合研究所相关负责人组成。他们每月至少会面一次，就组合中的重大事项进行商议、决策。为提高议事效率，运营企划委员会设立了两个专门委员会——经营委员会和技术委员会，前者专门负责行政事务，后者专门负责技术研发。

VLSI 技术研究组合中凡是由中立者担任的职务均由通产省的人员出任。例如，理事会秘书长由通产省离职官员根桥正人担任，常设技术研发机构——共同研究所所长则由电综研半导体装置研究室主任垂井康夫担任。根桥正人长期担任通产省行政官员，具有丰富的大型项目管理经验和很强的组织协调能力，且人际关系极好。垂井康夫作为电综研半导体装置研发部门负责人，曾参与、主持了多个大型半导体研发项目，对各大半导体企业中的技术骨干情况了如指掌，对国际 VLSI 的发展动向也相当熟悉。他们的出身和资历决定了他们能够赢得各企业的信任并促进各企业合作。

在课题的选择上，通产省只对共性、基础性的技术研发予以支持，对这种研发的补助控制在总研发费的 50% 以内，VLSI 技术研究组合的专利参与企业均可无偿使用。核心技术交由共同研究所攻关解决，设计技术由各参与企业所属研发机构自行组织攻关。至于工艺处理技术、检测评价技术、装置设计技术等，除其中的一些基础性、共性问题由共同研究所负责外，其他均由各企业自行解决。其实，这也是参与企业的共同要求。因为只有研究各自都将会面临的共性技术问题，参与企业才会有兴趣；如果研究的只是一些基础性问题，企业就不必担心自己的特有技术会在共同研发过程中被竞争对手效仿。

3. 运作成效

VLSI 技术研究组合在 4 年内，进行了超大规模集成电路的开发，从总体设计到研发高速可变电子束扫描装置等，研制出许多新产品。VLSI 技术研究组合的最大功绩是成功地开发出了半导体加工过程中的关键设备——缩小投影型光刻装置（stepper）。这些技术突破为日本后来在整个半导体生产设备领域确立优势地位奠定了基础。VLSI 技术研究组合启动以前，日本半导体生产设备 80% 左右依赖于从美国进口，但到了 20 世纪 80 年代中期，全部半导体生产设备都实现了国产化，至 20 世纪 80 年代末，日本半导体生产设备的世界市场占有率超过了 50%。

在晶圆大口径化方面，VLSI 技术研究组合也取得了不小的成绩。VLSI 技术研究组合在 1980 年首次开发出了口径达到 8 英寸[①]的晶圆。不仅如此，VLSI

---

① 1 英寸＝0.0254 米。

技术研究组合还就氧和碳等元素对硅结晶的影响进行了探讨，并对晶圆大口径化后的生产技术难题进行了深入的研究。这些都为 20 世纪 80 年代日本半导体材料生产行业的崛起提供了强有力的支撑。1985 年，日本半导体材料的世界市场占有率达到 60％，两年后又进一步上升到 70％以上。日本半导体材料生产行业能够从 20 世纪 80 年代后期开始称霸世界，不能不在一定程度上归功于 VLSI 技术研究组合的成立。

总之，VLSI 技术研究组合对于日本微电子产业的发展乃至整个日本信息产业的发展起到了重要的作用，使得日本微电子产业在世界市场上的相对地位发生了明显的改变，使日本与美国在微电子领域的差距从十年以上缩短到几乎为零。

二、美国的半导体制造技术联盟

1. 成立背景及发展概况

美国的半导体制造技术联盟（SEMATECH 联盟）是研发合作联盟的典型代表。20 世纪 70 年代，日本利用 VLSI 技术研究组合在半导体产业取得巨大成功，超越了美国，夺走了大部分市场，一度使美国所占份额降低到 37％。由于半导体产业陷入"集体危机"，美国产业界出现了联合研发的愿望。美国国防科学委员会的一项调查报告认为大量进口芯片对美国国家安全构成潜在威胁，建议国防部采取措施，促进美国半导体工业重整。

为改变日本抢占美国半导体产业市场的状况，美国政府于 1986 年决定启动一个产业与政府间合作的大胆试验，以强化美国半导体产业。1987 年，在美国政府年预算补贴 10 亿美元的资助下，14 家在美国半导体制造业中居领先地位的企业组成研发战略技术联盟，即 SEMATECH 联盟。1988 年，SEMATECH 联盟正式启动，机构设在美国得克萨斯州的奥斯汀。SEMATECH 联盟的主要职责是通过合作研发半导体制造技术，提高美国半导体生产能力，帮助美国半导体产业重新回到世界第一的竞争地位。

SEMATECH 联盟设定的三个任务是研发先进半导体制造技术、在线测试制造的生产设备和开发新制造方法并将新技术用于生产各种不同的微电子产品。SEMATECH 联盟积极帮助成员尽早获得先进的工具和制造工艺，并帮助半导体制造商改进工厂生产率。

SEMATECH 联盟工作主要集中于一般的过程研发，而不是产品研发。SE-MATHCH 联盟本身不能设计半导体产品，不能参与半导体产品的销售，只能利用共同基金来组织研发先进的产品，分享研发成果，通过技术和人才的方式将研究中获取的知识传递给其资助者。根据一些学者的研究，这种技术研发合作联盟会使其成员企业受益，且不会威胁它们的核心能力。SEMATECH 联盟负责购买、测试半导体制造设备，将技术知识传播给其成员企业，通过统一购买和测试，可以减少企业重复开发、检验新的工具等工作，从而降低设备开发及引进的成本。

2. 组织管理

SEMATHCH 联盟采取董事会负责下的项目管理机制，董事会主席、总裁兼首席执行官（CEO）来自 SEMATECH 联盟专职负责人，其他董事、主要的高管人员来自成员企业。

在治理结构方面，SEMATECH 联盟采用了两种方式：一是成员企业直接参加到联盟的领导活动中。二是建立联盟理事会，成员企业的高级管理人员参加联盟董事会，同时采用轮值制，由成员企业轮流派人员担任联盟代理人，协调联盟项目参与者的活动，并设立执行技术委员会，通过该委员会确定联盟的研究开发测试活动的优先顺序。执行技术委员会下设技术咨询委员会，负责对具体项目的咨询、审查与批准。这种制度安排，促进了联盟成员间的信息交换，保证了联盟研究同企业实际需要的相关性与应用性。

SEMATECH 联盟经费的一部分由美国国防部高级研究计划署提供，1988年，美国国会同意在 5 年内，每年拨款 1 亿美元资助工业界研发半导体制造技术。1987~1996 年，政府的投资总额为 8.5 亿美元。另一部分由成员企业提供，成员企业需贡献自己企业半导体销售收益的 1% 充当年费（但金额至少为 100 万美金，最多为 1500 万美金）。为避免有些企业对参加联盟与否存在观望态度，SEMATECH 联盟制定了追溯付款（back dues）的规定，后来参加者必须追溯既往，支付先前未付的会员年费。

在人力资源方面，SEMATCH 联盟的 400 名技术员工中，大约有 220 名来自成员企业，来自成员企业的技术人员一般要在联盟总部工作 6~30 个月。一般技术通常是显性知识，可以用专利做载体；而核心技术通常是隐性知识，是以优秀研发人员为载体的，人到哪技术就到哪，只有优秀的人才才有充足的技术溢出。因此，SEMATECH 联盟成立之初，聘任了集成电路产业界普受尊重的鲍勃·诺伊斯（Bob Noyce）——集成电路平面工艺的发明人，为第一任主席，其目的就是为了从成员企业吸引能干的研发人员。

联盟成员共同开发通用技术，共享知识产权成果。SEMATECH 联盟开发了大量先进技术，每个会员企业都可以分享，并拥有一把无形的知识产权保护伞。这种模式对企业规避知识产权侵权行为大有益处。

SEMATECH 联盟使美国半导体产业重新超越日本并夺回市场，完成了它的政治使命。同时，SEMATECH 联盟不断发展，开拓了走向国际化和专业化的道路，并增强了其资源整合能力和社会责任感。其最可借鉴的是"研发技术人员轮调机制"和"知识产权优先权益"，充分体现了研发要素中人的要素和技术要素，也是一个联盟运作的长效机制（胡冬云，2010）。

3. 运作成效

SEMATECH 联盟成立初期，在政府公共资金的支持下，建立了企业之间、企业与大学之间、政府实验室之间的有效合作。联盟最初计划为 5 年，期满后又延长了 5 年，在第二个 5 年到期前，SEMATECH 联盟取得了巨大的成功，完成了预定的大部分目标，美国半导体产业包括设备制造商和供应商明显地重新获取了产业优势并扩大了市场份额。

1994 年，SEMATECH 联盟决定撤销政府的资金支持，经执行技术委员会投票决定：1996 年后不再接受公共支持，SEMATECH 联盟转变为企业间的产业技术联盟。SEMATECH 联盟在 20 世纪 80 年代末至 90 年代末大大提高了美国半导体产业的竞争力。有研究表明，SEMATECH 联盟为成员企业降低了大量研发成本，5 年时间中，使那些投资 SEMATECH 联盟的成员企业年回报率达到 540%，创造了 20 亿美元的研究价值。

SEMATECH 联盟在美国区域经济发展中也产生了非常重要的集群效应。SEMATECH 联盟总部设立在奥斯汀，成为聚集得克萨斯州高技术制造商、供应商、下游支持企业和消费业务的黏合剂，大量的技术企业和技术人员聚集此地，得克萨斯州也因此成为美国在计算机、电子行业就业人数、增加值和资本投资排名第二的州。

三、饲料产业技术创新战略联盟

1. 成立背景及发展概况

饲料产业技术创新战略联盟（简称饲料联盟）是由北京"7＋1"高科技饲料企业联合体发展起来的，饲料联盟立足北京，辐射全国。"7＋1"高科技饲料企业联合体是在 2003 年中国农业科学院饲料研究所（简称饲料所）实施战略转移，确立了"中立、公正、科学、权威"的战略定位的背景下，为解决饲料所的科研成果转化成本高、周期长、效率低等问题，以及扩大饲料所的研发产品对其他企业的覆盖面并增强其影响力，与 7 家国内高科技饲料企业（北京大北农集团、北京伟嘉集团、北京资源集团、北京德佳牧业科技有限公司、北京九州大地生物技术有限公司、禾丰牧业集团、北京挑战饲料科技集团）共同成立的。联合体正式成立于 2003 年 10 月，成员数从最初的 8 个发展到目前的 28 个，由 24 家企业、3 家科研机构、1 所高等院校组成。联合体成立以后，不仅为其成员带来了良好效益，也提高了品牌知名度。联合体年产 1％高科技添加剂预混料 20 万～30 万吨，科技辐射 2000 万～3000 万吨终端饲料产品，几乎覆盖了全国的县、乡、镇。

2. 组织管理

饲料联盟是根据企业发展需要自发组织成立，目前挂靠在中国社会科学院林木渔业学会下面的二级分会，属非营利性组织，但采用企业化管理方式。

饲料联盟的组织机构由常务理事会、理事会和秘书处三个部分组成，设联盟主席 3 名，由联盟成员推举，任期一年，分别轮值主持一次常务理事会。常务理事会每年召开 3 次会议，理事会每年召开 2 次会议。联盟成员企业之间的管理协同包括搭建高层次平台，促进理事长们沟通，如定期召开会议、承办年会或高层论坛等；搭建部门经理沟通平台，如举办人力资源、企划部经理的"部长级会议"；通过统一策划宣传，提升联盟品牌和知名度，节约各联盟成员的参展费用，如以"7＋1"高科技饲料企业联合体的名义参加合肥畜牧展览会；举办各类娱乐活动，增强联盟成员间的交流，促进企业文化之间的协同（曹志来，2007）。

饲料联盟运行管理的主要特色是其成果转化运作模式，主要包括：一是饲料所研制的饲料技术优先卖给联合体成员进行应用与推广，实现产业化；二是饲料所研发的核心技术，在通过饲料所与联合体成员共同进行二次开发和中试并形成产品后，由饲料所向全国各地进行推广，联合体成员有优先购买权，知识产权归饲料所所有。这种"7+1"的成果转化模式以联合体为基础，建立起饲料行业上中下游企业共同组成的技术转移网络，实现了技术转移一体化，而且还把握和控制了技术源头——技术人才、技术储备、设备设施及全国饲料科研联合体。饲料联盟的成果转化模式有效解决了现阶段我国成果转化过程中的一些难点问题，为新农村建设提供了一条从理论到实践都比较成熟的发展思路。饲料所作为一个中立机构，它的加入有利于形成较合理的信用机制，有效解决了利益分配问题。另外，饲料联盟由掌握先进技术的国家级科研单位——中国农业科学院饲料研究所和行业内处于优势地位的饲料企业组成，这些优势资源的集成较好地解决了技术如何面向市场需求和如何实现以工程化为主的产业化问题。饲料联盟的技术转移模式对我国包括工业在内的整个产业的技术转移、技术创新具有重要的借鉴意义。但还有许多问题需要进一步探讨，如知识产权、品牌建设等问题。

3. 运作成效

"7+1"高科技饲料企业联合体建立以后，不但为其成员企业带来了良好的效益——成员企业比联合前年成长速度平均增长 10%～20%，利润提高 2%～5%，品牌的知名度也得以进一步提高；而且对饲料所来讲，也取得了令人满意的成绩，在"7+1"高科技饲料企业联合体技术转移模式的推动下，饲料所的成果转化工作得到较快发展。自 1991 年建所到 2003 年，共转化了 2 项科技成果，带来收入 300 万元；2004 年转化项目 3 项，与企业开展技术合作 9 项，当年收入达 477 万元；2005 年转化项目 3 项，与企业开展技术合作 13 项，当年收入达 805 万元；2006 年，该模式的推动效果更为显著。到目前为止已许可使用技术 5 次，科技开发收入大幅度提高，从市场上获得的资金也成为饲料所运作的主要资金来源。"7+1"高科技饲料企业联合体的成功引起了政府领导和行业的广泛关注，不但中国饲料工业协会会长白美清、科学技术部农村与社会发展司原司长王晓方、希望集团董事长刘永好、山东六和集团有限公司原董事长张唐之分别调研"7+1"高科技饲料企业联合体,而且联合体的创新模式还获得了2005年第二届中国技术市场金桥奖。其中,饲料所作为模式推广单位获得了先进集体奖,植酸酶生产技术作为模式转化成果获得了优秀项目奖,罗发洪先生作为模式推广者获得了先进个人奖。另外,该模式获得了2005年第九届北京技术市场金桥奖集体一等奖和项目一等奖,还得到了北京市科学技术委员会的技术转移专项资金资助。

总结近几年饲料联盟发展的宝贵经验,可归纳为:①饲料联盟通过科研机构与企业的密切合作,发挥了研发服务的高端辐射作用。②通过科技推广网络,把科研机构现有的或联合研发的科技成果面向全国进行辐射,加速实现产业化。这种合作方式有效促进了科技成果自主化、产业化。③联合采购是当今市场竞争条件下联合体成员提高市场竞争力的首选决策。通过2008~2010年来的联合采购,实现了95%以上的价格稳定率,配送周转率下降10%,60%的库存合理率以及98%以上的质量稳定率。同时,"7+1"高科技饲料企业联合体所联合采购的产品100%实现了厂家直接供货,有效地避免了产品生产日期不统一及质量不稳定等情况的发生。联合体多次通过招标方式的联合采购与国内的多家大型原料生产企业建立了长期的合作关系。

四、北京数控装备创新联盟

1. 成立背景及发展概况

数控装备是现代制造业的基础,然而长期以来我国却有70%的数控机床依赖进口,很多重要部件、数控系统仍然依靠国外技术。北京作为国内数控装备制造业的技术中心,产业规模小、可持续的技术支撑能力不足的现象尤为突出。《国家中长期科学和技术发展规划纲要(2006~2020年)》确定的16个重大专项中,高档数控机床与基础制造装备被重点列出。同时,国内数控装备需求持续升温,这都对加快产业发展提出了迫切要求。

在这种形势下,北京市科学技术委员会和北京市国有资产监督管理委员会于2007年4月30日联合倡导11家在京骨干单位发起成立了北京数控装备创新联盟(简称数控联盟)。数控联盟成立之初就提出了"创新机制、优势集成、构建区域创新体系,努力承担国家重大专项、提升首都制造业竞争力"的要求,旨在推动装备制造业行业内的大联合。

在国家大力振兴装备制造业的背景下，通过数控联盟的不懈努力，北京机床行业虽然受到全球金融危机的冲击，但仍然取得了突出成绩，同时呈现出向服务业转型的势头。2008 年联盟成员工业总产值近 70 亿元，占北京市的 80% 以上，行业服务性收入超过 4 亿元。尤其是北京第一机床厂工业总产值排名从 2007 年的全国第十位升至 2008 年第三位，利润从全国第八位升至第一位，北京第一机床厂开始向制造服务型企业迈进。数控联盟与时俱进、务实创新，不断强化各方面的工作，圆满地完成了第一届理事会设定的任务，开创了新的工作局面（北京生产力促进中心，2009）。

2. 组织管理

数控联盟设有指导委员会、咨询委员会、秘书处和技术委员会（图 8-1），既能充分、有效地执行政府的政策导向，又能将行业、科研资源有机结合起来，以技术创新为牵引，实现整个行业的联合。

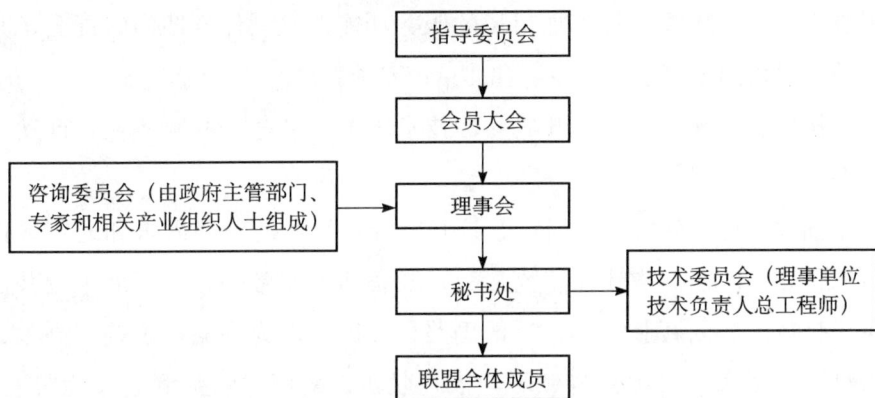

图 8-1 数控联盟组织机构图

数控联盟工作在北京市科学技术委员会和北京市国有资产监督管理委员会的指导下开展。理事会为数控联盟最高决策机构，领导、决策联盟事务；理事会由数控联盟全体成员选举产生，每两年选举一次，可连选连任。咨询委员会成员负责政策性咨询事宜。理事会下设秘书处，秘书处设在北京生产力促进中心，是联盟日常运营和管理机构。理事会下设技术委员会，负责研究联盟技术创新战略和战略管理，按照相关工作规范，通过秘书处报请理事会审核批准后执行。另外，完善联盟的发展模式和长效运作机制一直是数控联盟的重点工作之一。数控联盟结合行业发展趋势，建立了以下运作机制：一是基于手段创新的资源共享机制，包括定期召开联盟成员工作例会和联盟年会，搭建交流公共平台；细分技术领域，通过分工协作共同完成攻关，共享技术成果；不定期召开专项对接会，及时为联盟成员提供最新信息；召开分专业研讨会，提高联盟成员合作的紧密度；创新手段，为联盟成员提供更多的交流空间和更丰富的信息。二是知识产权经营机制，包括打造区域创新服务体系，提升自主创新能力；探索性地提出数控联盟主导知识产权经营。三是注重国际化和开放性学习机制，包括建立国内外交流与合作机制和开放性学习机制。

3. 主要做法与成效

（1）结合北京市科技工作思路，加强自身建设，探索联盟长效运作机制

数控联盟结合行业发展趋势和北京市科学技术委员会"三大任务"的要求，确定了工作重点和发展思路，梳理出了"一条主线，两项功能，三大任务"。一条主线即联合优势资源，制造高端产品，服务高端用户。两项功能即政府引导下的促进产业进步功能和技术加市场的服务功能。三大任务即组线配套、共性技术攻关、对接国家科技重大专项和北京市专项。

（2）构建研发服务平台，开展共性技术攻关，培育研发服务业，推动制造业向制造服务业转型

经过细致的行业分析和调研，数控联盟针对行业的迫切需求和北京数控装备领域的特点提出了"构建北京高档数控装备研发服务平台，开展关键共性技术攻关，打造区域创新服务体系"的思路，并以需求为导向，围绕"高效、精密、重型"等北京具有优势的领域，依托联盟，采用"强强联合、优势互补、成果共享、集成创新"的方式与优势联盟成员共建开放实验室，组织共性技术的联合攻关，为联盟成员和业内企业服务，使共性技术成为维系联盟成员的纽带。开放实验室的建设作为一种机制创新，通过联盟主导，参与方共同投入，实现技术、人才、资金等要素的有机结合。为进一步增强联盟的凝聚力和研发实力，数控联盟还推动机械科学研究总院牵头建立了北京装备制造业研发基地（一期），充分集成在京的各种资源，服务于北汽福田汽车股份有限公司等北京重点产业用户。

发展现代服务业，通过组线集成服务挖掘数控机床行业的辐射功能。数控

联盟通过相关研究分析，针对汽车、航空、电力等相关行业对装备和成套技术的需求，形成针对重点用户开展组线配套服务的工作思路，着力提升北京数控装备行业集成服务能力。在北京市科学技术委员会的大力支持下，数控联盟联合骨干成员组织了"高档数控机床与功能部件共性技术研究与应用"重大项目，开展汽车领域所需的装备和关键功能部件的研发，奠定了联盟组线集成服务基础。同时，数控联盟在前期开展综合调研的基础上，全力支撑北汽控股公司下属北内集团"发动机凸轮轴Ⅳ期生产线"建设。以此为切入点，数控联盟首次针对北京汽车零部件制造业需求提供组线配套服务，探索数控装备制造业集成服务的模式创新。

以国家科技重大专项和北京市基础专项的实施为契机，助力北京数控装备企业创新能力的提升。对接国家重大专项是数控联盟成立之初就已确立的重点任务之一，也是科技北京行动计划确定的重点工作之一。在刚刚完成的国家"高档数控机床与基础制造装备"科技重大专项申报过程中，数控联盟成员牵头以产学研用相结合的模式联合申报28个，占北京总课题申报数的57％。优先启动的北京第一机床厂、北京机电院高技术股份有限公司和北京航空制造工程研究所的相关课题已经基本落实。

（3）努力做好信息服务工作，完善联盟快速反应能力，形成核心竞争力，打造联盟品牌

数控联盟积极搭建北京数控装备行业信息服务平台，以联盟会刊和网站为信息载体，不断加大信息服务工作的广度和深度，及时准确地发布企业和行业的信息，广泛深入地服务于行业和会员企业，达到资源和信息整合共享的目的。数控联盟首次以整体形象参加了2008年4月在京举办的中国数控机床展览会，宣传了联盟整体形象和成员实力，为以联盟为代表的"北京机床"的整体宣传积累了宝贵的经验。

4. 政府作用

数控联盟是政府直接推动成立的联盟，政府在其发展过程中起到了重要作用，主要体现在以下几点。①政府准确把握了数控装备产业发展的现状和需求，整合在京骨干单位，倡导成立数控联盟，还积极支持数控联盟的各项筹备工作。②在政府的指导下，数控联盟积极配合完成各项工作，并具体牵头

实施北京市基础专项，为更好地发挥行业联合优势奠定了良好的基础。③政府给予资金和项目支持。例如，联盟成员合作建立了三个开放实验室——高精开放实验室、重型实验室、磨削研究中心，并在北京市科学技术委员会科技资金的支持下预启动了一期建设，奠定了对接国家科技重大专项的基础；在北京市科学技术委员会的大力支持下，数控联盟联合骨干成员组织了"高档数控机床与功能部件共性技术研究与应用"重大项目，开展汽车领域所需的装备和关键功能部件的研发，奠定了联盟组线集成服务基础。④引导数控联盟确定其工作重点和发展思路，同时在体制机制方面帮助其不断创新。⑤在相关政府部门的组织协调下，北京数控机床产业基地顺利挂牌，提升了北京整体对接国家科技重大专项的能力，并促进了数控装备产业层面上的合作。

五、结论与启示

1. 技术研发合作联盟的推进离不开政府政策与资金的支持

一是离不开政府政策的支持。1993年美国国会通过了《国家合作研究与生产法案》，除了鼓励研发外，还激励新技术的成果转化。日本1961年制定的《工矿业技术研究组合法》规定，只要被认定为"技术研究组合"，就可以被视为非营利性的特殊法人，并可以享受税制优惠待遇。为技术研发合作联盟制定专门的法律，可以解决技术研发合作联盟的法律身份和监管问题。二是离不开政府资金的支持。SEMATECH联盟自1987年成立至1996年共投入17亿美元，其中一半由美国政府财政资助。日本政府对VLSI技术研究组合给予了大量资金支持，由通产省补助金资助的数额约占总事业费的40%。

2. 技术研发合作联盟的成立是现代科学技术发展的必然结果

现代科学技术在各个领域向着纵深化与综合化的方向发展，这就使得科研规模随之不断扩大，技术领域激烈的竞争也使企业意识到不断进行技术创新的重要性。科技的快速发展不断将产品推向智能化，一种产品的研发、设计往往需要涉及多个领域的技术和知识，同时研发经费开支也日趋庞大，这就使得企业在承受巨大竞争压力的同时，还要承受巨大的经济压力。在日渐缩短的技术生命周期中，单个企业在技术创新过程中所承担的风险可想而知。因此，企业不得不求助于其他企业的支持，以彼此互补的资源优势来共同应对技术挑战，这样不但增加了技术创新的成功率，同时也使资金成本、时间成本和风险成本降到最低，可谓明智之选。

3. 技术研发合作联盟具有创新集群效应

技术研发合作联盟的创新集群效应主要是指联盟的形成使进入联盟的企业能够以更高的效率从事创新活动的效应。该效应既能够使单个企业的创新成本降低、创新收益增加、创新周期缩短、创新风险减少，也可以使联盟企业的技术创新在总体上的投入产出效率提高。具体来说，就是企业通过组建技术研发合作联盟可以有效地促使技术创新外部效应的内部化，强化技术创新的激励机制，而且通过联盟可以与联盟企业共同确定行业技术标准，避免技术开发中的不正当竞争，提高技术创新成果的使用效率。

4. 技术研发合作联盟是推动技术转移的一种有效机制

通过技术研发合作联盟，可以将技术、产品、应用、服务集成，形成产业技术链，将多个产业技术链布阵、联网，促进相互协作和共同发展，使技术转移活动在技术研发合作联盟内实现内部化"无缝连接"，形成实现技术转移的一种新机制。该机制可以通过联盟的协同，把厂家的意见、研究者的预见和企业的实际需求结合在一起，为技术的研发提供务实、有效、贴近需求的研发方案；可以协助政府和专家组提炼共性关键技术，促进共性技术的发展；可以把科研院所、企业产品开发商联合起来。

5. 相关部门要加强信息网络建设，帮助联盟了解国内外技术动态

信息是联盟的重要资源，尤其是技术信息和市场信息。为克服缺乏技术信息和市场信息这一重大困难，技术交易中心等有关部门应强化其中介机构的服务功能，转变工作机制，主动出击、利用优势，积极搜集国内外技术信息和市场信息，经常性地组织有关技术成果的新闻发布会或展示会，让联盟有更多的机会了解国内外技术动态，获取所需信息。

第二节　技术标准联盟

在市场竞争发展的历程中，企业之间的竞争已经逐步由产品、技术和品牌

上的竞争发展到技术标准的竞争。在技术标准确立的过程中，技术标准联盟开始发挥越来越重要的作用，即通过技术标准来实现创新技术的商业化。技术标准本身具有公共产品特性，但是部分技术标准包含了大量创新技术及相关知识产权，这类技术标准关系到巨大的商业利益，成为企业积极争夺的对象。通过技术标准联盟制定竞争性技术标准，有利于新技术的应用，有利于整个产业的发展，有利于保护消费者的利益。

一、DVD 技术标准联盟

1. 成立背景及发展概况

在 20 世纪七八十年代，由于 DVD 标准不统一，出现了标准彼此不兼容现象，给消费者和生产者带来了很大的影响，也阻碍了 DVD 进一步的发展。1995年，索尼和东芝经过谈判达成了统一的 DVD 标准。1997 年，10 家全球消费电子行业跨国企业发起成立了 DVD 论坛（DVD Forum），它们与全球的音像制作公司协商后，就统一 DVD 机标准也达成了协议。DVD 论坛是一个由从事 DVD相关技术的研发、制造或销售的企业组成的国际性企业联盟，是典型的技术标准联盟（以下称 DVD 论坛为 DVD 技术标准联盟）。其主要任务是制定 DVD 的标准规格，以及设计符合规格的产品标志，促进 DVD 产品最大范围（娱乐业、电子消费、IT 业及其他行业）地被接受和应用。DVD 技术标准联盟联合了全球主要制造商和内容提供商，联盟制定的技术标准成为全球用户的必然选择，也是全球所有制造商必须采用的规范。

2. 组织管理

DVD 技术标准联盟采用会员制的非营利性组织形式，总部设在日本东京，在日本注册，遵守日本的相关法律。

DVD 技术标准联盟是一个开放性联盟，任何已经或将要从事 DVD 产品研究、开发、生产的企业和团体，任何对 DVD 格式发展、完善感兴趣的软件公司和用户均可以成为联盟的会员。会员分为两个等级：核心会员和一般会员。目前，会员已经从联盟发起时的 10 个增加到 220 多个，其中日本的会员占 34%，亚洲其他国家和地区的会员占 30%，美国的会员占 22%，欧洲的会员占 15%。

DVD 技术标准联盟治理方式为成员大会-执行委员会，执行委员会拥有联盟的主导权。成员大会主要发挥监督作用。成员大会由执行委员会召集举行，所有会员有权出席大会。成员大会的权利包括批准执行委员会提出的年度会费、核查执行委员会提交的联盟年度决算报表。执行委员会是联盟的最高决策机构，10家发起联盟的单位在其中发挥主导作用。执行委员会补充成员由所有核心会员选举产生。

执行委员会职责主要有：通过和采用由工作组建议的DVD新格式，或者对现行的DVD格式进行修改（包括这类出版物的条款），向联盟成员和其他第三方发放新的DVD格式许可证和DVD标志；选择工作组的主持公司；终止联盟成员的会员身份；建立新的组织（含实验室认可验证）及制定其运作管理条款；批准DVD推广计划；修改或废除联盟章程等。

联盟管理机构设1个主席公司、3个副主席公司，以及1个秘书处。主席公司负责安排执行委员会会议和履行联盟所有行政职能。副主席公司在执行委员会会议期间履行管理职能。秘书处负责安排联盟会议，包括成员大会和执行委员会会议，除此之外还要负责会议记录、联盟的会计事务，以及与联盟活动有关的其他文职工作。

DVD技术标准联盟为了推进DVD的发展，成立了11个工作组（working group），负责不同领域的研究。11个工作组的代号与分工如表8-1所示。

表8-1　工作组的代号与分工

工作组	研究方向
WG1	DVD 视频与视频记录应用
WG2	DVD 物理规范
WG3	光盘文件系统规范
WG4	DVD 音频应用
WG5	DVD-RAM 物理规范
WG6	DVD-RW/R 物理规范
WG9	版权保护
WG10	专业应用
WG11	蓝色激光 DVD

注：WG11 也称技术协调组。

联盟日常经费的主要来源是会员的会费，核心会员会费为每年100万日元，一般会员会费为每年30万日元。联盟经费主要用于联盟运营支出。

3. 运作成效

DVD技术标准联盟最重要的作用在于协调同DVD格式有关的专利公司之

间的利益关系，从其主要会员可以看出，基本上都是 DVD 技术专利的受益者。对于非专利者的作用在于为 DVD 格式的市场推广提供必要的技术支持和市场支持。

DVD 技术标准联盟对产业发展也起到了积极的促进作用。其通过制定统一技术标准，可减少企业创新的不确定性，保证创新收益，有助于全球领先企业的持续创新。同时，DVD 技术标准的制定也有利于保护消费者的利益，任何制造商想要生产符合各种 DVD 标准的播放器、驱动器、解码器、光盘和其他相关产品，必须得到 DVD 技术标准联盟的许可。

但是，DVD 技术标准联盟也阻碍了发展中国家制造企业的发展。技术标准"赢者通吃"的性质，使发展中国家的制造企业只能接受跨国企业制定的技术标准，不仅失去了创新的机会，还要缴纳巨额的知识产权费用。

二、闪联产业技术创新战略联盟

1. 成立背景及发展概况

随着 3C 协同技术在国民经济生活中所起的作用日益加大，国内外对于该技术的研究越来越深入，技术成果也逐渐显现，使建立新的技术标准成为现实的需求。同时，消费电子产品、通信、计算机技术的融合，带来了新的产业机遇。闪联产业技术创新战略联盟（简称闪联联盟）正是抓住了这一产业机遇，联合国内外相关领域厂商、科研院所、高等院校，整合各种资源，制定、推广、国际化和产业化具有我国自主知识产权的闪联标准。

2003 年 7 月，信息设备资源共享协同服务标准工作组在信息产业部（现工业和信息化部）的支持下成立，其又称闪联联盟，英文简称为 IGRS。经过 7 年多的不断努力，闪联联盟队伍不断壮大，其会员总数从最初的 12 个发展到现在的 136 个。这 136 个会员将以产学研为代表的联盟平台为基石，共同推进闪联标准的制定、推广、国际化和产业化等工作。闪联联盟通过制定闪联标准，打造了一个完善的产业链，涵盖了从网络内容商到网络运营商、终端设备制造商三个领域的全部环节。闪联联盟已有个人计算机（PC）、笔记本计算机、电视机、手机、投影仪等 20 余种产品上市销售。闪联联盟的产品覆盖国内电视机市场84.3%、白色家电市场 50%、计算机市场 43% 和手机市场 41% 的份额。产品累计销量已超过 1000 万台，直接创造经济效益 20 多亿元。闪联联盟已成为国内 3C 协同领域中最具代表性和领导力的产业技术联盟。

2. 组织管理

组织创新是技术和产业创新的保障。经过多年的探索，闪联联盟形成了"以标准为纽带，以大企业为核心"的联合创新机制，创建的"标准工作组-产业协会-工程中心"的组织架构和运作模式，成功地解决了通常标准难以产业化的难题，不但使闪联标准被市场接受，让更多的企业投入新标准的制定，形成了良性循环，同时也大大推动了闪联标准的国际化和产业化进程。

为了明确联盟的中立性和法人实体地位，促进闪联标准的推广，闪联联盟进行了运作机制改革，正式成立北京市闪联信息产业协会（简称闪联协会）作为联盟的法人实体，为闪联联盟的相关活动提供了坚实的法律保障。创新且合理的机制成为闪联联盟的有力保障。之后为了加快闪联标准的产业化进程，成立了闪联信息技术工程中心，该中心作为中立性的公共平台机构，从基础技术、共性技术等方面为联盟厂商提供强大支撑，有力地推动了闪联标准的产业化进程。下面简单介绍一下闪联协会和闪联信息技术工程中心。

闪联协会成立于 2005 年 5 月，其坚持"公平、开放、兼容"的合作模式，是立足于中关村，辐射全国的产业技术联盟，致力于闪联标准的制定、推广和产业化工作。同年 6 月 29 日，闪联协会指定的《信息设备资源共享协同服务》标准 1.0 版正式获批成为国家推荐性行业标准，这是中国面向 3C 产业的第一个拥有自主知识产权的产业技术标准。闪联协会拥有 204 项发明专利，其中 95 项获得授权。

闪联信息技术工程中心成立于 2006 年 3 月，是在国家和北京市相关政府部门的联合支持下，由闪联标准工作组的核心成员——联想集团、TCL 集团、长城集团、长虹集团、创维集团、海信集团、康佳集团、中和威软件有限公司联合出资成立，致力于推进计算机技术、通信和消费电子产品协同互联的高科技公司，是国内第一家以推动闪联标准（闪联标准是源自中国的 3C 协同国际标准）产业化为目标的公司化法人实体。其使命是根据技术和产业发展趋势，通过推动闪联标准产业化，带动中国产业群体创新，构建中国信息和消费电子产业的持久竞争力。闪联信息技术工程中心的核心业务是提供全新的闪联标准核心协议栈和互联解决方案，实现电视机、计算机、手机等不同 3C 设备的智能互联、资源共享和协同服务；授权先进技术和产品方案，支持合作厂商不断推出具有市场竞争力的闪联新产品；为相关行业的发展提供信息和咨询服务。

3. 运作成效

在标准制定和关键技术方面，与 UPnP、DLNA 和 Microsoft Rally 相比，闪联标准具有自己的技术特点，闪联联盟的成员通过参与标准制定，建立产业技术联盟，加强运作联盟和技术网络的能力。通过企业之间的技术合作，逐步形成由企业主导的标准组织和产业技术联盟。闪联联盟充分利用已有的 100 多个成员的优势，积极创新、完善闪联标准，确保闪联标准在技术方面的持续领导地位；整合现有核心成员技术团队分工制定标准。而 AVS 技术性能先进，其压缩效率与对应的新国际标准相当。

在国际标准和国际认可方面，闪联标准国际化战略取得重大突破，在国家标准化委员会、信息产业部（现工业和信息化部）、国家发展与改革委员会、北京市各相关委办的亲切关怀以及闪联联盟各成员企业的大力支持下，闪联国际标准提案经过长期的艰苦谈判和积极沟通，克服种种困难，获得了来自美国、日本、韩国、法国、英国等信息领域强国的支持。2008 年 7 月，闪联标准顺利通过国际标准组织的认可，正式成为全球 3C 协同领域的第一个国际标准。而 AVS 跻身 IPTV 国际标准，成功被国际电信联盟（ITU）列为 IPTV 国际标准框架中的重要组成部分。UPnP 获得广泛的国际认可，很多国际组织已宣布兼容 UPnP。

在产业化方面，闪联联盟在其模式的推动下，在帮助企业实现对市场机遇的快速响应等方面取得了明显的效果，具体措施包括共担研发、设计费用；节省时间，提高产品开发的速度和效率。闪联联盟在制定标准过程中，时刻坚持以市场为导向、以实质促进产业发展为目标的既定战略方针。随着标准技术的落地，闪联联盟集中优势资源，确保重点项目，保证联盟厂商相关产品的开发和上市。闪联联盟对厂商开发产品给予全方位的支持，包括整合上下游厂商资源；帮助厂商推介闪联联盟产品或应用模式；组织厂商技术人员封闭开发闪联联盟产品等。除此之外，在制定和完善闪联标准的同时，闪联联盟以百个联盟成员为依托，不断推进闪联标准的产业化工作（北京市闪联信息产业协会，2009）。

三、长风开放标准平台软件联盟

1. 成立背景及发展概况

长风开放标准平台软件联盟（简称长风联盟）是在科学技术部、工业和信息化部等部委指导下，在北京市科学技术委员会的直接推动下，由坚持自主创新发展之路的软件与信息服务企业、科研机构、高等院校、用户和第三方机构联合成立的一个产业技术联盟。

长风联盟成立于 2005 年 4 月，首批成员 22 个，截至 2010 年 6 月，成员已达 70 个，其中企业 40 家，用户 17 个，非营利性机构 13 家。长风联盟成立的初衷，是为了促进我国国产基础软件的发展。长风联盟秉持"标准是纽带，联合是力量"的宗旨，通过组织创新与机制创新，汇聚产业资源，构筑产学研用协同创新的产业创新链，引导产业集群创新，提升产业整体竞争力。长风联盟以成员利益共赢为出发点，向联盟成员提供产业政策信息、为联盟成员搭建信息共享与交流平台、促进联盟成员间的技术深度合作、扩大联盟成员间的业务合作空间、向联盟成员提供相关培训，等等（长风开放标准平台软件联盟，2009）。

如今，谈到国产基础软件，不能不提到长风联盟，在我国软件发展史上，长风联盟具有划时代的意义。这是因为长风联盟不仅大大提高了国产软件的影响力，更重要的是改变了软件企业单打独斗、恶性竞争严重的状态，形成了企业群体协作发展的产业氛围。

2. 运作管理

组织机构：长风联盟正式成立后，通过选举产生第一届理事会，有 8 家单位入选，北京软件与信息服务业促进中心当选理事长单位，联盟的日常工作也由其代秘书处负责。联盟设立了理事会、秘书处，以及标准委员会、技术委员会和市场委员会，由各企业领导集体指导并负责联盟的技术、市场、标准等方面的工作，三个委员会下分设若干工作组（图 8-2）。长风联盟组织机构在联盟内部相当于"管家"，而真正做主的是成员企业。长风联盟具体发挥整合企业作用的是其下设的技术工作组，而这样的技术工作组只要由 3 家企业共同发起就可以成立，工作组设立主席单位，会议活动、研发分工都是由主席单位组织安排的，联盟在多数情况下只起协调作用。

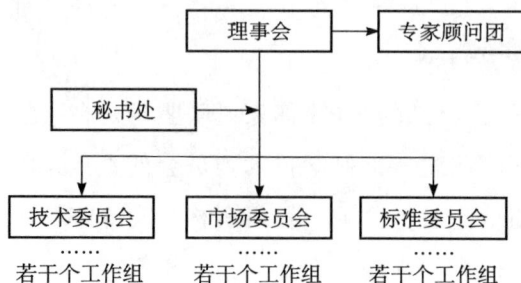

图 8-2　长风联盟的组织机构图

法律身份：长风联盟在北京市民政局获得二级社团法人资质，挂靠北京软件行业协会下，并成为其分会。

运作机制：在内部运作机制上，长风联盟也显示了与众不同的创新魄力，主要体现在如下几个方面。①联盟成立之初便制定了 8 份规则文件，解决了联盟的机制问题。长风联盟建立了理事会和全体会员大会两层议事结构，重大问题全部采用公开征询意见和投票的制度，重要事项必须有 2/3 以上会员单位同意才能通过。截至目前，联盟已补充制定了 15 份规则文件，联盟管理日趋完善。②联盟成立 UOML、SOA-RA-TF、SOA-AP-TF、ITSM-TF、BP-TF、SAAS-TF、IIS-WG、ISM-WG、CSG 共 9 个技术工作组，GIG、GEG、MET-AG 共 3 个市场工作组，推动企业间协同互动和技术的纵深发展。③联盟采用了企业化的方式来运作，招募专业化的人员，通过专业化的优质服务来为会员企业提供价值，吸引会员和凝聚会员，完全依靠会费来运作联盟。④设立高门槛，营造精英俱乐部。联盟会费标准很高，而且要求一次缴清，对很多企业都是一个门槛。当初设计这个机制的时候就将联盟明确定位为一个精英俱乐部，且是一个务实、紧密的团队。联盟设计了会费的多种反馈奖励机制，调动企业加入联盟的积极性，形成良性的利益回报机制。⑤协作自律、和谐竞争机制。联盟在成立之初，就专门制定了《良性竞争公约》，提出了对协作自律、和谐竞争的要求和认识。在联盟内，各平台厂商之间平等竞争，各自寻找集成厂商推介产品，集成厂商自主挑选平台产品加入自身的解决方案，在业务项目中推荐带动平台产品的销售。对各集成厂商，在项目中互相竞争时，联盟设立投诉机制，对公认的不正当竞争方式予以警告，尽量优化竞争环境。

3. 运作成效

（1）融入国际标准渠道，参与国际标准建设

①2009 年 1 月，由联盟支持的 UOML 标准正式被批准成为国际标准组织 OASIS 标准，2010 年 9 月经第二次修改已提交到 ISO。②在 OASIS 发起成立了 SOA-EERP-TC，此为国内单位在该组织首次发起 TC，并已向该组织提交三项标准。

（2）参与制定和实施国家标准、行业标准和地方标准

长风联盟先后参与了国家现代服务业标准体系的建设，完成《（现代服务业）共性服务描述及接口规范》国家标准的编制工作。目前作为核心成员，带领联盟企业参与国家 IT 信息技术服务标准工作组和国家 SOA 标准工作组工作。据不完全统计，联盟龙头企业（如华迪、东方通、太极、中科红旗）已经参与编制了 10 项国家标准，21 项行业标准和 12 项地方标准。

（3）参与制定和实施联盟技术和业务规范

长风联盟自成立以来持续推进联盟规范的建立和实践。已经在基础软件、SOA、SaaS 和服务保障方面建立了一系列的长风联盟规范。基础软件方面从 2006 年开始就制定《长风联盟基础平台层次接口规范总体框架》（该框架共六部分），并基于接口规范开展长风联盟 10 大解决方案的认证。

（4）开展 SOA 相关工作

SOA 方面重点研制共性 SOA 技术规范，提升企业 SOA 实践的规范性，先后完成《长风联盟 SOA 技术参考架构规范》、《SOA 参考架构技术规范》、《SOA 电子政务应用框架规范——电子政务行业服务管理规范》等 SOA 技术规范，并完成多篇国际论文和研究报告。

四、AVS 产业联盟

1. 发展概况

AVS（audio video coding standard）是指《信息技术 先进音视频编码》系列标准，是我国具有自主知识产权的第二代信源编码标准，也是数字音视频产业的共性基础标准。AVS 标准具备先进、自主、开放三大特点：①其编码效率比 MPEG-2 标准高 2～3 倍，与 MPEG-4 和 H.264 相当，代表了当前的国际先

进水平；②规则决定自主，创造了领导国际潮流的专利池管理方案，并配套了完备的法律文件；③制定过程完全开放，为产业界创造最大发展机会。

AVS 产业联盟于 2005 年 5 月 25 日，由 TCL 集团股份有限公司、创维集团研究院、华为技术有限公司、海信集团有限公司、北京海尔广科有限责任公司、浪潮集团有限公司、联合信源数字音视频技术（北京）有限公司、浦东新区移动通信协会、四川长虹股份有限公司、上海广电（集团）中央研究院、中兴通讯股份有限公司、中关村高新技术产业协会 12 家单位自愿联合发起成立，又称音视频产业联盟。它是由积极推动 AVS 产业发展，致力于 AVS 产业链相关产品的研发、制造、推广、服务的实体自愿组成的合作组织，AVS 产业联盟着眼于产品开发与产业应用。

AVS 产业联盟目标：致力于构建完备的数字音视频产业链（技术→专利→标准→芯片与软件→整机与系统制造→数字媒体运营与文化产业），促进实现标准制定、技术快速进步和产业跨越发展的整体突破，推动数字音视频产业的整体崛起，构建全球具有重要影响的数字音视频企业群。

AVS 产业联盟宗旨：整合及协调产业资源和社会资源，协助政府管理，实现行业自律，提升成员在 AVS 领域的研发、制造水平，促进 AVS 产业快速、健康发展，推动 AVS 产业链相关产品在中国及全球的应用，更好地服务广大消费者。

2. 运作管理

AVS 产业联盟是一个非营利性组织，采取成员大会-理事会-秘书处的治理方式。其中，成员大会是最高权力机构，成员大会每年召开一次，由秘书长召集；理事会是成员大会的执行机构，对成员大会负责，最初理事会由联盟发起人组成，理事会会议每半年召开一次，也是由秘书长召集；理事会下设秘书处，主要负责联盟的日常工作，秘书处设秘书长一人，秘书长是联盟的法定代表人，全面主持联盟的日常工作，秘书长每届任期两年，可以连选连任；秘书处下设工作组，各工作组负责具体事务。

联盟成员分为普通成员和理事会成员。成为普通成员的条件为承认联盟章程，并从事或准备从事 AVS 产业链相关产品的研发、制造、推广或服务；成为普通成员首先需要向联盟提出书面申请，经理事会批准，签署相关文件、交纳入会费即可，每年度会费为 8000 元。普通成员的权利包括参加成员大会，参与讨论和表决由成员大会通过的议题，向理事会提出提案，申请成为理事会成员，获取联盟的信息，参加联盟、各工作组的活动，对联盟财务收支质询等。普通成员的义务包括遵守联盟章程，遵守联盟的各项制度、决议，积极参加联盟的活动，维护联盟的合法权益，完成联盟交付的工作，按时交纳会费，根据联盟相关规定履行保密义务。

对 AVS 产业链相关产品的研发、制造、推广和服务有实质性投入的普通成员有资格当选理事会成员。成为理事会成员需向联盟提出书面申请，经理事会批准。理事会成员除了拥有普通会员的权利之外，还可以加入理事会，参与讨论和表决需要由理事会通过的议题、向理事会提出提案、退出理事会。理事会成员的义务则包括对 AVS 产业链相关产品的研发、制造、推广和服务给予持续的、实质性的投入，积极参加理事会的各项活动，完成理事会交付的工作，根据联盟相关规定履行保密义务。

除以上正式成员之外，还有观察员。凡在我国内地注册，拥有独立法人资格的单位，在同意遵守联盟章程的情况下均可申请，经工作组讨论后上报国家相关部门，获得批准后可成为正式成员或观察员。在我国内地不具有独立法人资格的单位可申请成为观察员，观察员拥有正式成员除投票表决权外的其他权利。

联盟的经费来源主要是会费，还有捐赠、政府资助、在核准的业务范围内开展活动的收入、利息、其他合法收入。

AVS 产业联盟是一个门槛较低的开放性联盟，面向全国，只要是积极推动 AVS 产业发展，致力于 AVS 产业链相关产品的研发、制造、推广、服务的实体都可以加入 AVS 产业联盟。

联盟原则上每季度召开一次工作组全体成员会议，对 AVS 各项技术提案及工作进展进行讨论。各标准的起草、讨论、试验验证等工作由所属专题的专题组组长负责，专题组会议由专题组组长发起，通常为每月一次，必要时组织技术交流和工业展览。专题组包括测试组、系统组、视频组、音频组、数字媒体版权管理与保护组、实现组、知识产权组等。

知识产权方面，工作组成员在工作组内部（包括工作组会议、工作组网络服务器、工作组邮件列表）提出的提案或其他技术信息，其知识产权归提出者所有，不视为公开发表，提出者拥有申请专利或在公开出版物发表等权利。联盟成员如有技术（专利）被 AVS 标准接受，可根据"专利池"相关方案获得经济利益，获得的经济利益将根据"专利池"管理方案中相关的条款进行分配。

3. 运作成效

一是积极推动 AVS 地面双国标（即 DMB-TH 和 AVS）的工作，已在全国多个省（自治区、直辖市）得到了试运营或者商用。

二是知识产权方面，AVS 产业联盟内部成员拥有授权专利数 67 个，参与制定国家标准 1 个、国际标准 1 个、国内标准 3 个。

三是承担了许多国家重点项目，如"数字视频编解码技术国家工程实验室"项目（由北京大学、国家广播电影电视总局广播科学研究院、中国科学院计算技术研究所及其所属联合信源数字音视频技术（北京）有限公司等承担）、"AVS 标准制定与验证重大专项"项目（由联合信源数字音视频技术（北京）有限公司承担）、"基于 AVS 标准的 IPTV 机顶盒研发与产业化"项目（由北京朝歌宽带数码科技有限公司承担）、"基于 AVS 标准的高清编转码器研发与产业化"项目（由上海广电集团有限公司承担）、"基于 AVS 标准的 IPTV 机顶盒的研发与产业化"（由 TCL 股份有限公司承担）、"基于 AVS 标准的视频监控系统研发与产业化"项目（由北京富盛星电子有限公司、北京中视里程科技有限公司、北京东方网力科技有限公司承担）、"基于 AVS 标准的视频监控系统研发与产业化"项目（由北京汉邦高科数字技术有限公司、北京大学、清华同方股份有限公司承担）等。

四是示范应用方面，基于自主音视频标准的地面数字电视系统项目已在新疆巴州地区成功示范，参与成员包括联合信源数字音视频技术（北京）有限公司、北京朝歌宽带数码科技股份有限公司、新疆巴州广播电视局。

五、结论与启示

1. 技术标准联盟的顺利推进离不开政府的大力支持

在我国，民族产业相对国外大企业而言，竞争力不足，在我国加入 WTO 以后，更需要政府在政策、资金和宏观调控上给予支持。一是政府需要调整相应的法律条文，界定非营利的标准，明确联盟的法人身份，并以法律条文的形式对联盟自主的市场行为给予保护，政府可通过认可机制和合格评定程序进行管理，减少或消除行政干预。二是政府的标准化管理部门需要给予制定标准的联盟特殊政策，支持以企业为主体制定标准，给联盟制定的技术标准以正式的认可，使联盟适应市场变化，提高其标准应对市场的灵活性。三是在应对国外企业或技术的竞争中，政府要能够利用合理的规则〔如《关贸技术壁垒协定》(TBT)〕对本国制定标准的联盟予以保护。

2. 技术标准联盟将成为实施我国技术标准战略的重要手段

在发达国家，特别在信息技术等高科技领域，以企业为主体结成的联盟是制定工业标准的重要力量。在高新技术领域，掌握核心技术的企业往往会发起以企业、科研机构、高等院校等为会员的联盟性团体，共同制定工业技术标准。在我国，当前还没有相应的标准化法规认定联盟在标准制定中的作用，没有对联盟标准给予认可。然而，协会、行会、学会或联盟制定协会标准（或团体标准）是标准化适应市场的重要途径，将会成为我国实施技术标准战略的重要举措。

3. 技术标准联盟要坚持开放原则，推进标准的产业化

标准只有被市场接受，其中所包含的知识产权获得收益，收益足以抵消研发和推广标准的费用，制定标准才能成为一个良性的、有利可图的事情，才能有更多的企业投入到标准的制定中。国内企业制定和推广信息技术标准的经验表明：组建联盟，以信息技术企业为主导，采用开放的工作原则和运作机制，顺应信息产业的发展趋势，发挥国内外企业分工协作的整体优势，才能够有效推动信息技术标准的产业化。因此，一个成功的标准，应该是一个开放性的标准，应降低准入的门槛，让更多的企业进入到标准制定中来，共同推动标准制定的进程。从国内制定标准的方式来看，这一点对标准的成败有着重要的意义。

4. 技术标准联盟要与国外标准工作组织积极沟通，协调好竞争合作的关系

当前，国外的标准工作组织和巨头企业处于更强势的地位，对于标准的选择和主导具有很大的影响。因此，我国的技术标准联盟在制定和推行一个标准的时候，如果能保持与国外标准工作组织的积极沟通，参与国际标准的起草和制定工作，形成良好的互动，注重与国外标准工作组织合作层面上的关系，协

调好竞争与合作，争取更多的承认度，对国内标准的制定和推广无疑将会起到更为积极的作用。

第三节　产业链合作联盟

创新产品在市场上的竞争力依赖于整个产业链的竞争力，即创新产品需要获得上下游的产品配套，并且配套产品要有市场竞争力。然而，创新产品的产业链往往难以依靠市场机制快速形成，产业链合作联盟通过企业间的合作可以促进产业链的形成。产业链合作联盟的目标是打造有竞争力的产业链，产业链合作联盟在创新中的具体作用是促进创新产品尽快形成有竞争力的产业链。基于这样的背景，一大批产业链合作联盟组建起来，纷纷打造有竞争力的产业链。

一、TD-SCDMA 产业联盟

1. 成立背景及发展概况

TD-SCDMA 产业联盟是产业链合作联盟的典型代表，成立于 2002 年 10 月。目前联盟成员已覆盖了 TD-SCDMA 产业链从系统、芯片、终端到测试仪表的各个环节。TD-SCDMA 产业联盟的成立标志着 TD-SCDMA 获得了产业界的整体响应，TD-SCDMA 产业联盟通过凝聚 TD-SCDMA 产业力量，形成了能够支撑产业发展的完善的产业链，有力地推动了 TD-SCDMA 的发展。

我国虽然拥有世界第一大移动通信市场，但是移动通信产业一直在欧美的技术垄断之中发展，在第一代、第二代移动通信产业的发展中收获甚少，移动通信产业的发展与我国移动通信市场的地位极不相称。第三代移动通信时代的到来，为我国移动通信制造业提供了很好的发展机会。TD-SCDMA 标准是我国具有自主知识产权的第三代移动通信（3G）标准，2000 年 5 月，TD-SCDMA 被 ITU 接纳成为第三代移动通信系统三大主流标准之一。2001 年 3 月 TD-SCD-MA 标准被纳入 3GPP 版本 4 中。3GPP 是由国际主要电信设备厂商、运营商所组成的通信技术标准组织，被 3GPP 纳入标准规范，表明 TD-SCDMA 标准作为第三代移动通信标准已经被国际电信行业所接纳，并获得了与其他第三代移动通信系统标准平等交流、共同发展的机会。这是我国信息通信领域自主创新的重大突破，是中国信息通信领域第一个具有自主知识产权的国际标准。

　　然而标准并不代表市场和用户，TD-SCDMA 标准被 ITU、3GPP 先后接纳后，标准的产业化提上了议事日程。与其他两大标准 WCDMA 标准和 CDMA2000 标准的产业成熟度相比，TD-SCDMA 标准还存在很大差距，其商业化过程中产业链协调发展面临问题。移动通信技术标准的商业化要求整个系统同步推进，芯片、系统设备、终端、应用、测试设备等任何一个环节的滞后都会阻碍商业化步伐。为了加快 TD-SCDMA 的产业化进程，早日形成完整的产业链和多厂家供货环境，在政府有关部门的支持下，国内上下游企业于 2002 年 10 月 30 日，在北京成立 TD-SCDMA 产业联盟。大唐电信、南方高科、华立集团、华为公司、联想集团、中兴通讯、中国电子、中国普天 8 家企业作为发起单位，共同签署了致力于 TD-SCDMA 产业发展的《发起人协议》。2003 年 12 月，TD-SCDMA 产业联盟有新成员加入，北京天碁、重庆重邮信科、海信集团、凯明信息、西安海天、展讯通讯 6 家企业正式成为 TD-SCDMA 产业联盟成员。2005 年 4 月，TD-SCDMA 产业联盟再次扩军，UT 斯达康、上海贝尔阿尔卡特等 12 家企业加入。2008 年 7 月，TD-SCDMA 产业联盟又接纳 10 家新成员加盟。其中，中国移动为加盟的首个运营商，新加入联盟的企业还包括中邮器材、多普达、联发科技、网讯、东信北邮、闻泰、创原天地、杰脉通信、芯通等。至此，联盟成员总数达 78 个，TD-SCDMA 产业联盟真正实现了涵盖运营、制造、渠道等从生产到市场的各个环节，产业链的每一个节点都有数家企业的支撑，TD-SCDMA 产业链基本成型的目标，形成了合理的分布结构和力量配比，缩小了 TD-SCDMA 标准与其他两大标准的距离。

　　TD-SCDMA 产业联盟成立以来，主要进行了吸收成员、培育和健全产业链、产业化推动、国内外市场宣传推广等多项工作。TD-SCDMA 产业联盟动员国内企业参与到 TD-SCDMA 技术的研发与推广中来，带动更多的企业进入 TD-SCDMA 产业发展领域，推动企业投入，搭建产业链；协调联盟内部企业间的关系，形成有效竞争的产业发展环境；加强企业间技术交流，制定知识产权共享原则，实现核心技术与平台的相互许可与转移；通过统一谈判、统一招标联合进行市场推广，积极做大 TD-SCDMA 的市场空间。

TD-SCDMA 产业联盟积极推动企业间的合作，改变以往通信产业发展采用的"串联式"——从技术研究开始，启动系统设备开发，然后使芯片企业加入，最后启动终端开发。通过推动合作变"串联式"为"并行式"——在系统开发的同时启动芯片开发，并通过芯片开发与终端开发合作的方式，使芯片与终端开发并行。在开发的不同阶段实现系统和终端的互通测试，既可使芯片设计吸取终端厂商的意愿，又可使终端在硬件开发基本完成后即进入同步开发，大大缩短了 TD-SCDMA 产品的开发周期。

在这样的发展思路下，TD-SCDMA 产业联盟成员基本包括了我国主要的信息通信产业企业，包括电信运营商、系统设备制造商、终端制造商、芯片制造商、测试仪器厂商、智能天线厂商及软件应用开发厂商等，覆盖了移动通信上下游完整产业链的各个环节。产业链各节点及主要企业如表 8-2 所示。

表 8-2　TD-SCDMA 产业联盟产业链各节点及主要企业

产业链节点	主要企业
电信运营商	中国移动
系统设备制造商	大唐电信、中兴通讯、中国普天、鼎桥、上海贝尔阿尔卡特、爱立信、新邮通信、武汉虹信等
终端制造商	华为、联想、夏新、波导、海信、华立、宇龙、三星、摩托罗拉、LG、TCL、多普达、闻泰、德信无线、希姆通、龙旗、中国邮电器材等
芯片制造商	展讯、天碁、联发科技、重邮信科、广晟微电子、鼎芯、瑞迪科等
测试仪器厂商	湖北众友、中创信测、星河亮点、上海创远、安立、威尔泰克等
智能天线厂商	中山通宇、京信通信、西安海天、国信通信、摩比天线、安德鲁电信等
软件应用开发厂商	科泰世纪等

此外，中国通信标准协会、一些高等院校和研究机构虽然不是联盟成员，但是也从各自的优势方面推动着 TD-SCDMA 产业的发展，特别是我国政府在 TD-SCDMA 产业联盟的产生与发展中起到了不可忽视的作用。

2. 运作管理

(1) 成员准入方式

联盟成员必须具备的关键性条件包括在移动通信产业具有一定的代表性和影响力；对产业有重要贡献；承诺签署有关知识产权协议。加入联盟的企业从递交申请到最后批准，需要经过 3～5 个月的审核期，由联盟专家组对企业进行考察，考察的指标主要有两项，即 TD-SCDMA 相关产品的开发成果、对联盟内专利权共享的知识产权（intellectual property right，IPR）制度的接受程度。企业一旦获准进入联盟，须满足如下要求：对 TD-SCDMA 产业进行实质性的投入；主动按照各自企业的特点在产业链上协作；按时交纳联盟会费；保守联盟内商业秘密等。

(2) 知识产权共享机制

联盟制定了知识产权高度共享原则，并实现了核心技术与平台的相互许可与转移，联盟通过工作组的方式共同进行标准完善、业务研究与规划、测试规范制定等工作，有效地解决了产业发展中所面临的知识产权、共有技术和测试平台、互联互通等问题，大大降低了企业进入的门槛，缩短了产品的开发周期，带动了更多的企业进入 TD-SCDMA 产业发展领域。联盟推动了产业链各环节企业相互间的技术许可，使后进入联盟的企业在已有的技术平台的基础上迅速切入 TD-SCDMA 产业链各环节的研发和产业化工作，极大地加快了 TD-SCDMA 产业化的整体进程。对 IPR 共享机制的认同与否，是衡量企业能否加入联盟的首要标准之一。

(3) 信息沟通机制

建立完善的信息披露与沟通机制，既保障了联盟各个利益相关者的权益，也是一种发展策略。TD-SCDMA 产业联盟通过联盟网站、定期的简报与月报，建立起联盟与外界固定的信息传递通道，主动传播 TD-SCDMA 正面信息，促成了良好的 TD-SCDMA 产业舆论环境；建立畅通的海外信息传递渠道和联盟海外信息主动传播机制，与国际电信组织、运营商、技术企业定期沟通，获取 TD-SCDMA 技术与产业化的信息，并了解其在 3G 运营领域的需求和对新技术的态度，帮助它们制订 TD-SCDMA 试验网方案与计划等。

（4）经费来源和支出

TD-SCDMA 产业联盟的经费来源主要有会费收入和联盟创收。联盟会员分为核心会员（理事会会员）和普通会员（非理事会会员），核心会员会费为每年20 万元，普通会员会费为每年 10 万元。联盟创收主要是通过举办 TD-SCDMA 展会、论坛、产品技术咨询等为企业提供有偿服务或者通过劳务输出获得的3GPP 的资助。联盟经费支出主要用于展会、宣传、企业间交流和日常开支。

3. 运作成效

TD-SCDMA 产业联盟举全国之力，走出了一条以企业为主体、以市场为导向、产学研相结合发展的道路。成立 TD-SCDMA 产业联盟，彻底扭转了我国因未掌握核心技术而受制于人的局面。联盟成员企业参与开展的 TD-SCDMA 标准化、产品开发、市场推广、专项试验等一系列工作效果显著，在全球通信领域都产生了极其巨大的影响，得到国内外通信界的一致认可，对我国走中国特色自主创新道路、建设国家创新体系起到了示范作用。

二、中关村数字电视增值业务产业联盟

1. 成立背景和发展概况

随着数字电视网络的改造和升级，以及电视观众品位的不断提高，中国电视已经打破了单向传播、被动接受的传统模式，开始走向"交互式"的新娱乐消费时代。这为增值内容提供商提供了一个潜在的巨大消费市场和无限商机。

为了顺应数字时代的发展，2008 年 1 月 22 日，中关村科技园区海淀园管理委员会、中关村高新技术企业协会和中信信息科技投资有限公司等 40 余家业内企业或单位联合发起成立了中关村数字电视增值业务产业联盟，目前联盟成员数已达 70 家。该联盟是一个非营利的合作平台，主旨是搭建社会资源服务于数字电视增值业务创新发展的平台，其联合广播电视运营商、技术提供商、内容提供商、终端厂商的力量，实现产业内的资讯共享、资源整合、交易畅通、标准推进和资本运作。

在众多工作服务中，联盟将重点打造数字电视增值业务技术与交易平台，引导内容提供商进入数字电视增值业务领域，辅助他们在数字电视双向互动平台上进行增值内容的移植，促进中国数字电视产业的畅通发展。

2. 组织机构

中关村数字电视增值业务产业联盟是以协会的形式在北京市民政局注册的非营利性机构，其治理方式按照非营利性机构的通常方式展开，即成员大会-理事会-秘书处。联盟设立市场合作专业委员会、技术与标准专家委员会、投融资专业委员会和专家委员会（综合），下面还设有技术处、市场合作部、内容集成部、投融资部和综合部（图 8-3）。

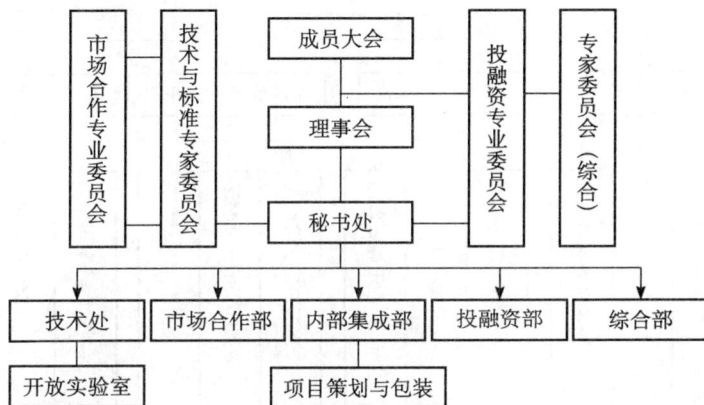

图 8-3　联盟组织机构图

3. 联盟的主要工作与成效

中关村数字电视增值业务产业联盟的工作主要包括如下几个方面。①向政府申请行业支持政策：联盟将通过行业调研、论坛等各种形式和途径，不断向政府报告行业发展的问题和瓶颈，争取更多的政府支持。②会员的交流与培训：为帮助广播电视运营商及其 SP、CP 加深对相关技术及中间件标准的理解，掌握增值业务开发的基本技能及管理方法，互相交流增值业务策划、运营及推广心得，联盟将发起业界精英沙龙和公益性技术培训活动，邀请业界专家开办精彩的系列专题讲座。③建立数字内容标准制定中心和内容审查中心：联盟将建立数字内容标准制定中心和内容审查中心，通过两个中心来推动标准制定，促进我国数字电视互动内容传输技术标准的发展，形成行业标准或国家标准。④建立投融资服务平台：联盟将整合海内外各种投资资本，关注数字电视增值业务领域，为会员企业提供免费的融资服务、需求信息和人才招聘的发布平台。⑤建立测试和交易平台：为了更好地帮助内容移植，联盟搭建了数字电视互动业务内容测试和交易服务平台。该平台由最先进的测试设备、DRM 设备和媒资存储设备组成，真实地模拟了广播电视运营环境，向广大内容企业提供可进行相关技术研发、测试的公共技术服务环境，同时在产业化过程中推动相关部门制定国家数字电视产业互动内容标准。平台结构与流程如图 8-4 与图 8-5 所示。

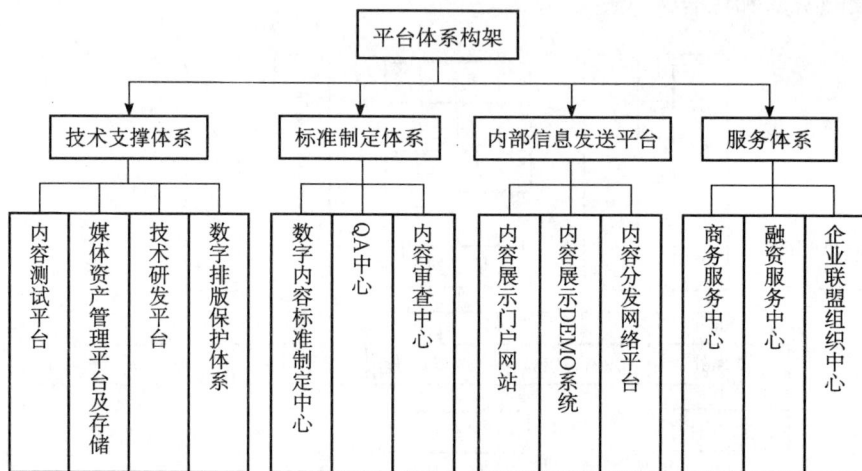

图 8-4 平台结构图

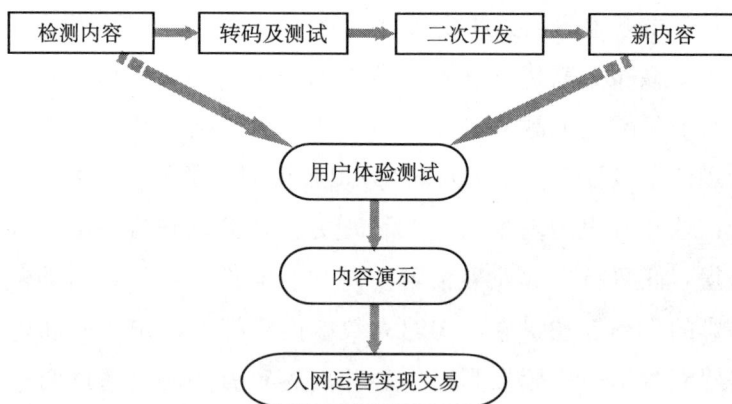

图 8-5 平台流程图

资料来源：http://www.zgcdtv.com。

三、中关村物联网产业联盟

1. 成立背景及发展概况

物联网的概念是在 1999 年被提出的，是指通过射频识别（RFID）、红外感应器、全球定位系统、激光扫描器等信息传感设备，按约定的协议，把任何物品与互联网连接起来，进行信息交换和通信，以实现智能化识别、定位、跟踪、监控和管理的一种网络，是"物物相连的互联网"。物联网是信息产业领域发展的制高点，世界各个发达国家正在加大对这方面的投入，立图占领领先位置，我国也将物联网产业的发展上升到国家的战略性层面。

积极发展物联网产业是北京信息产业发展新阶段的需求，也是北京实现信息化与工业化融合、信息化与城市发展融合的重要途径，更是建设数字城市、信息城市、网络城市、可信城市的关键基础。中关村具有物联网发展的优势，在核心技术研发、传感器、网络传输、产业技术联盟协同创新等方面都有比较好的基础，很多技术已经在奥运会上实现了示范应用。但是物联网产业处于早期发展阶段，存在行业融合不够、缺少有利于产业化推进的应用组织方案、研究力量比较分散、产业的集中度比较低等问题。为解决这些问题，占领我国乃至全球物联网发展的制高点，在北京市政府的大力支持下，中关村地区涉及物联网产业产学研用的 40 余家单位于 2009 年 11 月 1 日联合发起成立了中关村物联网产业联盟，目的是以此为平台，加强企业间的协作、创新与联动，促进联盟成员与政府的互动，整合、协调优势资源，促进物联网产业的发展。

2. 组织管理

中关村物联网产业联盟的组织架构由理事会、秘书处、专家委员会构成。理事会由联盟成员共同组成，是联盟的最高决策机构；秘书处在理事会的领导下，负责联盟日常事务和项目协调、组织管理工作；专家委员会由业内知名的工程技术专家、企业家、相关行业组织领导、社会学者等组成，专家委员会是联盟的决策咨询机构，为联盟技术及产业发展方向、重点工作开展及重大决策等提供咨询指导意见。目前理事长由清华同方股份有限公司担任；中国移动北京公司、仪集团、时代凌宇公司、昆仑海岸、天地互连、赛尔网络、北京邮电大学、中星微、中科院软件研究所、北京市公安交通管理局交通研究所、北京交通委信息中心、北京市市政市容管理委员会信息中心 12 家单位作为副理事长单位；秘书处设在中关村物联网产业协会；联盟选出 10 位专家组成专家委员会，对联盟的发展给予指导。

3．联盟工作重点

中关村物联网产业联盟的宗旨是"以应用为导向、以产业为主线、以技术为核心、以创新为动力"。该联盟的发展目标是通过三年的努力，推动建设 10～12 项标志性示范应用工程，培育 8～10 家行业龙头企业，开发一批拥有自主知识产权的产品和集成应用解决方案，国家和行业标准达到 5 项以上，使北京市成为我国物联网高端特色产业中心、应用示范中心、工程技术研发中心和标准制定中心。

为把中关村地区打造成中国物联网产业中心，中关村物联网产业联盟确立了五大工作方向：一是在物联网应用领域，推动一批重大示范工程，促进物联网集成应用解决方案的成熟和产业化发展；二是促进以科技奥运项目为代表的物联网成熟应用项目的成果转化与推广，扩大中关村地区优势企业的市场影响力；三是在物联网高端传感器和芯片设计制造、网络传输、云计算与应用等方面，通过产学研合作，加快发展产业化能力；四是开展物联网相关公共平台建设，加强与其他相关产业技术联盟的合作，促进产学研用协同创新；五是开展物联网相关标准创制工作，通过标准合作，提高北京对物联网产业发展的主导能力。

四、结论与启示

1．产业链合作联盟是企业达到协同效应的必要手段

任何一个企业，不可能在价值链上的所有环节保持绝对优势，往往仅拥有某些特定战略环节的核心优势。各企业为实现协同效应，在各自价值链的核心环节上展开合作，可使彼此的核心专长互补，在整个价值链上创造更大的价值，这是企业结成联盟的原动力。从价值链观点来看，企业组建产业链合作联盟实际上是联盟成员将各自的优势资源集中于价值链中的核心环节，实现价值链的横向或纵向扩展，保证生产要素在企业内部顺畅、快速的流通，有利于协调各环节之间的利益关系，合理有效地利用资源、配置生产要素、提高生产效率、

降低生产成本，最终实现产业链合作联盟的战略目标。

2. 产业链合作联盟是提高创新产品市场竞争力的有效手段

随着产品包含的技术越来越复杂，产业分工越来越细，产业链也越来越长。目前，全球各行业竞争呈现出新的趋势，就是从单个企业、单项产品或单项技术的竞争，转变为产业集群、产业链的竞争，提高整体产业链竞争力意味着企业可以在激烈的市场竞争中处于更加有利的地位。而通常创新产品的产业链通过市场机制很难快速形成，必须通过企业间合作来促进产业链的形成，即创新企业通过上中下游产业链协作，打造有竞争力的产业链，从而提高创新产品的市场竞争力。因此，发展产业链合作联盟是提高产品市场竞争力的重要途径。

第四节　市场合作联盟

市场合作联盟的目标是共同开发市场。这类联盟通常做法如下。一是联合开拓创新产品的用户市场。由于单个企业不愿独立承担创新产品的市场启动成本，或者实力太弱，缺乏独立开拓市场的实力，所以往往通过产业技术联盟与其他企业共同开拓市场。二是通过联合采购降低创新产品的成本。中小企业在创新产品发展初期难以达到规模经济，联合采购是创新型中小企业降低采购成本的重要手段。三是通过共用基础设施降低创新成本。企业在创新阶段需要共用一些基础设施，包括实验设备、检测设备、数据库等，以降低创新成本。有些共用设施可以由市场提供，有些共用设施由于专用性强，市场难以提供，组成产业技术联盟是较好的解决方式。四是通过网络互联实现需求方规模经济。有些创新产品具有很强的网络特性，创新企业之间实现网络互联可以提高消费者福利，从而加快创新产品的市场化步伐。中关村科技园区内聚集了大量的创新型中小企业，在政府部门的扶持下，大量的中小企业组成了市场合作联盟，如软件出口联盟、中国生物技术创新服务联盟、3G 产业联盟等。这些联盟降低了创新型中小企业进入市场的门槛，提高了中关村科技园区内创新型中小企业创新的成功率。

一、中国生物技术创新服务联盟

1. 成立背景及发展概况

中国生物技术创新服务联盟（ABO 联盟）成立于 2005 年 9 月，是由企业、北京生物技术和新医药产业促进中心共同发起成立的中国第一个专注于生物技术创新服务的新型产业技术联盟，也是中国第一家致力于生物技术外包服务、非营利性的产业技术联盟。ABO 联盟是北京地区成立较早的联盟之一，当时许多 CRO（合作研究组织）企业急切希望在国际市场接到订单，但对于单个企业来说，没有能力提供一条龙服务。获得国际认可的标准认证是解决上述问题最有效的途径，而标准的存在恰恰是妨碍国内企业承接来自跨国制药公司订单的重要因素。

自成立以来，ABO 联盟不断发展壮大，联盟成员由成立之初的 8 个发展到 34 个，其中企业 24 家、科研机构与高等院校共 9 所、第三方服务机构 1 家。

ABO 联盟以提升新药研发的效率和水平、壮大北京研发服务业、提升产业结构为根本目标，秉承"同一个世界，同一个标准"的服务理念，通过资源整合、品牌共享、联合营销，围绕"市场"和"标准"两条主线，创新机制、集成关键技术，从"生物"和"化学"两条链出发，形成了五套技术解决方案，为全球创新活动提供"一站式"的技术解决方案。经过三年多的发展，ABO 联盟逐步成为国际知名的研发服务品牌，成为北京推动生物医药研发服务业的重要抓手。

2. 组织管理

ABO 联盟以全球创新活动为服务对象，融合创新链条中最活跃的因素——中小企业，通过市场化、实质化的运作机制，以中小企业的活力和专有技术推动创新效率的提高。采用统一品牌、统一订单的市场化运作机制，以保障联盟的可持续发展。根据市场化运作机制，ABO 联盟按企业化管理模式，设有最高决策机构——联盟会员大会，下设监督委员会和顾问咨询委员会；设有执行机构——执行委员会，下设秘书处。

3. 主要工作与成效

1) ABO 联盟成为集成关键技术、服务科技创新的新型产业技术联盟。

ABO 联盟围绕"生物"和"化学"两条技术链，集成了基因组学、蛋白与抗体、化学合成与制剂研发、药物临床前评价等相关关键技术，形成了五套技术解决方案，成为国际知名的研发服务品牌。ABO 联盟创新技术服务链的建立和完善集成了不同资源机构拥有的关键技术，促进了中小生物医药企业的科技创新，加快了中小企业形成企业核心技术的进程，使之在激烈的国际竞争中赢得产业发展的主导权和话语权。ABO 联盟还整合了军事医学科学院、中国药品生物制品检定所、北京师范大学、北京生物制品研究所、国家生物医学分析中心、国家北京药物安全评价研究中心等 9 所科研院所的科技资源，科技条件共享资源达 6.6 亿元，并汇聚了 3 个国家工程中心、7 个国家工程技术中心，在全球范围内初步树立了北京生物技术研发服务的形象。

2）ABO 联盟形成凝聚资源、释放资源的新兴高端创新业态。ABO 联盟作为推动生物医药研发服务业发展的重要抓手，成立五年多来，通过资源整合、品牌共享、联合营销、实质化运作，不断发展壮大，吸引了一批科研院所和科技型企业积极参与，帮助一大批中小型科技企业提升了技术实力，取得了一批国际认证的标准，增强了国际竞争力，融入全球创新链条中，形成了一支超过 3000 人、掌握产业技术链条中关键技术的人才队伍。2008 年，ABO 联盟共接订单 3 万余个，实现技术服务收入逾 5 亿元，其中国际订单收入占技术服务收入的 25％以上，带动的企业服务收入达 20 亿元。2009 年，ABO 联盟成员国家安评监测中心等顺利通过美国 FDA（食品及药物管理局）的 GLP（药物非临床研究质量管理规范）审查，标志着以 ABO 联盟为代表的我国 GLP 实验室完全有能力提供符合国际标准的药物评价服务，参与国际间创新合作。

3）ABO 联盟成为北京市对接国家科技重大专项、国家重大科技基础设施建设的重要抓手。ABO 联盟以北京市科学技术委员会生物医药中心为秘书处，成为北京市整合生物医药领域科技、产业资源，对接国家重大科技专项的重要抓手。为对接重大新药创制和传染病防治专项，ABO 联盟于 2008 年年初启动了"一个平台、一个基地"（即北京市新药研发系统性创新服务平台和北京市生物医药中小科技企业创新孵化基地）的建设，积极与北京市大院大所和大企业合作，形成一批资源共用、利益共享、具有竞争力的优势集成单元平台、关键技术和创新品种。在国家重大科技基础设施建设中，ABO 联盟成员——北京正旦国际科技有限责任公司，成为承接蛋白质科学研究设施的主要单位之一。在重大新药创制、传染病防治两个国家科技重大专项首批项目中，ABO联盟承接了国家科技重大专项京区任务的1/4，获得了近3亿元的专项支持，既为重大专项的申请提供了有力支撑，也为重大项目的实施提供了条件（北京生物技术和新医药产业促进中心，2009a）。

二、3G产业联盟

1. 成立背景及发展概况

3G产业联盟是从事3G通信网络运营、增值服务及3G技术设备、终端产品的研究、开发、生产、制造的骨干企业、科研院所和服务机构等，以"服务、创新、团结"为理念，遵循"合作共赢，热情奉献，推动产业的健康发展"的宗旨，自发组织的互利共同体，是围绕3G产业链相关技术、产品、系统、解决方案、运营和服务开展研发、应用、标准化、产业化等工作的行业性、非营利性组织。

3G产业联盟是一批3G产业链上的知名企事业单位为响应《北京市信息化基础设施提升计划》，于2009年9月倡议发起的联盟。同年12月30日，北京三大电信运营商与大唐电信、中国普天、华为、中兴通讯、爱立信等多家3G应用方案和设备制造商、内容提供商和增值服务商在北京邮电大学召开"3G产业联盟成立大会"。爱立信、华为、中兴通讯、大唐电信等20家单位成为3G产业联盟的理事单位。目前联盟成员数已达32个，其中企业22家、科研机构3家、高等院校3所、政府机构1家、中介服务机构3家。

截至2010年9月底，全国3G用户总数达到3499万户，其中TD-SCDMA用户达到1528万户。但是，中国3G产业的发展仍处于起步阶段，需要产业链各个环节的企业合作推进。目前北京3G增值服务企业群体蓬勃发展，尤其在移动政务方面3G技术的应用速度较快。3G产业联盟将面向国内外移动无线通信领域，构建3G产业合作平台；加强联盟成员的沟通与协作，及时发布行业发展动态，提高3G技术应用水平；不断开拓和创新3G应用和服务内容及领域，推动和加快北京3G产业发展进程；为尽快做大做强北京3G产业服务。

2. 组织管理

3G产业联盟组织架构由成员大会、理事会、战略委员会、科技委员会、秘书处等组织共同构成。按照联盟章程，成员大会是联盟的最高权力机构，每年召开一次，或由理事会根据需要要求召开。成员大会由理事长主持，成员大会的职责是：①对联盟运作计划方案及资金使用情况进行公示和讨论；②进行年终总结汇报及讨论其他需要在成员大会上讨论的事宜。成员大会须有 2/3 以上的联盟成员代表出席方能召开，决议须经半数以上联盟成员代表表决通过方能生效。

理事会是成员大会的执行机构，在成员大会闭会期领导联盟开展日常工作，对成员大会负责。理事会由理事成员单位主要负责人或知名专家组成，理事长由理事会推举产生，任期半年，可连任两届。理事会每年召开一次会议。

战略委员会和科技委员会是联盟特设的两个咨询机构，其组成人员由理事会聘任。战略委员会组成人员以政府专业主管、规划专家和业内知名企业家、咨询家为主，其职责为制定发展战略；协调、规划联盟产业发展布局；指导产业发展政策、标准、规范、项目选题工作等。科技委员会以业界工程技术专家、学术专家、项目管理专家和业务技术专家为主，其职责为制定联盟的技术发展方向、推进重点项目；对项目进行论证、评估；向项目负责人提出技术路线、实施策略；指导联盟开展业务培训、技术培训和信息咨询工作等。

秘书处负责联盟的日常行政事务工作。秘书处实行负责制，秘书长及副秘书长由理事长提名，经理事会选举产生。秘书处所在地即为联盟所在地。

联盟成员分为理事会成员、普通成员和观察员三类。成为理事会成员须经理事会单位提名并由理事会审议批准，成为普通成员或观察员须经联盟秘书处批准。这三类成员的相关权利如表 8-3 所示。

表 8-3 联盟相关权利

相关权利	理事会成员	普通成员	观察员
联盟组织及运营决策权、理事会成员提名权	●		
选举权、议案提案权、参加相关专业工作机构的权利、联盟成员产品的优先推广权、参与北京市和国家 3G 相关项目运营优先获取权、获得联盟成员间的各种优惠的权利、对联盟工作的监督权和批评建议权、共享市场调研信息的权利等	●	●	
参加成员大会和联盟举办的研讨会、展示和体验活动、发布会，以及有关联盟伙伴方面的会议及其他市场活动的权利	●	●	●

联盟经费主要来自项目经费、专项工作经费、咨询服务费、社会捐赠、政

府资助及各联盟成员所交年费。年费标准为：理事长、副理事长单位 4000 元/年，理事会单位 2000 元/年，普通成员 1000 元/年。经费主要用于基本业务和事业的发展，包括聘请专家费用、会议活动经费、技术或市场考察费用、秘书处工作人员费用、联盟日常运作开支、网站建设和维护费用等。经费由秘书处专人负责管理，理事会监督。

收益分配，即对"增量"收益的分配。以对联盟贡献的大小来分配收益。

3. 联盟工作重点

3G 产业联盟确立了七大任务：

1) 在 3G 产业发展方面为政府主管部门提供合理化建议，促进政府制定或建立相关的产业发展政策或体系和机制，为 3G 产业发展提供更多的便利和资源。

2) 加强与政府、行业主管部门的沟通与对接，落实 3G 行业发展的重大项目、重点基金、重点课题、应用标准、服务规范、采购招标等。

3) 紧密跟踪国内外 3G 发展的动态，搜集 3G 应用、运营和服务种类等方面的信息及其变化趋势，进行产业发展战略研究、规划设计、竞争情报分析，举办高层论坛等，加强海内外交流合作。

4) 围绕 3G 及下一代通信产业发展的目标和规划，密切关注中国互联网、移动通信领域已有的成功应用、热点应用和代表未来发展方向的各种创新应用，从"终端驱动"和"移动互联网业务"两大基本点出发，组织并支持一批能够获得资本和市场青睐、符合产业政策方向的优秀项目，推动 3G 产业链的创新应用。

5) 大力支持 3G 内容服务、增值服务方面的创新和扩展，大力支持各种工业、商业、传统服务业、文化创意产业和信息服务业，通过内容服务和增值服务的方式或平台，与 3G 相结合，形成北京信息化竞争力提升和经济增长的新格局。

6) 组织探索和试验 3G 及下一代通信产业发展的商业模式，鼓励各种商业模式创新及对其的投资，支持 3G 及下一代通信的各种内容服务、增值服务开展商业运营。

7) 协调、加强联盟成员之间，以及与其他产业技术联盟之间的合作，促进

3G 产业联盟的团结和自律，推动资源共享、优势互补、合作共赢。

三、中关村下一代互联网产业联盟

1. 成立背景及发展概况

随着互联网的猛速发展，IPv4（互联网协议版本 4）已无法满足互联网发展的需要，其地址空间的不足严重阻碍了互联网发展的速度。IPv6（下一代互联网）是具有更多甚至无穷的 IP 地址、更高的质量、更高的安全性、更高的可控性，可以提供充分带宽、保证充分移动的全新的互联网。因此，发展下一代互联网是解决地址空间问题的根本途径，也是互联网健康、快速发展的必由之路。

我国在互联网领域起步较晚，IP 地址不足问题更加突出，IPv6 为中国互联网的发展提供了机遇，不存在专利问题和技术门槛。虽然我国的网络基础设施落后，宽带设施仍在建设中，但这也给我国网络直接升级到 IPv6 降低了成本。同时，我国作为互联网和移动通信大国，市场潜力巨大，积极发展 IPv6 将拉动整个国民经济的发展。

目前，我国的互联网产业已初具规模，以中关村为代表的科技园区聚集了国内领先的企业和科研机构，积累了大量发展 IPv6 的优势资源。但 IPv6 企业多为中小企业，在研发、产业拓展等方面力量不足。为了使产业上下游形成有效的产业协同关系，推动 IPv6 产业的发展，在中关村管委会的提议下，北京天地互连信息技术有限公司等 11 家企业于 2005 年 2 月发起并正式成立了中关村下一代产业联盟，该公司为理事长单位。为了促进发展和便于管理，2006 年 8 月又在联盟的基础上正式成立了北京中关村互联网产业促进会，成为一个正式的协会商会组织。

联盟成员由最初的 11 个发展为现在的 41 个，包括清华大学、北京交通大学、北京邮电大学等高等院校；中国科学院计算机技术研究所、信息产业部电信研究院等科研机构；中星微、畅讯、六合万通、赫立讯等上游芯片生产厂商；清华比威、佳讯飞鸿、神州数码等硬件设备制造商；天地互连、首信科技等视频监控软件方面的企业；中国教育科研网等运营商及中国网通集团研究院；联想、京东方、方正等处在产业链下游的企业；搜狐等网络服务企业和第三方机构——北京市长城企业战略研究所（简称长城战略）。

联盟成员覆盖了下一代互联网产业链的各个环节，如图 8-6 所示。

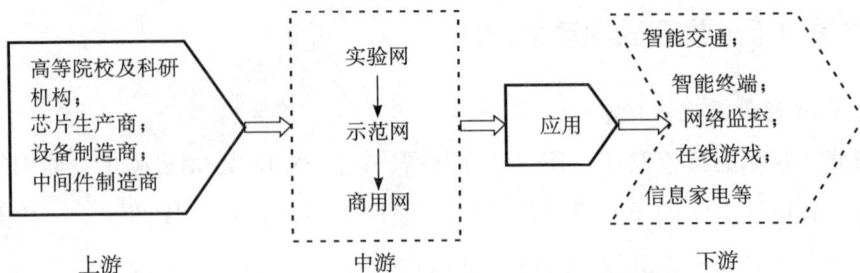

图 8-6　下一代互联网产业链的各个环节

2. 运作管理

中关村下一代互联网产业联盟是以协会的形式挂靠在中关村管委会下，属非营利性机构，采用联盟大会-理事会-秘书处的治理方式。联盟大会是最高权力机关，由各联盟成员的代表组成，每两年举行一次。联盟大会制定或修改联盟章程、联盟方针、任务，选举产生理事会单位及理事会。理事会是联盟大会的执行机构，由联盟大会选举，采取轮值制，各成员企业轮流担任理事长。理事长任期两年，理事会每半年召开一次。理事会下设秘书处，负责联盟的日常事务，秘书长单位应常设办事机构并安排专业人员负责联盟相关工作，目前该联盟秘书处设在长城战略。

中关村下一代互联网产业联盟是一个门槛较低的开放性联盟，其成员主要来自北京地区，该联盟通常要求加盟企业是中关村地区的 CNGI（中国下一代互联网示范工程）中标企业；注册资金在 1000 万元以上的高新企业。联盟的独特之处就是行政工作委托给第三方机构——长城战略。长城战略是联盟的成员单位，联盟可依附长城战略运作。而长城战略通过联盟能够获得政府的直接支持，与政府建立长期战略合作关系，也能够与各联盟成员保持密切联系，有利于自身的发展。

3. 主要工作与成效

中关村下一代互联网产业联盟主要是利用中关村地区科研机构、高等院校、企业集中的优势，形成在应用、测试、科研和人才引进等多个层面的合作，发挥联合特点逐步形成产学研创新体系，并渗透到下一代互联网产业链上。2008年年末，联盟理事长单位——北京天地互连信息技术有限公司，被评为中关村标准化示范区第二批试点企业，这进一步提高了联盟及其成员开展下一代互联网标准化工作的积极性。

1）中关村下一代互联网产业联盟在北京市政府的大力支持下，通过整体产业链内各企业的相互协作，形成整体解决方案。例如，为了使下一代互联网技术更好地应用到科技奥运中去，各联盟成员进行分工协作，发挥自身优势，共同制定标准。中关村下一代互联网产业联盟相关企业在全球首次实现将"传感器"和 IPv6 技术结合并全面服务于 2008 年北京奥运会。天地互连、中国网通等承担的"奥运会视频监控"，大用软件公司、北京市交通委信息中心承担的"北京市智能交通"，搜狐公司、清华大学、航天信息股份公司北京航天金卡分公司承担的"RFID 追溯奥运食品管理"等项目的成功运作在国内外产生重大影响。目前北京已经实现了对重点环节的视频监控，对上千部高用电量电表进行统一监控和分布式管理，形成了覆盖食品生产、流通、销售等各个环节的食品检测网络，实现了对空气质量的检测和报告等。这些具体应用中都使用了物联网技术。

2）中关村下一代互联网产业联盟通过承担国家科技重大专项来加强产业链协作及标准的创新。2005 年，联盟积极组织企业申报国家发展和改革委员会联合其他部委发布的《下一代互联网业务试商用及设备产业化专项》项目。联盟相关单位承担了 40% 以上的相关国家科技重大专项，有效促进了企业及产业的发展。此外，联盟成员在执行项目的过程中，专门成立了标准组，制定闪联标准中的 IPv6 国家标准——《信息设备资源共享协同服务（IGRS）基于 IPv6 的通讯协议标准》（20079540-T-469），同时以标准为技术参照，开发完成 IPv6 的闪联终端的原型产品，其包括家庭网关、视频监控、闪联电视、闪联媒体中心和闪联计算机、外设等智能设备。相关产品已在青岛、深圳等城市的多个智能小区进行试商用。

3）中关村下一代互联网产业联盟通过国际合作交流，带动了产业核心竞争力的提高。2006 年联盟成立了国际化工作组，制定联盟国际化战略。联盟先后和 IEC（国际电工委员会）、IETF（国际互联网工程组织）、IEEE（电气和电子工程师协会）、ITU、全球 IPv6 论坛等国际标准组织建立联系，通过项目合作的方式推进开展下一代互联网等相关领域标准的制定。同时联盟理事长刘东也成为 ITU-IPv6 工作组专家成员（唯一一个中国专家）。目前，联盟相关单位已在国家标准领域取得重大突破，如东土科技在工业用下一代互联网领域联合浙江大学已在 IEC 标准领域取得重大突破。清华大学的 IPv4/IPv6 过渡技术在 IETF 标准领域取得重大突破。

4）中关村下一代互联网产业联盟顺应未来发展趋势，开始把目光转向绿色节能服务领域。2009 年全球最大网络公司——思科公司的全球 CEO 专程来华宣布该公司将在中国市场投入 10 亿美元，重点销售思科公司的绿色节能下一代互联网解决方案。2008 年年底，联盟专门成立了相关研究工作组，同时联合国际相关标准组织 IEEE/IEC 制定相关国际标准。

四、结论与启示

1. 市场合作联盟的主体往往是中小企业

市场合作联盟成立的动因是中小企业没有能力开拓市场，因此市场合作联盟的主体往往是中小企业。比如，中关村软件企业出口联盟是中关村软件园等根据国家和北京市对国家软件产业基地的要求，为促进我国软件产业发展，积极推进北京市软件出口，联合发起成立的。ABO 联盟是中国第一家致力于生物技术外包服务的、非营利性的产业技术联盟，解决了很多中小企业出口医药难的问题。

2. 市场合作联盟是企业增强市场开拓能力的必要手段

企业的技术创新活动是一个连续的过程，在经历了技术研发过程后，最终要面临同样关键的环节——技术商品市场化。促进新技术进入新市场是每项技术活动最后都不能逃避的考验。然而新产品被消费者认可和接受需要发达的销售网络与营销力量，并非所有的产品开发企业都具有这样的实力。新产品新业务对每一个企业来说都是陌生的，具有很大的风险。企业自身也常常受其技术、资源、能力等的限制，不得不中断技术创新活动，使新技术市场化进程停滞。与相关企业建立市场合作联盟，可以弥补自身资源不足，避开市场壁垒，借助联盟伙伴的力量进行产品、技术及市场的拓展。市场合作联盟向开发企业提供了一条借助其他企业销售网络快速实现新产品商品化的有效途径。典型的例子就是 IBM 公司在不同的技术领域和东芝、西门子、Inter 等公司共建的市场合作联盟。IBM 公司通过市场合作联盟拓展了其产品及业务的范围，开拓了新市场。

第五节　创新服务联盟

从国外产业技术联盟的发展和我国产业技术联盟的实践来看，政府都以各种方式推动了产业技术联盟。例如，美国、英国、日本等国的政府通过实施一系列项目来引导、协调、控制产业技术联盟朝着有利于国家经济发展的方向发展。我国产业技术联盟的发展刚刚起步，更需要政府的正确引导。近几年来，北京市政府相继出台了一系列针对产业技术联盟的政策：积极支持科技中介服务机构、行业协会、骨干企业等负责牵头联盟的构建和运作，依托牵头单位制定联盟的发展思路和方向；明确了政府支持产业技术联盟开展的主要工作，提出了配套资金额度、贷款贴息比例以及专利申请补贴等具体规定；采取政府采购等措施，加速自主创新产品的推广应用，提高联盟企业的创新积极性。同时，北京市政府还引导成立了一批创新服务联盟，如北京数控装备创新联盟、北京新药创制产学研联盟、北京协同创新服务联盟等。目前这类联盟数量占北京地区产业技术联盟总数的近 1/5。这类联盟为企业技术创新活动提供了良好的服务，成为政府服务中小企业的重要途径，成为首都创新型城市建设和创新体系建设的重要支撑，同时也是北京地区产业技术联盟的一大特色。

一、北京材料分析测试服务联盟

1. 成立背景及发展概况

新材料产业是我国重点支持发展的五大高新技术产业之一。2003 年，北京新材料产业的增长率达 15.7%，这是北京持续保持较高增长速度的高新技术产业之一。据了解，在北京新材料产业中，60% 是中小规模创新型的企业。这些企业在产业中最具活力和发展潜力，它们的市场潜力很大，但由于信息不畅、检测成本过高或不了解自身产品该如何进行检测，约 60% 的中小企业还没有形成自己的检测力量。这严重影响了这些企业产品的市场竞争力和企业自身的技术创新能力，在一定程度上制约着北京新材料产业的整体持续发展。

另外，北京虽然拥有众多科研院所和高等院校，能够提供材料测试服务的机构有百余家，但是上规模的测试机构不多，大部分都存在测试能力不强、自主开发能力弱等缺点，测试机构之间也缺乏必要的交流与合作。我国加入 WTO 以后，检测市场开始对外开放，数千家国内检测机构和众多国外检测机构平等参与竞争。如何增强国内特别是北京分析测试机构的竞争力，成为测试行业发展的重中之重。为了及时有效地支持北京市科技研究和企业的创新活动，为科技成果转化和产业化提供基础支撑和服务手段，创造一个良好的科技投资环境，北京市科学技术委员会全力推进成立了北京材料分析测试服务联盟。

北京材料分析测试服务联盟成立于 2004 年，由 18 家会员单位组成，联盟汇集了北京地区材料分析测试领域具有雄厚实力的、权威的相关机构，是国内首个由政府、科研机构、企业等共同组建的材料分析测试服务平台。

北京材料分析测试服务联盟成立后紧紧围绕发展北京和服务全国的重大需求，大力开展能力建设、科技创新建设，加强联盟内部的交流与交往。联盟以市场为导向，整合优势资源，提升各联盟成员的材料分析测试能力和水平，以发展成为国内材料分析测试服务领域的权威组织为目标，持续致力于北京材料分析测试服务品牌的建设。联盟成员多年来承担了大量由政府委托的监督检查、生产许可证发放、强制性认证等任务，同时接受了大量的社会各方的委托检验与验货等任务，与国外知名检验及标准机构有良好的合作关系，并为政府机构、国内外采购商、国内外供应商、生产商及商业组织提供了良好的质量检验、验货、计量及其他技术服务。服务范围涵盖了钢铁材料、有色金属材料、非金属材料、电子材料、建筑材料、化工新材料、生物医药制品等多个领域。

2. 组织管理

北京材料分析测试服务联盟是在政府推动下成立的非营利性机构，采用成员大会-理事会-秘书处的治理方式。联盟的产业促进部设在秘书处，承担联盟全部的日常工作，包括联盟网站建设、联盟西部行、联盟分支机构建设、国际交流与合作等。秘书处还非常重视制度化建设，制定了一系列的管理考核办法。为提升联盟的网络信息化水平，促进各联盟成员之间的信息沟通与联络，秘书处制定了《北京材料分析测试服务联盟网络平台信息上报机制》。在联盟的内部建设方面，秘书处制定了《北京材料分析测试服务联盟日常工作绩效考评办法（草案）》（征求意见稿），以更好地激励各联盟成员，推动联盟的制度化、规范化建设。

联盟成员仅限于北京地区企业，门槛较高。联盟研发经费来源包括政府资助、联盟企业按比例出资、委托项目研发费等，日常运作费用主要来自会费。联盟经费支出主要用于宣传、培训、学习交流活动、内部研发、市场运作、市场推广等。

联盟自成立以来十分重视人才培养，多年来坚持实施检测产业专业人才培训、培养计划。通过培训来促进联盟内部人员之间的技术交流，促进各领域科技和检测技术的发展。

3. 机制创新

北京材料分析测试服务联盟是新材料领域科技条件平台的重要组成部分。作为首都科技条件平台四大领域子平台之一，由北京新材料发展中心牵头组织的新材料领域科技条件平台，以测试联盟为抓手，一方面不断深化科技条件平台建设，提升材料领域科技条件支撑能力，另一方面大力发展北京分析测试服务业，为建立北京测试品牌发挥着积极的作用。据悉，截至 2009 年 5 月，新材料领域科技条件平台共提供 3816 项研发实验服务，签订服务合同总金额达 8312.26 万元，服务客户总数达 5696 家。北京材料分析测试服务联盟是北京地区成立较早的联盟之一，纵观联盟发展过程，其创新做法包括如下三个方面。

1）"北京科技大学模式"的建立与应用。当国内仍有许多高等院校重点实验室的仪器、设备在"沉睡"，许多高等院校科研人员为不能"全天候"使用实验室而苦恼的时候，北京材料分析测试服务联盟创新试点——北京科技大学分析检验中心做出了有益探索。在北京市科学技术委员会的大力支持下，北京科技大学分析检验中心将分析测试仪器进行集中，并向社会开放，通过对外服务实现了学校科技资源的市场化，提供具有行业特色的科技服务和创新服务，支撑首都现代服务业的发展。据初步统计，2008 年，北京科技大学设备平均机时利用率由 2005 年（试点前）的 40% 提高到 73%，服务收入从 80 多万元增加到 450 多万元，服务客户 620 家，发出报告 2300 份，测试服务在帮助企业成为技术创新主体的过程中发挥了重要作用。

2）北京建筑材料科学研究总院下属有三个北京市级的质检站和两个国家级的质检中心，也就是所谓的"三站两中心"。"三站两中心"在地域比较分散，人员和仪器设备利用不充分，个别业务还有交叉，在为客户提供高效服务方面还存在很大的不足。针对这样的情况，"三站两中心"在联盟的推动下，将其现有的检测资源进行物理上的聚集，并且进行业务上的重组，形成北京建材领域一体化的质检服务平台，为客户提供"一站式"的服务，成为内部资源整合的典型案例。通过机制创新试点以后，北京建筑材料科学研究总院的设备利用率从原来的80％提高到95％，设备几乎是饱和使用。

3）依托安泰科技技术股份有限公司的测试资源，成立了永丰国家新材料产业基地。入住永丰国家新材料产业基地（简称永丰基地）的许多新材料领域的中小企业，对科技条件的需求非常强烈，但由于种种原因永丰基地不能提供相关的服务。针对这样的情况，在北京市科学技术委员会的支持下，北京材料分析测试服务联盟促成了入住永丰基地的新材料上市企业——安泰科技技术股份有限公司的分析中心和永丰基地的管理中心的合作，组建了一个第三方实验室，这个第三方实验室对永丰基地的入住企业乃至全社会提供开放式的服务。这个试点工作不仅满足了入住永丰基地企业的实际需求，还改善了永丰基地公共技术支撑条件，营造了良好的创业条件环境，为中关村新材料产业的发展提供了支撑。

二、北京新药创制产学研联盟

1. 成立背景及发展概况

北京市医药产业发展一度存在两个主要问题：一是成果转化期投入不足，致使许多优秀科研成果外流；二是市场导入期政策引导力度不足，导致市场占有率普遍不高。

为加强科研院所与北京生物医药企业的深层次合作，真正建立以企业为主体的北京新药创新体系，在北京市科学技术委员会的组织下，2009年7月，北京大学与北京医药集团有限责任公司、北京同仁堂（集团）有限责任公司等9家企业，以及北京经济技术开发区管理委员会、北京生物技术和新医药产业促进中心、中国生物技术创新服务联盟、北京医药行业协会、北京中关村生物工程和新医药企业协会等组织共同发起成立了北京新药创制产学研联盟，联盟秘书处设在北京生物技术和新医药产业促进中心，负责联盟各方的沟通、协调工作，推动联盟建设（北京生物技术和新医药产业促进中心，2009b）。

北京新药创制产学研联盟成立后吸纳了一些应用部门和用户，使联盟内部的科技成果和用户需求实现对接，完善了产学研对接的上下游体系。目前，北京大学医学部已遴选出 22 个重大品种，北京世桥生物制药有限公司已就其中的抗肿瘤药物紫杉醇微乳注射液和眼玻璃体内注射用环孢素微球制剂 2 个品种与北京大学医学部签署合作开发协议；北京红惠新医药科技有限公司也已就新型肽类抗血栓药——凝血因子 Xa（FXa）抑制剂与北京大学医学部达成合作意向，将共同开展工艺放大、纯化制备等研究。

2. 发展定位

北京新药创制产学研联盟的基本定位是建立产学研合作的新药研发体系，促进成果的转化和落地。联盟以国家建设中关村自主创新示范区、重大新药创制专项启动等重大机遇为契机，以开放共享、标准提升、尊重知识产权为原则，全面整合北京地区科技资源，在完善新药中试平台、建立临床研究指导中心的基础上，推进一批创新品种的研发，提高北京地区科技资源使用效率，促进优势成果落地北京，提升企业自主创新能力。

3. 政府作用

为落实"北京市落实国务院《促进生物产业加快发展的若干政策》实施意见"提出的设立生物产业专项引导资金，加大对生物产业的支持力度的要求，以及为努力实现北京生物医药产业向支柱产业发展的目标，北京市科学技术委员会特设立生物医药专项，加大对生物医药产业科技创新的支持。

该专项下设四个重点项目，其中医药重大品种产业化开发、医药重大品种临床研究、医药重大品种临床前研究三个项目以北京新药创制产学研联盟为资源整合的手段，促进企业和科研院所合作，保障新药成果在北京落地转化，吸引机构、项目来京发展，快速形成增量，扩大北京生物医药产业规模。

医药重大品种产业化开发项目以北京、骨干企业为主体，结合北京生物医药重大产品目录，招投标与定向相结合，筛选 10～15 个即将产业化的市场需求量大、市场占有率高或增长潜力大、附加值高、对治疗疾病具有确切疗效的重大医药品种，开展产业化相关研究，推动其迅速形成产值，扩大市场规模。

医药重大品种临床研究项目以企业为主体，快速推进重大品种的临床研究，探索企业和医院结合、合作开展临床研究的新模式，以加快重大品种的产业化进程。其以北京大学为核心，整合北京大学医学部下属 7 家临床机构资源，建立临床研究服务中心，承接科研院所与企业合作开发新药的项目，形成面向社会的临床研究服务能力，创造良好的临床研究服务环境。

医药重大品种临床前研究项目主要支持疗效确切、市场前景好、拥有自主知识产权的创新药物的开发，开展临床前研究开发，实现关键技术突破，推动新药物获得临床批件，提升企业创新能力；同时围绕北京新药创制产学研联盟建设，鼓励科研院所产品与企业结合，实现创新品种落地的目的。

三、北京协同创新服务联盟

1. 成立背景与发展概况

北京协同创新服务联盟是在北京市委、市政府的领导下，北京市科学技术委员会的支持下，由北京技术交易促进中心牵头，联合科技中介服务机构和其他科技资源机构组成的综合性创新服务组织；是政府引导下调动社会创新服务资源，通过市场化运作形成的新机制下的协同创新服务组织；是创新服务的集散地。联盟围绕企业的创新需求提供全方位、深层次、专业化的服务。

该联盟形成了较完善的工作机制，成员达 162 个，累计为企业开展各类创新服务千余项，已成为一支高质量的社会化服务团队。联盟将在现有工作基础上进一步探索研究市场化运作机制，增强服务信誉、提高服务质量，逐步将联盟打造成为高效务实的"业务联盟、战略联盟、信用联盟"。

2. 组织管理

联盟办公室为联盟办事机构，设在北京技术交易促进中心，负责联盟的管理和日常工作的组织与协调。

联盟成员为联盟的服务商，分为中介服务盟员和资源供给盟员，主要包括技术转移服务机构、科技咨询机构、资产评估机构、财务服务机构、法律服务机构和知识产权服务等各类专业服务机构，以及孵化器、大学科技园、高等院校、科研院所、研发服务机构、创业投资机构、金融服务机构等。联盟成员充分发挥各自优势，协同为企业的创新提供服务。

专家团队为联盟的服务支撑团队，包括各类技术人才和经营管理人才，为企业创新提供相关咨询服务。

3. 联盟的四大优势

资源优势。北京协同创新服务联盟的成立，有效促进了资源的整合和各类信息资源库的形成。信息资源库主要包括政府资源、行业资源、技术资源、企业创新需求资源、人才资源、信息资源、品牌资源等，形成了联盟为企业创新需求提供服务的核心能力。

政府支撑优势。北京协同创新服务联盟得到了北京市委、市政府领导的高度重视，在北京市科学技术委员会的支持和领导下，北京技术交易促进中心经过多年的业务积累，发挥其政府背景的优势，建立了多层次的合作网络体系，并与大专院校、科研院所及行业协会建立了长期合作关系。

信息平台优势。中国技术交易网以其在业内的知名度，获得了较高的浏览率，建立了丰富的项目库，并正在建设联盟网站，为联盟成员提供形象展示、信息查询、业务协同交流的平台。同时，北京技术交易促进中心利用短信服务平台实现了网上展示和网下服务的有机结合，提高了网络信息扩散的效率，为联盟成员提供了更加方便快捷的信息服务。

品牌价值优势。北京协同创新服务联盟申请注册了"北京协同创新服务联盟"证明商标，并通过系列管理文件和质量标准，保证联盟的服务质量，维护联盟的信誉和诚信度。同时，联盟各类成员在行业内都具有较高的知名度和影响力，具有丰富的实践经验和成功案例，信誉度高、责任感强，联盟的品牌价值逐步得到行业内外的广泛认可。

4. 联盟服务内容

技术转移服务：技术集成与经营、技术经纪、技术投融资咨询、研发服务、科研条件服务、技术评估、技术评价等服务。

管理咨询服务：自主品牌与知识产权建设咨询、企业体制改革咨询、企业管理与发展咨询、市场信息与营销咨询等服务。

专业咨询和代理服务：法律咨询服务、知识产权代理、工商登记注册、认证代理服务、资产评估服务等。

信息服务：组织各种形式的项目对接交流与成果展示交易会，并通过中国技术交易网、联盟网站、短信服务平台，实现项目信息的上传下载、交流互动。

其他服务：技术合同登记、国有产权经纪、政府资金申报咨询及相关科技政策咨询等服务。

5. 联盟成效

（1）联盟培育技术转移创新服务队伍

在北京市科学技术委员会的领导与支持下，2009年北京协同创新服务联盟在成员数量、质量、服务能力、运作模式等方面都得到了快速的发展，联盟成员达162个。联盟与国内多个重点开展技术转移服务的联盟形成了紧密的合作关系，共同推动了奥运蔬菜成果在当地的转化实施，并开展了大量的交流对接等活动。联盟还与上海、天津、浙江、广东、江苏、甘肃、云南、河南、湖北、广西、江西、辽宁等省（自治区、直辖市）的相关部门开展了不同程度的合作与交流，初步形成了跨区域的技术转移合作网络。

联盟组织核心成员对长效运营机制进行了深入研讨，明确了联盟公益性与市场化相结合的定位和发展方向，提出围绕重点产业设立不同的服务主题和主题计划，在主题引导下整合行业资源，组织联盟成员协同开展服务，促进联盟及联盟成员的发展；同时，加强政策研究，培育一批综合服务能力强、业绩显著、模式明确的科技中介服务机构，使其成为技术转移行业的引擎和龙头，促进技术转移行业整体的繁荣发展。

联盟对联盟网站、数据库、短信平台三位一体的信息化服务平台进行了完善和优化。根据业务需要和网站使用过程中出现的问题对联盟网站进行了有针对性的升级改版，并及时上传和更新网站信息，维护网站的日常运行。据不完全统计，2009年网站累计发布项目供需、政策服务类信息1800多条；利用短信平台向企业和盟员机构发送科技政策、活动通知、项目供需等信息82 193条，为6000多家次企业及时提供了科技信息服务。

联盟2009年1~10月共组织各种活动47次，推动联盟成员开展技术转移服务项目2973项，促成技术交易额21.59亿元；推动联盟成员开展专业化服务10 356项；为6000多家次企业提供了科技信息服务，发送科技短信82 000多条，促进成员提供各类知识产权相关服务业务8000余件。通过组织活动及深层次为企业提供服务，推动了企业的创新发展，同时也增强了联盟的综合服务能力。

（2）探索科技资源向区县辐射的有效服务模式

联盟通过与各区县的交流，尤其是与密云、门头沟、大兴、房山、通州五个试点区县的深入合作，筛选出50家农业技术转移服务机构，推动密云县等建立了区县产业联盟、服务联盟，并纳入联盟的体系进行管理，形成了区县自身的服务队伍，初步构建了北京科学技术委员会指导、与区县北京科学技术委员会紧密合作、联盟成员和区县优秀中介服务机构有效参与的工作体系和服务体系。

联盟通过建设农业技术转移服务平台，为区县机构、企业提供宣传推广平台，实现科技信息和专业服务进乡入村落户，提高了联盟服务区县的效率。

联盟依托北京协同创新服务联盟，实施技术对接资本"桥"计划、区县重点产业"兴"计划，针对区县企业需求，组织联盟成员开展服务，在促进区县重点产业发展的同时，探索了科技资源向区县辐射的有效服务模式。

（3）推进中国科学院专利成果转化平台建设

按照北京市科学技术委员会和中国科学院北京分院共建"中国科学院专利成果转化平台"的精神，北京技术交易促进中心与中国科学院北京国家技术转移中心形成平台工作小组，共同开展相关工作。2009年，平台工作小组对中国科学院京区34个研究所及有关单位进行了"专利成果转移转化政策及培训需求"问卷调查，并将企业需求与联盟的服务进行了有效的对接，为企业提供了咨询等服务。对中国科学院计算技术研究所、自动化研究所、理化技术研究所和过程工程研究所展开重点调研，并形成了报告；引进PatentEX专利信息创新平台，对中国科学院33 253件申请专利、19 097件授权专利和9901件有效专利进行了IPC类别分析梳理；启动了"专利、技术创新和专利战略应用"等知识产权培训系列活动。

（4）探索建立以联盟为核心的北京创新驿站服务体系

联盟积极承接国家新型技术转移服务体系建设工作，使北京技术交易促进中心成为科学技术部推动的"中国创新驿站"和"全国技术交易服务联盟"建设的主要参与单位之一。

联盟充分发挥自身的优势，在科学技术部火炬中心的指导下，积极开展中国创新驿站标准化体系研究和全国技术交易服务联盟区域联盟运营试点工作；对国内外中介服务联盟、欧盟创新驿站等进行了研究与分析，在此基础上，正在探索建立以北京协同创新服务联盟为核心的北京创新驿站服务体系，体系的进一步完善将为"2812科技北京建设工程"提供更有力的支撑，更好地服务于企业的创新需求。

（5）积极组织实施奥运农业科技成果向外省市辐射推广

根据北京市科学技术委员会的统一部署，北京技术交易促进中心与北京市农林科学院共同承担了奥运农业科技成果推广工作，共筛选整理出奥运蔬菜143个优良品种、13项新技术、3项新产品对外推广，编制了10项奥运蔬菜技术标准，为各地种植提供参考。北京技术交易促进中心以奥运蔬菜推广为切入点，在全国范围内积极推广奥运科技成果转化，已在全国11个省市开展了奥运蔬菜品种的试种及示范推广工作，分别与各地方科技主管部门、农业科技园区、技术转移服务机构等合作单位签署"奥运蔬菜类推广转移合作协议"11项及"非奥运蔬菜类推广转移合作协议"25项，共推广奥运蔬菜120大类185个品种，种植面积1200多亩[①]。

四、首都新农村建设科技创新服务联盟

1. 成立背景与发展概况

当前农业领域科技问题日益需要综合解决、联合攻关；攻关成果需要社会共享、推广应用；农业科技项目多属公益性，而政府推动这些公益性项目和市场机制相结合，需要寻求新的抓手。联盟这一新型产业组织形式不仅能够有效解决上述问题，还能够整合产业上中下游资源，增强企业市场竞争力和自主创新能力，促进科研院所成果转化。2009年7月13日，北京市科学技术委员会组织农村领域的骨干企业、科研院所、高等院校、相关政府部门，以及服务机构

---

① 1亩≈666.67平方米。

等超过 100 家单位共同构建的首都新农村建设科技创新服务联盟正式成立。

在"保增长、保稳定、保民生",北京率先实现城乡经济社会发展一体化新格局工作的总体要求下,在发展北京都市型现代农业,有效贯彻落实"科技北京行动计划 2009~2012 年"的目标指引下,首都新农村建设科技创新服务联盟着眼于首都"三农"(农业、农村、农民)发展长远性和根本性的突破,坚持"政府搭台、企业主体、市场机制、共同发展"和"平等、发展、互惠、共赢"的原则构建。它是一个面向"三农"的科技创新服务联盟体系,由首都食品安全科技服务联盟、首都农产品加工科技创新服务联盟、首都籽种产业发展科技服务联盟、首都设施农业技术创新服务联盟、北京农村水环境治理创新服务联盟共同构成。各联盟分别在籽种产业发展、食品安全科技支撑、农村水环境治理、农产品加工技术支持、设施农业生产能力提升等方面开展工作,用主题工作组的方式推进工作,提升农村科技工作的整体水平。

该联盟主要工作内容如下。

1)整合首都优势资源。通过科技与"三农"的结合、创新与应用的结合、上游与下游的结合,强化都市农业产业链条的地区优势环节,提升行业整体竞争能力。

2)提供有效的公共服务。建立科技创新服务平台,通过对"三农"领域共性技术的大力支持,引导建立并加强都市型现代农业产业集群,提高产业集群的科技创新能力,进而形成强有力的科技创新系统,提升产业竞争优势,拉动经济的增长。

3)联合进行技术攻关、拟定行业标准、形成首都"三农"领域产业发展的整体优势,解决新农村建设和农业产业化过程中的重大、关键技术问题,形成拥有自主知识产权的技术支撑体系。

4)开展首都新农村的科技支撑战略研究,制定科技发展规划,充分发挥科技对产业的支撑和推动作用。

5)搭建企业界、科技界、市场之间沟通的信息平台,为政府的科学决策、企业核心竞争力的提升、科研院所的技术产业化提供有效支撑。

6)组织开展首都新农村建设相关的科技咨询、知识产权保护、人才引进与技术培训、宣传与成果推广、研讨交流、会议展览等科技服务,促进产学研之间的行业交流与协作配套（北京市科学技术委员会农村发展中心，2009）。

2. 联盟组织框架

该联盟是首都食品安全科技服务联盟、首都农产品加工科技创新服务联盟、首都籽种产业发展科技服务联盟、首都设施农业技术创新服务联盟、北京农村水环境治理创新服务联盟的总称（图 8-7）。联盟采取成员大会-理事会-秘书处的治理方式。

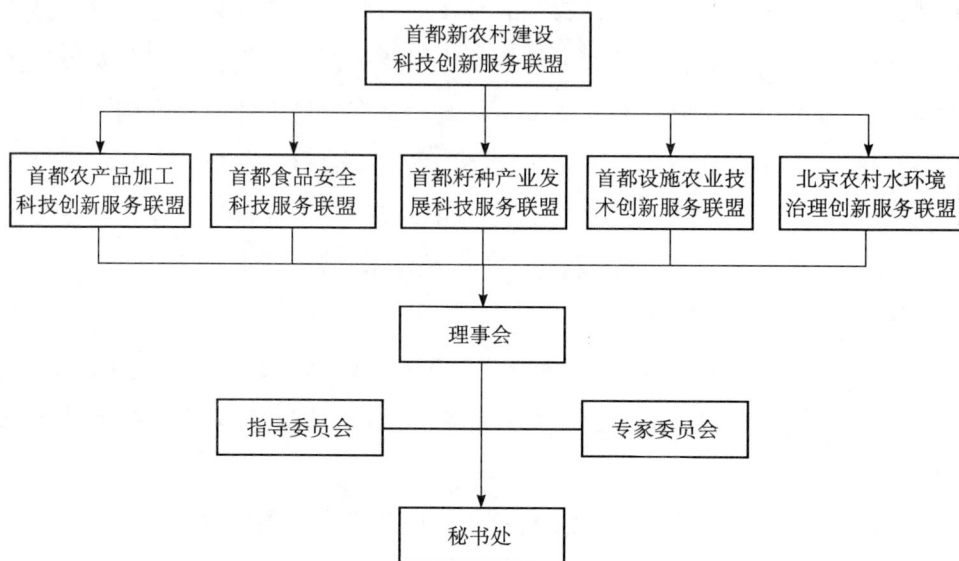

图 8-7 联盟组织框架图

3. 五个创新服务联盟概况

（1）首都农产品加工科技创新服务联盟

首都农产品加工科技创新服务联盟是在技术驱动下自发成立的组织，受到了北京市政府有关部门的支持。联盟是由从事农产品加工技术研发、应用和推广的骨干企业、科研院所和科技服务机构等单位，本着"自愿、平等、互利、共赢"的原则，联合发起成立的产学研介相结合的新型组织。目前成员数达25个，其中企业16家、科研机构5家、高等院校3所、第三方机构1家。北京首都农业集团有限公司为该联盟的理事长单位。

首都农产品加工科技创新服务联盟是一个非营利机构，主要面向北京地区，门槛较高。采取成员大会-理事会-秘书处的治理方式，日常运作经费主要来自会费。

主要工作包括：①建立农产品加工技术研发平台。对现有的开放实验室和中试基地进行有效整合，实现人才资源、设备资源、信息资源的充分共享。②开展需求对接和技术推广服务。一方面，在联盟成员内部上下游企业间开展需求对接服务，降低企业成本，发挥产业链集群作用；另一方面，通过推荐成员企业参与农产品展示、展销会，帮助其开拓区域和行业市场，对单个产品提供营销咨询服务，协调组织联合采购等。③行业标准化研究及推广应用。研究并提出农产品加工的技术规范及标准，提升京郊企业在国内外市场中的竞争地位；建立食品安全检测服务平台，针对食品加工的产前、产中和产后环节提供检测服务。④形成并推广农产品加工技术解决方案。面向市场需求，将产品研发、技术咨询、技术转让和技术服务进行打包集成，形成可以直接推广应用的技术解决方案。⑤建立人才培养基地。在联盟的成员企业内建立信息传递渠道和培训网络，最大范围地发挥联盟在技术咨询和人才培训方面的优势和作用，构建高效的人才培养模式。

（2）首都食品安全科技服务联盟

首都食品安全科技服务联盟是在政府支持和技术驱动下成立的，主要以完善产业链协作为目标，由从事食品安全生产、加工、储运、流通等方面的龙头企业、科研院所、高等院校、科技服务机构发起组建，通过构建"从农田到餐桌"全程的农产品安全生产技术支撑体系和科技服务体系，保障首都食品安全生产。目前，联盟成员数从最初的22个增至50个，其中企业32家、科研机构15家、高等院校3所。理事长单位为国家食品质量安全监督检验中心。

首都食品安全科技服务联盟是非营利性机构，主要面向北京地区，门槛较高。采取理事会-秘书处的治理方式，研发经费主要来自项目委托，目前暂时不收取会费。

首都食品安全科技服务联盟主要工作包括：①推进食品安全生产源头的质量安全科技支撑体系与创新体系建设。②推进并完善食品安全生产与加工技术标准体系建设。③提供食品安全需求对接、技术推广及成果转化服务。④形成并推广食品安全全程控制解决方案。⑤逐步建设以检测技术和安全生产加工技术为特征的人才培养基地。⑥搭建食品安全相关的技术创新和服务平台。

（3）首都籽种产业科技创新服务联盟

首都籽种产业科技创新服务联盟在技术、政府、市场的混合驱动下自发成立，主要以完善产业链协作为目标，是由从事籽种研发、应用、推广和营销的龙头企业、高等院校、科研院所和科技服务机构等联合发起成立的一个产业科技创新服务组织。目前成员数为21个，其中企业10家、科研机构3家、高等院校3所、政府机构5家。理事长单位为北京种子管理站。

首都籽种产业科技创新服务联盟是非营利性机构，仅面向北京地区的企事业单位。采取成员大会-理事会-秘书处的治理方式，研发经费来自联盟企业按比例出资、政府资助，日常运作经费来自会费。

首都籽种产业科技创新服务联盟重点开展的工作包括：①凝聚、整合北京种质资源，建立国内外一流的首都种质资源创新中心。②围绕联盟成员籽种产业研发共性需求开展研发工作，完善以优势作物、蔬菜、林果花卉和畜禽水产新品种为核心的籽种产业技术体系。③组织开展籽种品种展示、培训和宣传工作，形成一批种业新品种试验研究、示范展示、繁育基地。④组织开展种业交易、信息发布、种业金融服务、产业论坛等工作，培育壮大首都籽种服务业。⑤开展新品种、新技术应用和产业化推广工作，加快京郊种业新品种更新换代，带动农民增收。⑥组织开展引进、消化吸收工作，自主创新研发一批保障新品种产业化的相关配套技术及装备。

（4）首都设施农业科技创新服务联盟

首都设施农业科技创新服务联盟是在北京市政府、北京市科学技术委员会等政府部门的倡导下，由从事设施农业相关技术研发、应用和推广工作的骨干企业、高等院校、科研院所和科技服务机构组成的。联盟的成立是落实科技北京行动计划，推进新农村建设，促进城乡一体化发展的重要举措。从联盟成员构成来看，企业11家、科研机构10家、高等院校5所、政府机构2家。联盟理事长单位为北京京鹏环球温室工程有限公司。

首都设施农业科技创新服务联盟是非营利性机构，完全对北京地区的企事业单位开放，采取成员大会-理事会-秘书处的治理方式。研发经费来源是政府资助和项目委托，日常运作经费来自项目管理费。

首都设施农业科技创新服务联盟主要工作如下：①研究制定设施农业相关

技术标准、规范。②组织开展设施农业种植新技术、新产品的联合研发，共同开拓市场。③探索研究具有区域特色的设施农业发展模式。④开展设施农业相关新技术、新产品的应用示范和产业化推广。⑤搭建设施农业科学技术创新和服务平台。

（5）北京农村水环境治理创新服务联盟

北京农村水环境治理创新服务联盟在政府的支持下成立，主要以合作研发关键技术为目标，是由京郊农村水环境治理领域从事技术研发、应用推广工作的骨干企业、高等院校、科研院所和科技服务机构等联合发起成立的产学研介相结合的新型组织。成员数达 20 个，其中企业 7 家、科研机构 4 家、高等院校 5 所、中介服务机构 4 家。联盟是一个非营利性机构，挂靠在行业协会下，凡是在北京注册成立的企事业单位均能加入，采取成员大会-理事会-秘书处的治理方式。

北京农村水环境治理创新服务联盟开展的工作如下：①政策研究，标准制定。配合政府相关职能部门，研究制定农村水环境治理的政策、标准、规范、体制、机制等，为政府提供决策参考；提出农村水环境治理的技术门槛和加盟条件，剔除不适合京郊实际需求的技术方案和企业。②需求分析，技术优选。对京郊农村水环境和水环境治理现状进行调研，梳理农村水环境治理现有技术，分析各项技术的不同特点、初始投资、运作成本、适用条件和应用效果，结合京郊农村当地环境要求、经济承受能力和现有基础，发挥专家委员会对技术方案的评估和推介作用，筛选和提炼出一批技术可行、经济合算的典型技术。③资源整合，技术集成。汇聚农村水环境治理领域的科技资源，如研发成果、产品、设备和服务等资源，将相关科技资源集成化，在此基础上整合形成符合需求的技术解决方案，使其成为可以大规模应用推广的技术框架或技术指南，为京郊农村水环境治理工程建设和运作提供实用好用、高可靠、低成本的技术方案。④搭建平台，供求对接工作。搭建农村水环境治理技术创新和服务平台，围绕农村水环境治理技术研发和应用，组织开展成果发布、技术推介、用户交流、宣传培训、研讨交流、会议展览等活动，向用户推介先进适用的技术、产品和设备，开展供求对接工作，使农村水环境治理技术更好地满足京郊农村的实际需求。⑤联合研发，建管并重。结合京郊农村不同的自然环境、地理条件和经济发展水平，将产学研相结合，联合开展先进适用技术的研发攻关，组织联盟成员开展技术和产品的示范验证和应用推广工作，加强工程的建设、运作、管理和维护全过程的支撑、服务和培训，树立灯塔示范效应，产生典型意义和广泛影响，为京郊农村污水处理工程的低成本建设和低费用运作发挥支撑和引领作用（北京市可持续发展科技促进中心，2009）。

五、结论与启示

1. 创新服务联盟通过资源整合加快了首都创新体系的构建

随着科技和市场经济的快速发展，影响创新的要素日趋复杂。例如，创新的动力逐渐由简单线性的技术推动向市场拉动、技术与市场耦合互动、集成并行，甚至网络化发展；创新的主体逐步从技术部门扩充到企业各职能部门乃至整个企业生态环境；服务也从单纯的技术取向转向更为多元的协同创新服务。

北京是科技资源和科技中介机构密集的城市，为了有效促进北京地区创新活动的发展，加强产学研之间的联系，在北京市政府的支持和指导下，一批创新服务联盟成立了，其数量约占北京地区产业技术联盟总数的20%。这些联盟通过整合首都科技方面的优势资源，联合众多科技机构，立足市场需求和企业需求，为创新型企业提供各类服务及技术解决方案，不仅提高了企业的创新能力，加快了高新技术产业化的进程，也逐步成为首都创新服务体系的重要组成部分。

2. 政府是北京创新服务联盟快速发展的直接推动力

目前，北京地区创新服务联盟绝大部分都是在政府的直接推动下成立的，联盟的秘书处大多设在政府下属的事业单位性质的科技中介服务机构。政府在联盟从筹备到成立、发展的过程中起到重要的促进和引导作用，给予了联盟不同程度的支持，如项目和资金支持、配备人员、提供培训和学习交流机会、政策支持等，政府还经常与联盟沟通，帮助联盟解决实际问题，引导联盟尽快找到适合自己发展的道路。

3. 创新服务联盟是政府资助科技项目的重要载体

创新服务联盟有利于产业科技资源的集中，产业共性、关键或前瞻性技术的开发，并且贴近市场需求，从而使政府主导的科技开发与市场需求实现有机结合。创新服务联盟所具有的创新主体合作特征，也有利于科技成果的推广和产业化，还有利于提高产业从业人员的知识水平，从总体上推动产业技术进步，促进政府支持科技研究的目的的实现。因此，创新服务联盟可以成为政府资助科技项目的重要载体。

4. 创新服务联盟是首都科技条件平台的重要组成部分

首都科技条件平台是为科技创新搭建的资源保障系统，是为科技活动、科技项目运作提供所需的共性技术与基础条件的资源服务平台，其强调科技服务于首都经济社会发展。目前，北京市在电子信息、生物医药、新材料、能源环保、技术转移、装备制造、工业设计七大领域建立了科技条件平台，在整合首都科技资源方面发挥了重要的作用，对全国各地都起到了示范作用。而北京材料分析测试服务联盟、ABO 联盟、数控装备创新联盟、北京协同创新服务联盟、北京新药创制产学研联盟等联盟正是首都科技条件平台的重要组成部分，在提高科技资源向社会的开放程度、共享程度与利用率，提升首都在全国科技创新中的地位，以及建设科技北京中发挥了重要的支撑作用。

参考文献

安广兴.2007.以科学发展观看我国产业联盟的可持续发展.经济论坛,（20）：70～73

北京生产力促进中心.2009.发挥联盟"高端联合"的优势,推进北京制造业向制造服务业转型.首都科技,（7）：23～26

北京生物技术和新医药产业促进中心.2009a.建立以企业为主体的医药创新体系,加快科技成果产业化.首都科技,（7）：37

北京生物技术和新医药产业促进中心.2009b.接轨国际标准,服务全球创新.首都科技,（7）：20,21

北京市可持续发展科技促进中心.2009.落实科技北京行动计划,以联盟方式促进农村科技工作.首都科技,（7）：38,39

北京市科学技术委员会.2011-04-29.加快"科技北京"发展建设,率先形成创新驱动发展格局.科技日报,08版

北京市科学技术委员会农村发展中心.2009.发挥首都农业科技资源优势,创新农村科技工作方式.首都科技,（7）：32～35

北京市闪联信息产业协会.2009.产业技术联盟——闪联模式研究.首都科技,（7）：41,45

北京数控装备创新联盟.2009.国内外联盟发展及典型案例分析.首都科技,（7）：46～48

曹志来.2007.横向战略联盟的形成与冲突——以北京"7+1"高科技饲料联合体为案例.财经问题研究,（10）：31～36

长风开放标准平台软件联盟.2009.引导产业集群创新,促进国产基础软件的发展.首都科技,（7）：13～17

陈宝明.2007.产业技术联盟：性质、作用与政府支持.中国科技论坛,（7）：34～37

陈宝明.2009-07-27.发挥产业技术联盟作用推动创新体系建设.中国高新技术产业导报,B3版

陈立泰,林川.2009.政府在产学研联盟中的角色及行为研究.科技管理研究,（7）：123～126

陈小洪,马骏.2007.袁东明.产业联盟与创新.北京：经济科学出版社

冯海红，王胜光．2008．产业技术联盟支持政策的国际经验与启示．工业技术经济，27（5）：65～67

郭丽斌，赵梅阳．2007．产业技术联盟的发展与探索．新材料产业，（5）：73～75

郭民生．2004．论知识产权经济．经济经纬，（6）：146～149

郭焱，张世英，郭彬等．2004．战略联盟形式选择实用策略．科学学与科学技术管理，25（2）：94～98

胡冬云．2010．产业技术创新联盟中的政府行为研究——以美国SEMATECH为例．科技管理研究，（18）：21～24

邝国良，王霞霞．2006．我国政府扶持型产业集群模式下技术扩散机制探讨．商场现代化，12月（下旬刊）：226，227

冷民．2008．北京产业技术联盟展现活力．科技潮，（4）：12～14

李红玲，钟书华．2001．我国企业技术联盟的现状及发展趋势．中国科技论坛，（2）：1～3

李红玲，钟书华．2002．企业技术联盟的组织形式及选择．科研管理，（9）：64～69

李钦．2004．战略联盟的形成及其演变．现代管理科学，（2）：62～64

李树强，刘方玉，杨晓梅．2007．产业技术联盟是企业创新发展的有效途径．科学与管理，（4）：33，34

李万斌．2008．产业技术联盟的成因与自主创新．创新科技，（6）：20，21

李伟，聂鸣，李顺才．2009．促进企业技术联盟发展的政府行为分析．中国科技论坛，（5）：53～58

李显君．2002．国富之源：企业竞争力．北京：企业管理出版社

李旭光．2008．企业核心竞争力的关键因素分析．辽宁大学学报（哲学社会科学版），36（5）：134～138

李云娥，丁娟．2007．美国企业技术创新战略联盟的发展与案例分析．生产力研究，（23）：92，93

李振华．2005．基于复杂性的企业协同竞争机制研究．天津：天津大学博士学位论文

刘建清．2002．战略联盟：资源学说的解释．中国软科学，（S）：48～53

刘旭东，赵娟．2009．产学研战略联盟可持续发展的运行机制研究．太原科技，（4）：32～34

罗炜，唐元虎．2001．合作创新与企业能力发展．科学学与科学技术管理，（9）：30～32

齐建英．2008．产业技术联盟信任机制不可或缺．创新科技，（8）：24，25

首藤信彦．1993．超越国际技术联合．世界经济评论，（8）：25～27

孙福全，王伟光，陈宝明等．2008．产学研合作创新：模式、机制与政策研究．北京：中国农业科学技术出版社

孙南申 . 2009-07-10. 技术创新市场失灵了怎么办 . 人民日报，07 版

王彬 . 2004. 企业联盟与企业技术创新的组织选择 . 经济体制改革，(1)：101～104

王德禄 . 2007. 国外产业联盟发展经验介绍 . 科技智囊，(E17)：6～16

王胜光，冯海红 . 2007. 产业技术联盟内涵及其发展背景研究——基于中关村产业技术联盟发
    展现状 . 科技与管理，(6)：1～4

王学杰 . 2005. 论政府规制与市场机制相结合 . 四川行政学院学报，(1)：1～4

吴萍 . 2008. 企业技术创新的技术联盟模式探讨 . 湖南：湖南师范大学硕士学位论文

吴松强，石岿然，郑垂勇 . 2008. 技术联盟创新效应研究综述 . 现代管理科学，(12)：76～77

吴松 . 2009. 日本支持与引导产业技术创新联盟的做法、经验与启示 . 全球科技经济瞭望，24
    (2)：15～21

辛瑶 . 2008. 企业技术联盟模式及其选择研究 . 山东：中国海洋大学硕士学位论文

许观玉，颜柏林 . 2007. 基于产业集群的视角对上海产学研联盟的思考 . 沿海企业与科技，
    (1)：149～151

闫傲霜 . 2010-08-26. 科技成果转化"北京模式"的探索与实践 . 科技日报，08 版

严清清，胡建绩 . 2007. 技术标准联盟及其支撑理论研究 . 研究与发展管理，19
    (1)：100～105

阎石 . 2010. 基于价值链的战略成本管理分析 . 商场现代化，12 月（上旬刊）：15

杨洁 . 1999. 企业创新论 . 北京：经济管理出版社，71～83

杨靖 . 2010-03-03. 构建创新体系强化政策引导 . 科技日报，06 版

张坚 . 2005. 自组织与企业技术联盟 . 工业技术经济，(7)：17

张义芳，翟立新 . 2008. 产学研研发联盟：国际经验及我国对策 . 科技管理，29 (3)：42～48

赵志泉 . 2009. 产业技术创新联盟的运行机制研究 . 创新科技，(4)：18，19

钟书华 . 2000. 我国企业技术联盟的组织行为 . 科技管理研究，(2)：24～26

钟书华 . 2003. 企业技术联盟的理论透视 . 华中科技大学学报，(5)：90

Chan P S，Hride D. 1993. Strategic alliances in technology：Key competitive weapon. SAM Ad-
    vanced Management Journal，58（4）：9～17

附录一　国外产业技术联盟相关政策一览表

国家或组织	时间	政策与措施	目的与意义
美国	1980 年	《技术创新法》	旨在建立公共和私营部门的各种合作伙伴关系，以提高美国公司在全球经济中的竞争力。技术创新政策包括小企业政策、知识产权政策、税收政策、政府采购政策、金融政策等
	1980 年	《拜杜法案》	为政府从政府参与的科研合作中获取经济收益提供了法律依据，并促进了官产学研之间的合作
	1984 年	《国家合作研究法案》（NCRA）	美国国会为了放宽反托拉斯法对相互竞争中的企业建立合作研究与开发的风险机构的约束。消除针对那些财团的三重损害赔偿金条款，限制了任何恢复实际赔偿金的法律行为；为产业技术联盟的蓬勃发展提供了政策依据
	1993 年	修正 1984 年的《国家合作研究法案》，出台《国家合作研究与生产法案》（NCRPA）	进一步减少对合作生产投机的反垄断障碍
		制订对新一代汽车进行合作开发的计划	通过合作，研究开发环境友好型汽车。一方面可以开发出低成本和高质量的制造工艺，开发面向未来的技术；另一方面，能够有效节约燃料和控制污染
	2000 年	竞争者合作的反托拉斯法准则	要求政府运用合理性原则，通过具体的市场集中率、市场进入壁垒及市场竞争程度，来判断产业技术联盟对相关市场的影响。在企业规模、市场结构的变化与创新活动水平之间建立了比较理想的平衡关系
	2004 年	《标准发展机构促进法》（SDOAA）	放松了对技术标准制定组织的反托拉斯限制
欧盟	1981 年	欧洲信息技术研究发展战略计划（ESPRIT）	旨在促进合作，加强产业的科技基础和提升产品的国际竞争力
	1984 年	四年科技发展框架计划（FWPs）	认为产业技术联盟是增强企业、高等院校和政府之间联系的纽带，对产学研合作提供政府支持；对关键性、基础性的竞争前技术研发合作活动提供政策支持

续表

国家或组织	时间	政策与措施	目的与意义
欧盟	1989 年	实施了旨在鼓励工业企业进行技术开发和使用科研成果的 VALUE 计划	为了鼓励企业利用科研成果特别设立了两项奖励
	1994 年	将 VALUE 计划和其他促进企业技术创新的规划纳入到第四个总体研究规划（1994~1998 年）	总预算高达 130 亿埃居。为了鼓励和支持企业参加，欧盟专门建立一个研究机构，还针对两个企业筹备合作时所需要的费用，提供部分补助，最高可达 45 000 埃居或全部费用的 75%
	1999 年年初	在第五个框架计划中制定了创新与中小企业专项计划	鼓励中小企业建立产业技术联盟。在提高中小企业参与研究、技术开发以及示范活动的能力方面该专项计划明确规定：开展合作研究行动，并给予特殊照顾，绝大多数限制都予以豁免。使中小企业能够发挥积极的创新作用，为中小企业参与第五个框架计划提供便利
	2002 年 12 月	在哥本哈根举行的欧盟首脑会议上，制定了一系列的政策和措施，加大对即将加盟的中、东欧 10 国的科技扶持力度	进一步推动东、西欧科技合作与交流，迎接中、东欧 10 国加盟。鼓励中、东欧企业间的合作；设立中、东欧中小企业参与欧盟框架计划研发活动"成果奖"；拨专款支持那些在合作研究中获得重要成果的优秀中小企业等。对今后欧盟的经济和科技发展具有重要意义（直接影响）
法国	1982 年 7 月	《研究与技术开发纲要指导法》	强调研究成果的推广应用和商业化，特别强调建立研究机构与企业合作的科研机制，勾画了多种研究机构与企业的合作模式（如公共利益集团、混合研究机构、经济利益集团等），并力促实施
	1997 ~ 1998 年	全国技术创新大会	支持公共科研成果转化，鼓励科技创新，鼓励创新型企业的创建。国家科学技术研究部际委员会会议批准建设科研与技术创新网络（2000 年已建成），鼓励公共科研机构和私营实验室在网络框架下联合开展科研工作
	2005 年	成立国家科研署（ANR）	进一步对科研和技术创新网络建设提供支持
	1999 年 6 月	《技术创新与科研法》	通过立法措施，促进公共科研机构与企业交流合作，加速科研成果转化
日本	1961 年	成立日本矿业和制造业技术研究公会	日本首个研究公会组织，是产业技术联盟的雏形
	1971 年	日本科学技术会议报告	产学官相结合的研究开发体制作为一项政策或制度被正式确定下来
	1986 年	《官民暂定合作研究制度》	促进形成官产学研发合作环境与制度
	1986 年	《促进研究交流法》	
	1998 年	《创造性科学技术推进制度》	
	1998 年	《下一代产业基础技术研发制度》	

国家或组织	时间	政策与措施	目的与意义
韩国	1967 年	《科学技术促进法》	为企业研发及技术创新奠定良好基础
		《工业技术开发促进法》	
		《特定研究机构支持法》	
		《技术发展促进法》	
	1981 年	《技术发展促进法修正案》	开始在企业研发以及产业技术联盟促进中发挥重要作用
	2001 年	《科学技术基本法》	规范韩国合作研究与产业技术联盟行为
	2004 年	修订了《政府组织法》和《科学技术基本法》	进一步提高了科技部的统筹协调能力。为从根本上保证科技创新工作的开展，韩国政府提出今后5年将科研投入翻一番的宏伟目标

附录二 科学技术部产业技术创新战略联盟试点单位名单

2010 年 1 月 8 日，根据科学技术部等六部委《关于推动产业技术创新战略联盟构建的指导意见》（国科发政〔2008〕770 号）、科学技术部《关于印发〈关于推动产业技术创新战略联盟构建与发展的实施办法（试行）〉的通知》（国科发政〔2009〕648 号）等文件精神，结合各领域推进产业技术创新战略联盟构建的进展情况，经研究决定在已成立的联盟中选择一批符合条件的联盟开展试点工作（附表1）。

附表 1　第一批试点联盟名单

编号	联盟名称
1	钢铁可循环流程技术创新战略联盟
2	新一代煤（能源）化工产业技术创新战略联盟
3	煤炭开发利用技术创新战略联盟
4	农业装备产业技术创新战略联盟
5	TD-SCDMA 产业技术创新战略联盟
6	数控机床高速精密化技术创新战略联盟
7	汽车轻量化技术创新战略联盟
8	抗生素产业技术创新战略联盟
9	维生素产业技术创新战略联盟
10	半导体照明产业技术创新战略联盟
11	长风开放标准平台软件联盟
12	高效节能铝电解技术创新战略联盟
13	大豆加工产业技术创新战略联盟
14	WAPI 产业技术创新战略联盟
15	闪联产业技术创新战略联盟
16	光纤接入（FTTx）产业技术创新战略联盟
17	有色金属钨及硬质合金技术创新战略联盟
18	化纤产业技术创新战略联盟
19	存储产业技术创新战略联盟
20	开源及基础软件通用技术创新战略联盟
21	多晶硅产业技术创新战略联盟
22	农药产业技术创新战略联盟
23	染料产业技术创新战略联盟
24	新一代纺织设备产业技术创新联盟
25	太阳能光热产业技术创新战略联盟
26	商用汽车与工程机械新能源动力系统产业技术创新战略联盟
27	茶产业技术创新战略联盟
28	杂交水稻产业技术创新战略联盟

编号	联盟名称
29	木竹产业技术创新战略联盟
30	柑橘加工产业技术创新战略联盟
31	油菜加工产业技术创新战略联盟
32	缓控释肥产业技术创新战略联盟
33	畜禽良种产业技术创新战略联盟
34	饲料产业技术创新战略联盟
35	肉类加工产业技术创新战略联盟
36	乳业产业技术创新战略联盟

2010 年 6 月 1 日发布《关于选择部分产业技术创新战略联盟开展试点工作的通知》(国科办政〔2010〕37 号),继续选择 20 个符合条件的产业技术创新战略联盟开展试点工作(附表 2)。

附表 2　第二批试点联盟名单

编号	联盟名称
1	长三角科学仪器产业技术创新战略联盟
2	集成电路封测产业链技术创新战略联盟
3	遥感数据处理与分析应用产业技术创新战略联盟
4	小卫星遥感系统产业技术创新战略联盟
5	航空遥感数据获取与服务技术创新联盟
6	电子贸易产业技术创新战略联盟
7	导航定位芯片与终端产业技术创新战略联盟
8	地理信息系统产业技术创新战略联盟
9	高值特种生物资源产业技术创新战略联盟
10	有色金属工业环境保护产业技术创新战略联盟
11	金属矿产资源综合与循环利用产业技术创新战略联盟
12	传染病诊断试剂产业技术创新战略联盟
13	医疗器械产业技术创新战略联盟
14	尾矿综合利用产业技术创新战略联盟
15	煤层气产业技术创新战略联盟
16	冶金矿产资源高效开发利用产业技术创新战略联盟
17	城市生物质燃气产业技术创新战略联盟
18	再生资源产业技术创新战略联盟
19	流感疫苗技术创新战略联盟
20	食品安全检测试剂和装备产业技术创新战略联盟

附录三　北京地区产业技术联盟基本情况一览表

序号	联盟名称	所属领域	成立时间	成员数量	备注
1	中国工业软件产业发展联盟	软件开发	2010年12月	—	中国工业软件产业发展联盟是在工业和信息部软件服务业司及北京、上海、浙江、辽宁、重庆、广东、陕西、大连等市经济和信息化委员会、工业和信息化厅的联合指导下，以行业应用和市场需求为切入点和根本动力，以工业软件各领域的解决方案研发企业、产业用户企业、地方主管部门为主体，建立起来的我国工业软件产业发展联盟
2	国产科学仪器设备应用示范战略联盟	仪器设备	2010年11月	49个	联盟成员包括中国科学院、中国检验检疫科学研究院、北京大学、清华大学等高等院校或科研院所13所，国家大型仪器中心5家，各地分析测试机构10家，我国科学仪器设备生产企业19家及中国仪表行业协会等共49家单位，以及关心国产科学仪器发展的共110余位各界人士
3	国际金属太阳能产业联盟	新能源	2010年11月	—	该联盟将为从中央到地方各地政府机构、各地房地产开发商提供服务，推荐优秀的太阳能热利用产品、供应商和以高效、耐用的太阳能热水系统为主的低碳高端整体解决方案；同时，也将主要精力用于推广推动国家相关标准与国际标准接轨，提高我国太阳能热利用行业的国际影响力
4	快堆产业化技术创新战略联盟	核电技术	2010年11月	—	由中核集团中国原子能科学研究院牵头，由多家高等院校、科研单位、装备制造和安装企业参加的快堆产业化技术创新战略联盟于2010年11月在京成立。这标志着我国第四代核电技术研发和产业化应用将全面提速
5	可持续新能源国际联盟	新能源汽车	2010年8月	6个	该联盟打破了国家和地域之间的界限，由中美两国在新能源发展领域的部分具有代表性的企业共同发起。加入联盟的企业和3家美国企业，包括IBM公司，AECOM公司，伊顿公司和福田汽车、中信国安盟固利公司以及大洋电机有限公司。这一联盟将致力于积聚联盟成员各方力核电技术研发和资源，从而为世界范围内的用户提供可持续的新交通系统解决方案
6	北京绿色印刷产业技术创新联盟	印刷技术	2010年8月	17个	为加速绿色制版技术、数字喷墨印刷等重大科技成果在京转化，北京市科学技术委员会组织北大方正、北人印刷、北京印刷学院、中国科学院化学研究所等17个北京地区的印刷企业、科研院所、高等院校共同发起成立北京绿色印刷产业技术创新联盟。该联盟以绿色印刷技术和数字喷墨印刷制版技术为两大抓手，着力打造首都绿色印刷产业链条

续表

序号	联盟名称	所属领域	成立时间	成员数量	备注
7	北京电子产品循环经济发展联盟	电子行业	2010年8月	—	该联盟由北京从事电子产品绿色设计、清洁生产、回收、鉴定及循环再利用等相关工作的企事业单位和机构共同参与。联盟致力于在北京市建设具有自主创新特色的电子产品循环经济体系，汇聚电子产品生产、研发、回收、检测与鉴别、物联网标识以及拆解处理等方面的重要企业和科研单位，共同研究并促进北京市电子产品循环经济体系新技术、新方案、新模式以及低碳社会建设与循环经济的有机结合
8	新能源汽车央企大联盟	新能源汽车	2010年8月	16个	国务院国资委在京成立央企电动车产业联盟。联盟由东风、长安等3家汽车非汽车制造的能源企业组成。央企电动车产业联盟为非营利性组织，下设理事会、秘书处，以及电驱动、电池、充电与服务三个专业委员会。该联盟的主要任务是建立推动电动车产业建立、统一产业技术标准，研发电动车新模式、新产品、新技术、新方案
9	数字出版联盟	文化创意产业	2010年7月	40多个	数字出版联盟主要包括内容与版权、技术两个分联盟，是开放的、非营利的行业组织，旨在广泛联合产业的有效营利模式，保护成员著作权人在数字版权方面的合法权益。促进国内数字出版内容的生产、销售以及版权交易体系的建立
10	中关村云计算产业联盟	IT	2010年7月	19个	由联想、赛尔网络、中国移动研究院、百度、神州数码、用友、金山、搜狐等19家单位发起成立。成立后的联盟以服务产业为导向，以共享资源为主线，以攻关技术为核心，联合北京云计算重点科研机构，争取政府产业政策支持，会聚产业链上下游资源，促进云计算产学研合作，带动全国云计算产业发展
11	数字视频产业技术创新战略联盟	文化创意产业	2010年6月	11个	是由北京数字视频交易中心、新奥特集团、中国科学院自动化研究所等11个数字视频产业发展的骨干企业科研院所发起成立的，旨在整合数字视频产业领域上下游资源，推动数字视频领域产学研结合的产业组织
12	北京动力电池产业联盟	新能源	2010年4月	20多个	联盟由中信国安盟固利新能源科技有限公司和北大先行科技产业有限公司共同发起，由北汽福田、长力联合、清华大学、中国科学院理化技术研究所等20多个北京动力电池产业链的技术合作，信息交流，优势互补，营造良好的产业发展环境。联盟的成立将整合产业链上下游资源，加强联盟成员间的自主技术和产业化能力；通过推动制定动力电池技术和产品标准，奠定北京在动力电池行业内的领先地位
13	生物质燃气产业技术创新战略联盟	新能源	2010年4月	21个	在科技部、北京市科学技术委员会等部门的推动下，由中国固废网等21家单位发起的城市集中式生物质燃气产业技术创新战略联盟于2010年4月在京成立。该联盟是一个以企业为主体的产学研紧密结合的行业组织，旨在推动生物质燃气产业关键技术的研发和应用，其成员包括高等院校、科研院所、企业等相关单位

续表

序号	联盟名称	所属领域	成立时间	成员数量	备注
14	中关村智能电网产业技术创新战略联盟	能源	2010年3月	50多个	为发挥北京市中关村在智能电网领域的优势，集成各方力量共同促进智能电网产业发展和有关重大项目在京落地。2010年3月12日，中关村管委会联合中国科学院北京分院、中国技术交易所等正式成立中关村智能电网产业技术创新战略联盟。发布了"兆瓦级商业储能"、"大型能源基地电网接入输送"、"大型水电流域综合监控"等一批创新能力强、经济效益高、带动作用大和应用前景广阔的重大科技成果项目
15	尾矿综合利用产业技术创新战略联盟	能源利用	2010年3月	33个	由中国资源综合利用协会牵头，联合33个企业、高等院校和科研机构创建的尾矿综合利用产业技术创新战略联盟，将在铁尾矿、有色金属尾矿等一批重点领域攻克一批附加值高的综合利用示范工程；此外，还将为尾矿综合利用行业提供技术支持，开展宣传和培训工作
16	污染场地修复科技创新联盟	环境	2010年1月	12个	首批进入联盟的理事单位包括北京大学、北京师范大学、中国科学院地理科学与资源研究所、中国环境科学研究所、北京市农林科学院、轻工业环境保护研究所、北京金属集团、北京勘查设计研究院、北京昊业怡生科技有限公司、北京博爱浩修复有限公司。联盟的这些理事单位涵盖了污染场地修复产业链上的设计、研究、装备制造、工程应用等环节，联盟应用链将实现倍增效益
17	固体废弃物处理处置科技创新服务联盟	环境	2010年1月	7个	首批理事单位包括研发实力雄厚的清华大学与北京市水利科学研究所等，工程设计与运营能力处于领先优势的环卫集团，行业装备制造龙头企业北京市机电研究院等，理事单位几乎涵盖了固废产业链上的所有环节。联盟将通过组织技术集群与企业集群的方式来实现倍增效益
18	北京生产力促进服务联盟	科技服务	2010年1月	19个	北京生产力促进服务联盟是在科学技术部的大力支持下，由北京市科学技术委员会牵头，组织北京地区的19家单位共同倡议发起成立的。联盟旨在整合、集聚北京生产力促进服务体系工作平台，搭建一个更加有效的北京生产力促进服务体系平台。联盟将组织成员有中关科技化科技中介服务和专业化科技生产力促进北京功能的优势服务资源，以及依托北京科技行动计划的落实等，围绕重点企业、产业尤其是其是战略性新兴产业的发展和中关村国家自主创新示范区的建设，有针对性的服务工作，使北京科技智力资源辐射环渤海地区乃至全国，并推进国际化发展进程
19	中关村物联网产业联盟	计算机	2009年11月	40多个	由中关村物联网产业链上下游具有优势的40多家机构共同发起组建的中关村物联网产业联盟于2009年11月在京成立。联盟通过3年的努力，推动建设10~12项标志性示范应用工程，培育8~10家行业龙头企业，形成一批自主知识产权和集成应用解决方案，获得国家或行业标准5项以上，使北京中关村成为中国物联网产业中心

续表

序号	联盟名称	所属领域	成立时间	成员数量	备注
20	肉类加工产业技术创新战略联盟	农产品加工	2009年11月	33个	由中国肉类食品综合研究中心、南京农业大学、中国农业大学、江苏雨润食品产业集团有限公司、河南漯河双汇实业集团有限责任公司共同牵头，联合行业骨干企业、重点院校、科研院所等33家单位共同发起筹建
21	食品装备产业技术创新战略联盟	食品	2010年10月	27个	由我国食品产业中从事科研、生产、工程与服务（装备与材料）的骨干企业、科研院所、高等院校等相关机构组成。联盟以《国家中长期科学和技术发展规划纲要（2006～2020年）》和《关于推动技术创新》为指导，以"引导产业发展，推动技术的研发与应用"为宗旨，坚持"面向市场，优势自愿，平等互补，风险共担"的原则，促进产业共性技术的研发与应用，建立跨地区、多层次开放合作并存的创新模式，构建行业产学研结合的技术创新体系，以提升自主创新能力
22	3G产业联盟	通信	2009年9月	32个	由北京三大电信运营商和增值服务商与大唐电信、中国普天、华为、中兴通讯、爱立信等30多家3G应用方案和设备制造商、构建3G产业合作平台、加盟会员单位的沟通与协作，及时交流产业发展动态，提高3G技术应用水平，不断开拓和创新3G应用内容及领域，推动和加快北京3G产业发展进程，为尽快做大做强北京3G产业服务
23	北京动漫游戏产业联盟	文化创意产业	2009年8月	87个	由北京行政区域内以漫画、动画、游戏、音像制品、舞台剧、演出、出版、播出和销售的开发、生产、手机动漫、手机游戏、包含动漫图书、动漫报刊、动画影视、网络游戏、单机游戏的新品种和新的生产和经营有关的企业单位自愿组合发起成立的临时性组织，动漫教育教材基于现代信息传播技术手段的新品种和新的生产和经营有关的企业单位为主体。联盟业务主管单位为北京市社会建设工作办公室、社团登记管理机关为北京市民政局，业务指导单位为北京市文化局
24	生物燃气产业技术创新战略联盟	生物燃气	2009年8月	20个	联盟成员包括杭州能源环境工程有限公司、北京德青源等行业内龙头企业及中国科学院、清华大学等科研院所和高等院校。联盟以国家战略目标、生物燃气产业发展需求和产学研各方的共同利益为纽带，将优秀的创新资源凝集，以提升产业技术创新链，优化和整合，实现产业化。联盟在未来3～5年，将为500个新农村提供生物燃气产业示范区，开展生物燃气产业共性关键技术的研发、升级和产业化，建成50座兆瓦级热电、肥联产生态农业化，城市1000辆汽车提供清洁生物燃气，建立100万亩以沼气为纽带的可持续发展生态农业示范区，燃气（集中供气）为目标，紧紧围绕生物燃气产业技术创新战略层面的有效结合

续表

序号	联盟名称	所属领域	成立时间	成员数量	备注
25	北京新药创制产学研联盟	生物医药	2009年7月	16个	由16家机构共同发起成立，旨在有效释放北京院所科技资源效能，真正建立以企业为主体的创新体系，加快科技成果在京的转化和落地，提升北京生物医药产业水平，为北京生物医药产业的健康、可持续发展积蓄力量
26	北京科普基地联盟	科普	2009年7月	60多个	由10家科普基地单位自愿联合发起成立，是国内首个联合科普联盟，现已吸引中国科技馆、北京自然博物馆、首都博物馆等60多家顶尖科普教育场所组成，科普产品研发结构，科普传媒机构加盟，将成为聚合北京科普资源、服务科普、实现北京科普工作共享共建，共创共赢体和平台
27	首都农产品加工科技创新服务联盟				同属首都新农村建设科技创新服务联盟。联盟以联盟化的资源整合服务方式、市场化的运作机制，践行一种新型的产业组织方式，重点格农村科技领域及重点农业的上中下游资源进行有效的衔接、促进企业、科研院所、高等院校、科技服务机构之间资源、信息、服务有效融合，并使这些要素能够在首都农村经济发展中真正显示出强劲效应，从而通过增强首都农业对外竞争力与创新服务力、提升企业创新能力，提升科技在新农村建设中的影响力，有效地促进科研院所成果转化
28	首都食品安全科技服务联盟				
29	首都籽种产业科技创新服务联盟	农业	2009年7月	100多个	
30	首都设施农业科技创新服务联盟				
31	北京农村水环境治理创新服务联盟				
32	中关村半导体照明产业技术联盟	环保	2009年6月	20多个	由北京半导体照明企业产业领域的企业、科研机构、测试机构、应用单位、行业组织等上下游20多家相关单位共同组建。联盟据聚凝聚上下游资源，在提升产学研合作自主创新能力，发挥北京在检测和标准制定方面的优势，推广大幕全彩显示和景观照明的高端应用等多个方面发挥一系列促进作用
33	首都钢铁服务产业联盟	钢铁	2009年6月	9个	由钢铁研究总院、北京矿冶研究总院等9家钢铁服务与生产单位共同发起成立，揽国内外工程技术服务项目，开展行业关键共性技术研究的联合会攻关，共建行业研发平台等方面发挥作用

续表

序号	联盟名称	所属领域	成立时间	成员数量	备注
34	首都太阳能光伏产业技术联盟				同属首都新能源产业技术联盟。联盟通过开展产业发展战略研究，制订规划，建立研发中心和试验平台等，引领产业发展方向；通过开发优势资源，强化产业链各环节，提升行业整体竞争力；通过对新能源产业共性技术的大力支持，引导建立产业标准，制定行业规范，形成新能源的整体发展的科技创新能力；联合企业界、科技界、市场界，制定新能源的整体发展的科技创新决策，为政府的科学决策、企业核心竞争力的提升，科研院所的技术产业化提供有效支撑；组织开展科技咨询，知识产权保护，人才引进与技术培训等，促进产学研用之间的行业交流与协作配套
35	首都太阳能光热产业技术联盟				
36	首都风能产业技术联盟	新能源	2009年6月	135个	
37	首都生物质能产业技术联盟				
38	首都浅层地能产业技术联盟				
39	首都核能产业技术联盟				
40	重大工程技术创新产业联盟	工程技术	2009年6月	10个	开展联合攻关和协同创新，承担国家科技重大专项和国家重大科技基础设施建设，加快重大工程科技成果的应用推广，促成重大产业化项目在北京落地，推动重点产业发展
41	奥运场馆体育产业技术联盟	体育经济	2009年6月	7个	老山自行车馆、老山山地自行车场、北京射击场飞碟靶场、小轮车赛场、首钢体育馆和石景山体育馆，位于石景山区的7个奥运馆共同合作，打造西五环体育产业带，同时还将开设专门的特色旅游观光线。7个奥运场馆利用自身优势，通过举办各种培训班、俱乐部等，重点推广飞碟、山地自行车、小轮车、滑板等极限运动项目；同时还适当改造奥运场馆，让普通市民免费、低价享受到奥运场馆里健身
42	北京创意产业版权价值开发协作联盟	文化创意产业	2009年6月	30多个	解决目前北京文化创意产业产品链调整中的断链问题，促进优秀版权产品利用价值升级，推动创意产业版权产品在跨行业市场间的有效互动和价值流通

续表

序号	联盟名称	所属领域	成立时间	成员数量	备注
43	中关村国际超导技术研究开发联盟	新材料	2009年5月	98个	该联盟是由致力于超导技术发展的企业、高等院校、科研机构及个人自愿组成的服务体系。联盟本着自愿互利、资源共享、分工协作的原则，围绕超导技术的研发、转移、咨询、服务和产业化的需要，以信息技术为支撑，以全新的运作方式为联盟成员提供全方位、深层次、个性化和专业化服务
44	中关村自主创新品牌建设联盟	传媒	2009年5月	8个	通过政府的宏观调整，在中关村科技园区推动海淀园的自身发展，带来宣传的聚集效应，使海淀园的传媒产业再上一个层次；前进的同时推动海淀园内形成具有自主创新品牌的媒体宣传链，在推动媒体宣传整体
45	投资北京联盟	投资	2009年4月	近20个	促进和实现项目与资本的对接，项目与专业服务的对接，为北京市招商引资和企业投资发展提供权威、专业、便利、高效的服务
46	北京新能源汽车产业联盟	汽车	2009年3月	60多个	联盟在技术合作、信息共享、政策争取等多个方面为联盟企业创造机会，通过合作创新改变中国新能源汽车产业核心技术和创新能力不足的现状，拉近中国在新能源汽车领域与国际尖水平的距离
47	中国传媒产业联盟	传媒	2008年12月	100多个	100多家成员包括全国各报业集团、电视台、新媒体、行业刊物等，目的是进一步发挥中国传媒产业优势资源，共同应对金融危机，共谋行业发展
48	中国高性能计算机产业联盟成立	计算机	2008年12月	10个	进一步整合我国高性能计算领域从上下游厂商、科研机构到重点应用领域的丰富经验和科技优势，加速我国高性能计算产业的标准化和产业化，增强我国高性能计算产业的国际竞争力
49	北京设计产业协作联盟成立	设计	2008年11月	14个	旨在通过自产学研结合及企业联合创新，整合优化设计产业链，提升北京的设计品牌，形成北京化设计产业链大单的能力，最终服务于企业的自主创新
50	中关村海淀园专业化联盟	—	2008年10月	14个	由中关村软件园、上地信息产业基地、中关村创新园、北大科技园、中关村环保科技示范园、北京航空航天大学科技园、中关村生命科学园、温泉科技产业基地、嘉豪多媒体创意产业园、中关村数字电视产业园、北京集成电路设计园、西山创意园发起
51	中国房地产工程采购联盟	建筑	2008年10月	90多个	为中国房地产行业、设计人士提供一个交流、沟通、学习、发展的行业平台，推动房地产业健康化发展；推动中国房地产工程集团化规模采购的发展，推动中国房地产业链的共同进步和共同繁荣
52	热泵热水机CRAA联盟	制造	2008年10月	7个	由获得中国制冷空调工业协会CRAA认证的7家单位发起，旨在推进热泵热水机产业健康发展

续表

序号	联盟名称	所属领域	成立时间	成员数量	备注
53	北京市智能卡行业知识产权联盟	通信	2008年6月	5个	实现真正意义上的专利联盟,即在企业积累相当的技术开发能力的基础上,由防御型的专利联盟向进攻型的专利联盟转变,直接参与国际技术标准的制定,做到以技术标准控制市场,创造市场。联盟最终以专利社会经营为主要工作内容,尝试通过专利经营为企业谋求利益和发展,逐步形成专利社会经营体系
54	中关村天使投资联盟	投资	2008年6月	50个	由三代近50位中关村企业家联合发起成立,初始启动资金近500万元。通过运用投资+辅导的模式,采用一套完整的流程,对同属子种子时期的创业项目进行扶持,以进一步完善中关村投资产业链、推进其真正成为中国的"硅谷"
55	中关村无线新媒体产业联盟	通信	2008年6月	18个	起草相关技术和应用标准,率先在联盟内部实现应用标准的统一,进而向行业推广,积极参与规范市场的行动,促进无线新媒体产业的可持续发展
56	中关村节能环保产业联盟	环保	2008年5月	183个	联盟为节能企业搭建产业集群的平台,促进企业竞争力的提升,提高企业经济效益,把中国节能企业做大做强。联盟以资源整合为龙头,以节能产品研发生产为基础,以拓展国内外市场为目标
57	中关村虚拟现实产业联盟	IT	2008年5月	90个	积极推动虚拟现实(VR)产业发展,致力于虚拟现实产业链相关产品的研发、制造、推广、服务
58	中关村大学科技园联盟	—	2008年5月	14个	由北京大学、清华大学、北京航空航天大学等科技园"强强联合"组成,旨在依托中关村地区大学科技园的各种资源优势,促进各大学科技园之间的合作交流
59	中国嵌入式系统产业联盟	IT	2008年4月	12个	由从事嵌入式系统研发生产、教育培训、咨询服务等相关业务的企事业单位自发成立,目的是在国内构建完整的嵌入式产业链,促进企业、国际同行之间的交流,为其创造更多的合作机会,提升企业整体竞争力
60	中关村数字电视增值业务产业联盟	IT	2008年1月	40多个	致力于搭建社会资源服务于数字电视增值业务创新发展的平台,联合广播电视运营商、技术提供商,内容提供商、终端厂商,实现产业内的资讯共享、资源整合,协助政府实现行业、社会资源的力量,交易畅通、资本运作
61	互动媒体产业联盟	通信	2007年12月	18个	联盟整合及协调国内互动媒体产业资源和社会资源,加大联盟成员在互动媒体领域的领先优势,促进国内互动媒体产业快速、健康发展,标准推进和资本运作,推动互动媒体相关产业链在中国及全球领域的应用,更好地服务广大消费者

181

续表

序号	联盟名称	所属领域	成立时间	成员数量	备注
62	海淀创业园风险投资产业联盟	投资	2007年11月	几十个	海淀引导基金与鼎辉创业投资基金、红杉资本等国内外知名创业投资机构共同成立海淀科技园风险投资产业联盟,将知名的风险投资基金引导到中关村,拓宽会员企业的融资渠道,同时搭建中关村风险投资信息及交易平台
63	中关村开放实验室产业联盟	—	2007年11月	36个	标志着中关村科技园区已形成了完整的创新网络。目的是促进中关村开放式实验室科技资源加强与园区高新技术企业在技术、信息、人才方面的交流与合作,促进技术的转移和转化,进一步发掘实验室科技资源和科研力量的潜力
64	北京国际文化创意产业联盟	文化创意产业	2007年11月	80多个	为国内外创意主体提供项目解化、信息交流、资源共享、成果展示、成果转化、产权保护、市场推广和人才培训的公共服务平台
65	北京地产业联盟	建筑	2007年11月	—	联盟致力于成为一个以营销策划、广告为主,同时兼顾房地产产业链的组织
66	中国电子政务软件产业化联盟	软件开发	2007年10月	30个	联盟由国家软件与集成电路公共服务平台发起。首批加入联盟的企业有中科红旗、中标软件、瓶星、金山等几十家国内企业,涵盖了操作系统厂商、数据库厂商、信息安全厂商、应用软件解决方案厂商、硬件提供商等电子政务产业链上的各类厂商。联盟将利用国家软件与集成电路公共服务平台的资源,通过成员间的合作和资源共享,来提升联盟成员成员的技术水平,推动国内软件在电子政务领域的应用
67	中国反垃圾邮件联盟	通信	2007年9月	9个	联盟旨在提供一个能讨论和研究如何反垃圾邮件的平台,讨论和研究如何反垃圾邮件,包括从技术、法律和人文方面;联盟提供一些服务和工具,用来帮助用希望对抗垃圾邮件的服务商消除一些垃圾邮件。目前提供的是免费服务,任何人都可免费使用上述服务
68	中国高清晰度视频光盘产业化联盟	通信	2007年9月	32个	旨在将中国版HD-DVD的基础研究,产品设计、生产制造、技术支持等方面都快速实现产业化、规模化,并实现全面国产化
69	北京汽配业联盟	制造	2007年6月	14个	保证公平竞争市场环境,匡扶汽车配件行业健康发展

续表

序号	联盟名称	所属领域	成立时间	成员数量	备注
70	北京市重点产业知识产权联盟	知识产权	2007年6月	50个	联盟涉及电子信息、医药生物、新材料应用、能源环保、光机电和精密仪器制造6个当今世界产业经济最发达领域，旨在搭建国外发明专利技术引进消化再创新公共平台，将已被外国授权、但未在我国申请注册、不受我国法律保护的国外有效高端发明专利，以及其他公知公用专业知识产权向各专家和行业专家免费引入北京市。北京市共有50家企业加入了北京市重点产业知识产权联盟，包括知识产权中小机构、律师事务所、银行、投融资机构、咨询机构在内的75家中小机构成了北京市重点产业知识产权联盟的战略合作伙伴
71	数字电视产业联盟	通信	2007年6月	135个	积极开展关键共性技术的合作研发；制定和推广技术标准；建立科技资源开放共享平台；设计并实施行业整体解决方案；开展校企合作，培养创新人才；吸引创业资本投资；建立产业技术信息和标准信息交流平台；开展国际科技合作与交流
72	中关村资源节约与能源管理服务产业联盟	环保	2007年6月	23个	积极开展与建筑节能、政府机构节能、绿色照明、余热余压利用、区域能源系统优化及"四节一环保"（节水、节地、节材、节能和工业节能与节能环保）等相关的科技攻关，推广环保与节能成熟技术和解决方案，推动现有技术标准的制定，为建筑节能和工业节能提供技术支撑服务，构建推广节能应用技术交流平台，建立节能环保融资平台
73	北京数控装备创新联盟	制造	2007年4月	22个	搭建交流协作平台，促进行业交流与配套协作；协调技术创新资源配置，推动技术创新及推广；整合行业创新资源，对接国家科技重大专项；促进行业合作的常规化、系统化、深入化
74	中关村农业生物技术产业联盟	农业	2007年2月	48个	协助政府研究制定北京市进一步推动农业生物技术产业发展的相关政策，研讨及技术研发联盟成员之间的交流与合作；全面提升中关村农业生物产业的核心竞争力
75	北京市太阳能产业联盟	新能源	2007年1月	33个	跟踪研究制定北京市太阳能产业发展战略及市场开拓与推进策略；给合调查北京产业发展的政策需求，提出相关政策建议，通过组织政策论坛，研讨及技术研发联盟等活动，推进产业技术进步；协助相关政府部门制定产业规范、标准、政策，维护行业秩序
76	北京协同创新服务联盟	技术转移服务	2007年1月	148个	由科技中介服务机构和其他科技投资机构，围绕技术创新、产品创新和管理创新，以聚合信息、引导资本和提供专业中介服务为主要任务，为各类创新主体提供专业服务

续表

序号	联盟名称	所属领域	成立时间	成员数量	备注
77	八方开源软件国际联盟	软件开发	2007年1月	100多个	联盟是由中国四方国际联盟与Object Web中间件开放软件联盟共同发起成立的,旨在推进国际中间件技术的共享和应用。Object Web中间件开放软件联盟是由法国国家计算机科学院、法国电信和法国国家计算机与自动化研究院于2002年共同创建的非营利性中间件开放软件联盟,该联盟利用开源策略进一步扩展两国在信息技术领域的科学研究与产业化合作;中国四方国际联盟是2005年11月在科学技术部的领导下,由"863"信息领域计算机软硬件主题专家组倡导,由北京大学、国防科学技术大学等高等院校与科研机构,以及中和威等中间件公司共同发起成立的,旨在集成"十五"规划"863"项目的中间件技术和成果,推动中国软件技术和产业生态链体系的发展,它以开源方式作为主要渠道,以积极传播"863"中间件技术成果为目的的
78	中关村手机动漫产业联盟	IT	2006年11月	400多个	联盟凝聚了400多家动漫游戏企业以及一大批国内知名漫画家,着力打造实质性专业服务平台,实现资源共享,逐步构建一个比较完整的服务体系,为会员企业提供专业化的服务
79	中关村CRO联盟	生物医药	2006年7月	22个	CRO,直译为"合同研究组织",通常称之为"研发外包",即以提供药品研发专业技术为营利模式,通过合作研发,获取利益回报
80	北京肿瘤研究联盟	生物医药	2006年7月	28个	由中国医学科学院、中国医学科学院肿瘤医院、北京大学医学部等9家单位联合,共同发起成立,是一个开放性的非营利法人联合体,欢迎肿瘤相关研究、生产、经营机构的加入;旨在整合优秀产学研资源,密切与国际同行间的合作交流,共同推动中国肿瘤研究相关学科的发展
81	中关村创意产业联盟	文化创意产业	2006年6月	—	旨在推动以科技和文化结合为基础的创意产业在中关村的发展,打造创意产业基地,打造完整产业链
82	中国无线局域网标准联盟(WAPI)	通信	2006年3月	22个	积累中国在3G、AVS等标准产业化方面的经验
83	国际中文语言资源联盟(CCC)	语言	2006年1月	7个	宗旨是搜集整合现有中文语音和语言数据库以及创建新的语音及语言数据;整合现有的涉及中文语音和语言的工具,分析、标注,提高工具实用性,以及开发新的中文语音和语言的工具;搜集整理和介绍有关中文语音和语言的交流与共享;促进中文语音和语言数据资源的交流与共享
84	中国建筑节能推广战略联盟	建筑	2005年12月	45个	联盟是由房地产开发商、建筑设计机构及相关机构联合倡议,发起成立的跨行业、战略性的合作联盟

续表

序号	联盟名称	所属领域	成立时间	成员数量	备注
85	中国生物技术创新服务联盟	生物医药	2005年9月	28个	旨在形成化学、生物两大技术服务链条
86	中关村V815民族品牌联盟	—	2005年8月	100多个	由中关村管委会"V815"民族品牌推广委员会宣布成立。上百家民族品牌陆续推出一款各自的经典产品,并都命名为"V815"系列产品
87	网络电视节目联盟	IT	2005年8月	2个	由北京歌华DV文化中心、北京华通新世界公司共同倡导并发起。联盟以发展广播电视网络互联网视音频节目为切入点,以广播电视网络视听节目和内容为基础,通过联盟共建一个融合网络上游节目资源、营销渠道资源、网络运营资源的环境,实现内容共享、渠道共享、用户共享,为运营商客户及其他消费者提供服务
88	中国硅知识产权产业联盟	IT	2005年8月	51个	由8家单位联合发起成立,旨在促进IP核设计企业和SoC设计企业间的技术交流和合作,提高企业IP/SoC设计的技术水平和创新能力;另外,通过建立并推广我国的IP核标准,形成一定的IP核交易规范,促进我国的IP核交易
89	中国科技地产联盟	建筑	2005年7月	100多个	北京城建等10家单位为联盟主席单位。利益共享、事业共进、利益共赢。联盟积极参与建设主管部门的相关工作,参与制定行业标准,树立典范项目开发,打造中国科技地产的整体品牌
90	中关村新能源技术(热泵)应用联盟	新能源	2005年5月	13个	由中关村国际环保产业促进会与相关的科研机构、企业等共同发起成立。将通过技术整合、优势互补,立足北京、辐射全国,开展新能源技术(热泵)在城市不同低位热源应用方面的规划和编制,相关技术研究、标准制定及示范工程建设工作与推广应用等工作
91	AVS产业联盟	通信	2005年5月	130个	由12家企业联合发起成立,致力于构建完备的数字音音视频产业链(技术→专利→标准→芯片→软件→整机与系统制造→数字媒体运营与文化产业),实现标准制定、技术跨越发展、产业进步和产业链上下游的重要企业,实现数字音视频应用的整体发展
92	闪联产业技术创新战略联盟	通信	2005年5月	129个	致力于制定和推广"闪联"标准。联盟涵盖中国信息和家电产业链上下游的重要企业,形成了产学研一体化的组织,中国台湾、美国等国均积极申请加入

续表

序号	联盟名称	所属领域	成立时间	成员数量	备注
93	中国 Linux 产业战略联盟	IT	2005年5月	60多个	主要任务包括:在政府相关政策的指引下,统一协调和优化各方资源,建立成员间互惠互利的合作关系,共同推动中国 Linux 产业的发展;实现中国 Linux 产业联盟的目标;围绕 Linux 产业的发展需要,建立 Linux 应用支撑服务体系,完善 Linux 产业的底层环节,共同营造一个有利于我国 Linux 产业发展的良好环境
94	环渤海技术转移联盟	—	2005年4月	7个	联盟是由北京、天津、河北、山西、内蒙古、辽宁、山东7省(自治区、直辖市)技术市场管理部门,技术转移服务机构共同发起的区域性合作组织,宗旨是发挥区域优势,共享科技资源,加速科技成果转化,从而促进环渤海地区科技经济的发展
95	长风开放标准平台合软件联盟	软件开发	2005年4月	73个	由22家企业发起,由软件与信息服务企业、科研机构、高等院校、用户和第三方机构联合成立,围绕"标准""应用""渠道""市场"开展工作
96	中国 RFID 产业联盟	IT	2005年4月	300个	围绕射频识别技术进行技术规范的制定,推广与完善,以及产业的发展和协调,推动政府制定有利于射频识别产业发展的重大产业政策,提升联盟成员的群体竞争力和互惠互利,推动与协助政府制定有利于射频识别产业发展的重大产业政策
97	中关村 IT 服务业联盟	IT	2005年3月	21个	包括联想,方正、同方、紫光等21家知名的 IT 企业,是中国第一个把 IT 服务业推向产业化的"服务航母"
98	中关村下一代互联网产业联盟	通信	2005年2月	40个	首批成员35个,由10多家高科技企业、电信运营商、研究机构共同发起,意在打造一个更紧密的以 IPV6 技术为核心的下一代互联网产业合作链
99	北京地区海淀园自主知识产权软件产业联盟	软件开发	2004年12月	8个	核心任务是通过成员之间的广泛合作和资源共享,形成合力,提升联盟的整体技术水平和合作默契,在推动软件产业链的同时推动各企业自主知识产权的软件的软件产业、整体前进同时推动各企业的发展
100	北京材料分析测试服务联盟	材料	2004年12月	18个	整合了北京最具实力的材料测试机构,工作思路是支撑、汇聚、引导、服务、宣传

续表

序号	联盟名称	所属领域	成立时间	成员数量	备注
101	中国太阳能热利用产业联盟（CS-TIF)	新能源	2004年12月	20个	共同目标：统一、协调地开展行业活动，以推动我国太阳能热利用产业持续、健康、有序发展
102	北京市生物肥料联盟	生物医药	2004年11月	9个	北京市生物肥料联盟企业技术研发平台即北京市生物肥料联盟，由中国科学院微生物研究所等9家单位联合建立。联盟聚集各方优势，对农用微生物制剂及相关产品进行进一步研究开发利推广使用，建设生物肥料领域国内一流的研发及成果转化基地，吸引国内外高端企业总部入住；同时寻找具有市场潜力的科研成果，通过平台整合优势资源，打造行业品牌
103	移动多媒体技术联盟（MMTA)	通信	2004年10月	9个	整合移动通信多媒体产业链条上的各方力量，推动新应用的创新与规范；提供一个公平合理的知识产权管理平台，加强国内与国际间合作，共同促进移动多媒体的发展；制定移动多媒体终端和应用的相关技术规范，推动行业研发与产业化
104	中国国产数据库产业技术联盟	软件开发	2004年9月	4个	由东软集团有限公司等4家企业自愿联合倡议成立，联盟宗旨：加强成员之间的技术结合，信息沟通、优势互补，促进形成国产数据库技术研发、行业应用和市场推广的一体化平台；发挥联盟成员的辐射作用，扩大国产数据库及其应用的市场影响和社会影响，推动我国自主知识产权的数据库管理系统产品的技术进步和市场开拓
105	中关村清新空气产业联盟	环保	2004年9月	11个	目的是推进清新空气产业技术应用和发展，增进全民对室内空气健康的意识
106	SCDMA产业联盟	通信	2004年8月	11个	推进SCDMA技术的产业化
107	有机农业与新农村建设联合体	农业	2004年6月	—	有机农业与新农村建设联合体基于有机农业良好的发展形势，结合中关村技术、信息优势，以及国内外市场的需求，以联盟的形式，积极促进有机农业产业链的形成，促进健康产业与区域经济互动发展
108	中关村软件企业出口联盟	软件开发	2003年12月	60个	工作包括国际化包装、宣传、推介，国际项目接洽与交流，软件外包行业资讯，政府政策推介与合作，专业化第三方服务

续表

序号	联盟名称	所属领域	成立时间	成员数量	备注
109	中关村城市污泥无害化产业联盟	环保	2003年11月	9个	开展污泥无害化相关政策及技术标准的研究，制定工作；完成北京城市污泥无害化利用项目的中试工作；进一步完善现有技术；实施北京年80万吨城市污泥无害化处置产业化工程及全国部分地区示范工程项目
110	"7+1"高科技企业联合体	生物医药	2003年10月	15个	由中国农业科学院饲料研究所牵头，由北京大北农集团等7家高新技术饲料企业共同发起
111	中关村新材料产业联盟	材料	2003年8月	—	由中关村高新技术企业协会和北京新材料发展中心牵头成立，目的是让企业作为市场经济的主体并推动新材料产业发展
112	中关村手机产业联盟	通信	2003年7月	16个	集成了联想移动通信强大的终端产品品牌与研发力量，以及联盟其他成员企业金山应用软件技术等，形成了手机产业技术的纵向生态链。智能操作系统、多媒体芯片技术、手写识别技术、显示屏技术以及金山应用软件技术等，形成了手机产业技术的纵向生态链
113	中国制造业信息化ERP产业技术联盟	软件开发	2003年4月	50多个	联盟是中国制造业信息化ERP领域唯一具有指导性、权威性和全国性的行业组织，主要致力于ERP软件技术及产业化的研究、发展、评估、市场推广和应用，同时为客户提供服务、公正、全面的市场调研报告、项目咨询及ERP实施和监理等业务。其宗旨是：在科学技术部的领导下，以提升我国的制造业企业核心竞争力为中心，坚持科学技术是第一生产力的思想，通过对ERP技术及软件产品的研究、应用、评估等（包括等）品测试、ERP产品标准、市场行为规范，ERP产业及技术培训等一系列工作，在政府、行业组织、企业之间发挥桥梁、纽带作用
114	中国手机软件技术联盟——"863"手机软件技术联盟(CMSTA)	软件开发	2003年	36个	联盟目标和任务：共同制定手机嵌入式软件的共性规范接口与数据交换格式，共同建立研制平台，实现技术共享与知识产权保护；共同推动联盟单位互利共赢合作。联盟已经制定了手机API标准，以促进嵌入式操作系统及软件平台的产业化。联盟将通过与中国移动运营商等运营商及其他制造单位的合作，凝聚力量、共同促进中国手机软件的研究开发，制定交易型手机软件的参考规范与技术标准，推动联盟产业链的形成
115	龙芯产业化联盟	IT	2002年12月	100多个	由中国科学院计算技术研究所、海尔集团、长城集团长软公司等单位联合发起，旨在推进"龙芯CPU"产业进程，并打造自主IT产业链的联盟，并将不断地吸引各专业领域的优秀产学研单位加成

续表

序号	联盟名称	所属领域	成立时间	成员数量	备注
116	中关村医疗器械产业联盟	生物医药	2002年10月	200多个	由北京中关村高新技术企业协会联合中关村科技园区内企业共同组建。基本任务是促进业内高新技术企业之间的交流与合作。在联盟中开展销售、技术开发、融资、管理等各个方面的合作。联盟作为企业和相关政府管理部门的桥梁，逐步开展销售、技术开发、融资、管理等各个方面的合作。联盟作为企业和相关政府管理部门的桥梁，积极组织各类活动，帮助解决发展中的各种问题。主要开展工作：组织联盟内企业实行产品代理销售或捆绑销售；建立顺畅的沟通渠道，组织综合性的联盟招投标活动，扩大社会影响和市场渠道；以每年医疗器械行业大的展会为主，其他展会为辅，组织联盟企业集体参展，树立中关村的品牌形象；建立行业自律机制，维护联盟成员的合法权益等
117	TD-SCDMA产业联盟	通信	2002年10月	60多个	由8家企业自愿联合发起成立，主要围绕TD-SCDMA技术进行标准的推进与完善，以及产业的管理和协调，促进企业间资源共享和互惠互利，建议政府制定有利于TD-SCDMA发展的重大产业政策，提升联盟内通信企业的群体竞争力
118	金山合作伙伴联盟（KAFP）	软件开发	2002年10月	—	是我国首次成立的办公软件供应商和软件开发商的合作联盟，由系统集成商或应用集成商、应用方案开发商（SD）及客户应用方案开发商（CAD）、独立软件开发商（ISV）、Internet/Web应用开发商构成，应用方案开发有利于软件开发商为客户提供软件开发等服务，与金山公司建立互惠互利的合作关系等
119	清华紫光医药联盟	生物医药	2001年1月	3个	由紫光生物、浙江医药和百科药业3家上市公司共同发起成立，3家公司通过联盟形式的互补性合作，有效地整合各自分散的人才、技术和资本，聚合产业链，极大增强联盟成员盘活现有资产存量，优化资产结构和推动医药产业的业务升级
120	星网工业园	通信	2000年	30个	以诺基亚公司为龙头企业，将手机原材料、零部件生产商集中在北京星网工业园内，通过实现零库存和规模经济的目标，以及世界一流的生产运作和快速灵活的经营管理、共享资源和信息，极大增强诺基亚公司及其合作伙伴的全球竞争力
121	亚洲农业信息产业技术联盟	农业	1999年10月	—	联盟定位以内容为主，主要提供有偿的农业方向的信息、咨询服务，并接受客户的个性化需求，提供个性化信息产品；提供面向开放的大众农业信息产品，并指导着客户如何应用信息产品与生产与经营服务等
122	中国信息产业数字化（3C产品）产业联盟	软件开发	1999年6月	51个	联盟由中国信息产业商会与中国科学院软件工程中心、长城、联想、北大方正等国内51家单位联合发起成立，本着"联合、创新、发展"的宗旨，探讨3C信息产业的发展战略模式，协助政府制定并贯彻实施相关技术产品的标准规范。联盟制定行业规约，本着多做实事、互利互惠的原则，坚持技术创新，促进我国完整地形成数字化3C产业产品、3C产业链，提高我国3C企业和产品的竞争力

附录四 北京地区产业技术联盟调查问卷

第一部分 产业技术联盟基本情况

请在题目右侧填写。

1. **联盟名称：** ＿＿＿＿＿＿＿＿＿＿＿＿＿＿＿＿＿＿

   成员数从最初的＿＿＿＿个发展到目前的＿＿＿＿个（截至 2009 年 12 月 31 日）

   （2010 年新组建的联盟填目前成员单位数量）

2. **联盟成立动因：**

   A. 根据企业发展需要自发组织成立　　　B. 政府的支持下推动成立

   C. 其他（　　　）

3. **联盟所属行业领域：** ＿＿＿＿＿＿＿＿＿＿＿＿＿＿＿

4. **联盟成员的构成（多选）：**

   A. 企业（　　　）家，其中跨国公司（　　　）家

   B. 科研机构（　　　）家

   C. 高等院校（　　　）所

   D. 政府机构（　　　）个

   E. 第三方机构（　　　）家

   F. 用户（　　　）个

5. **联盟的地域性：**

   A. 全国范围　　　　　B. 以北京地区为主　　　　　C. 仅限北京地区

6. **联盟的营利性：**

   A. 非营利性　　　　　　　　B. 营利性

7. **联盟形成与发展主要模式：**

   A. 技术驱动型　　　　　　　B. 市场驱动型

   C. 政府驱动型　　　　　　　D. 混合驱动型

8. **联盟的目标：**

   A. 主要以合作研发关键技术为目标　　B. 主要以共同开发利用市场为目标

   C. 主要以制定产业技术标准为目标　　D. 主要以完善产业链协作为目标

E. 主要以改变或建立社会规则为目标　　F. 其他（　　　）

9. 联盟的创新点：_____

10. 联盟的科技成果数量：

（1）联盟是否有技术标准：

A. 有，其中（　　　）个国际标准，（　　　）个国家标准，（　　　）个行业标准，（　　　）个地方标准

B. 没有

（2）联盟的授权专利总数量：

A. 小于 5　　　　　　　　　　　　　B. 5～49

C. 50～99　　　　　　　　　　　　　D. 100～199

E. 大于 200

（3）经认定的联盟自主创新产品数量为（　　　）个。

11. 联盟在促进产学研方面的作用：

A. 开展关键、共性技术的联合攻关，促进技术集成创新

B. 促进科技成果转化及产业化

C. 促进重大产业化项目落地，形成产业集群、产业基地

D. 培养实用型、创新型科技人才

E. 探索产学研结合的有效模式

F. 其他（　　　）

12. 联盟是否设立知识产权管理部门或建立专利池并提供专利许可服务（选 A 请继续回答第 13 题）：

A. 有　　　　　　　　　　　　　　　B. 没有

13. 联盟专利池的组建与运作：

（1）是否对专利池中的专利进行评估，选择必要专利：

A. 是，由（　　　）执行　　　　　　B. 否

（2）专利池的对外专利许可：

A. 执行统一的收费标准，并根据各成员所拥有的专利数量按比例分配

B. 暂时没有对外许可使用　　　　　C. 其他（　　　）

（3）有关知识产权管理机构：

A. 采用有限责任公司形式　　　　　B. 由专利池委托其部分成员负责

C. 其他（　　　）

14. 联盟是否开展国际合作交流方面的工作（选 A 请继续回答问题 15）：

A. 有　　　　　　　　　　　　　B. 暂时没有

15. 联盟国际合作交流采取什么样的方式（多选）：

A. 人才交流　　　　　　　　　　B. 技术交流与项目合作

C. 技术引进　　　　　　　　　　D. 组建跨国战略联盟

E. 其他（　　　）

16. 目前联盟是否有人才培训或培养计划：

A. 有　　　　　　　　　　　　　B. 暂时没有

17. 联盟技术成果产业化解决方案：＿＿＿＿＿＿＿＿＿＿＿＿＿＿＿

18. 联盟承担过及正在实施的项目有：＿＿＿＿＿＿＿＿＿＿＿＿＿

（1）国家级（　　　）项，请按项目经费额由多到少的顺序列出前 5 项项目的名称、经费额及进展情况（分完成、正在实施两种情况）。

项目 1：名称（　　　）　　经费额（　　　）万元　　进展情况（　　　）

项目 2：名称（　　　）　　经费额（　　　）万元　　进展情况（　　　）

项目 3：名称（　　　）　　经费额（　　　）万元　　进展情况（　　　）

项目 4：名称（　　　）　　经费额（　　　）万元　　进展情况（　　　）

项目 5：名称（　　　）　　经费额（　　　）万元　　进展情况（　　　）

（2）省部级（　　　）项，请按项目经费额由多到少的顺序列出前 5 项项目的名称、经费额及进展情况（分完成、正在实施两种情况）。

项目 1：名称（　　　）　　经费额（　　　）万元　　进展情况（　　　）

项目 2：名称（　　　）　　经费额（　　　）万元　　进展情况（　　　）

项目 3：名称（　　　）　　经费额（　　　）万元　　进展情况（　　　）

项目 4：名称（　　　）　　经费额（　　　）万元　　进展情况（　　　）

项目 5：名称（　　　）　　经费额（　　　）万元　　进展情况（　　　）

（3）市场委托（　　　）项，请按项目经费额由多到少的顺序列出前 5 项项目的名称、经费额及进展情况（分完成、正在实施两种情况）。

项目 1：名称（　　　）　　经费额（　　　）万元　　进展情况（　　　）

项目2：名称（　　）　　经费额（　　）万元　　进展情况（　　）

项目3：名称（　　）　　经费额（　　）万元　　进展情况（　　）

项目4：名称（　　）　　经费额（　　）万元　　进展情况（　　）

项目5：名称（　　）　　经费额（　　）万元　　进展情况（　　）

（4）自筹经费立项（　　）项，请按项目经费额由多到少的顺序列出前5项项目的名称、经费额及进展情况（分完成、正在实施两种情况）。

项目1：名称（　　）　　经费额（　　）万元　　进展情况（　　）

项目2：名称（　　）　　经费额（　　）万元　　进展情况（　　）

项目3：名称（　　）　　经费额（　　）万元　　进展情况（　　）

项目4：名称（　　）　　经费额（　　）万元　　进展情况（　　）

项目5：名称（　　）　　经费额（　　）万元　　进展情况（　　）

19. 联盟法律身份：

A. 挂靠在行业协会或其分会下　　　　B. 公司形式

C. 挂靠在科研服务机构下　　　　　　D. 未注册

E. 其他（　　）

20. 联盟的开放性：

A. 门槛较高　　　　　　　　　　　　B. 门槛较低

C. 完全开放

21. 联盟选择成员的条件（多选并排序）：

A. 具有先进技术或新技术　　　　　　B. 具有互补性技术开发资源

C. 具有市场开拓优势　　　　　　　　D. 企业规模大实力强

E. 具有政府关系和资源　　　　　　　F. 具有国际资源

G. 与理事长（董事长）单位关系良好　H. 与联盟目标和理念一致

I. 其他（　　）

22. 联盟的治理方式为：

A. 成员大会-理事会-秘书处　　　　　B. 理事会-秘书处

C. 联盟内的某单位主导　　　　　　　D. 股东大会-董事会-总经理

E. 其他（　　）

23. 联盟的研发经费主要来源（多选）：

A. 联盟企业按比例出资　　　　　　　B. 政府资助

C. 委托项目研发费　　　　　　　　D. 贷款

E. 各自独立　　　　　　　　　　　F. 其他（　　）

24. 联盟的日常运作费来源：

A. 会费　　　　　　　　　　　　　B. 政府资助

C. 项目提取管理费　　　　　　　　D. 其他（　　）

25. 联盟经费支出方向（多选并排序）：

A. 宣传　　　　　　　　　　　　　B. 培训

C. 对外各项活动　　　　　　　　　D. 交流与学习

E. 内部研发　　　　　　　　　　　F. 日常运行

G. 项目前期费用　　　　　　　　　H. 市场推广

I. 共性设施建设　　　　　　　　　J. 其他（　　）

26. 联盟运作过程中遇到的问题：

（1）成员间文化差异　　A. 较大　　B. 一般　　C. 没有

（2）成员机会主义行为　A. 存在　　B. 不存在

（3）效益分配争议　　　A. 较多　　B. 一般　　C. 较小

（4）管理方面　　　　　A. 困难较大 B. 一般　　C. 困难较小

（5）技术共享　　　　　A. 充分　　B. 一般　　C. 不充分

（6）资源共享　　　　　A. 充分　　B. 一般　　C. 不充分

（7）成员间相互信任度　A. 大或较大 B. 一般　　C. 没有

（8）成员间的沟通机会　A. 较多　　B. 一般　　C. 较小

（9）其他（　　）

27. 联盟下一步的工作计划（多选）：

A. 加强宣传与品牌建设　　　　　　B. 争取全国或国际市场

C. 加强联盟基础建设与研究　　　　D. 战略性新兴产业培育

E. 调整并深化产业布局　　　　　　F. 进一步明确联盟管理运作

G. 探索联盟机制创新　　　　　　　H. 申请重大科技项目

I. 加强联盟内外的交流与合作　　　J. 扩大规模

K. 其他（　　）

28. 预定目标完成后联盟会：

A. 解散　　　　　　　　　　　　　B. 转型

C. 寻找新的目标　　　　　　　　　　D. 其他

29. 联盟之间的关系：

（1）竞争对手

A. 有（　　　　　）　　　　　　　　B. 暂时没有

（2）联盟与其他联盟的联系

A. 有（a. 学习交流 b. 业务合作）　　B. 没有

第二部分　政府对产业技术联盟的作用及影响

30. 政府在联盟发展过程中的作用：

A. 很大　　　　　　　　　　　　　　B. 较大

C. 一般　　　　　　　　　　　　　　D. 不太大

31. 希望政府重点支持联盟建设的哪个环节，如何支持（多选）：

A. 筹建和启动（　　　）　　　　　　B. 战略规划（　　　）

C. 项目实施（　　　）　　　　　　　D. 运营管理（　　　）

E. 市场开拓（　　　）　　　　　　　F. 其他（　　　）

32. 您认为以下政府出台的政策中哪个对联盟影响较大（多选）：

A. 科技重大专项项目（课题）经费间接费用列支管理方法

B. 政府设立的重大科技成果转化和产业化投资专项资金

C. 中小科技型企业投标承接重大建设工程项目的若干措施

D. 股权激励改革试点工作，以及企业股权、分红激励实施方法

E. 开展政府采购自主创新产品试点工作

F. 促进中关村科技园区产业技术联盟发展的实施办法

G. 其他（　　　）

33. 您认为政府的哪些措施对联盟的影响较大或有利于联盟发展（多选并排序）：

A. 出台有利于联盟发展的政策

B. 加大资金支持力度

C. 鼓励并帮助联盟承担重大科技项目

D. 建设公共信息服务平台

E. 建设基础设施

F. 完善相关法律保障体系，明确法律地位

G. 建立健全的产权保护体系

H. 建立社会信用监督机制

I. 制订人才培养计划

J. 开展国内外合作交流活动

K. 其他（　　　）

后　记

　　第一个产业技术联盟于 1999 年成立以来，北京地区产业技术联盟已走过十多年的历程，目前无论在数量上还是规模上，都处于全国领先地位。实践证明，北京地区产业技术联盟的蓬勃发展与政府的大力支持密切相关。特别是 2009 年 4 月"科技北京"行动计划发布实施以来，北京市科学技术委员会采取各种措施促进产业技术联盟的构建和发展。因此，摸清产业技术联盟发展现状、明确政府在产业技术联盟发展过程中的作用和定位、总结政府的支持方式和经验、尽快完善促进产业技术联盟发展的政策和措施，是产业技术联盟健康、持续发展的重要保障。

　　2009 年下半年以来，北京市科学技术情报研究所受北京市科学技术委员会的委托，成立了课题组，积极开展"政府推动产业技术联盟发展"软科学研究课题的组织实施工作，取得了有价值的研究成果，构成了本书的重要基础。在确定课题框架和内容、设计调研问卷、实地走访调查和讨论研究过程中，课题组得到了北京市科学技术委员会科技宣传与软科学处调研员张星、北京市科学技术委员会高新技术产业化处副处长李建玲、北京市高新技术成果转化服务中心副主任王觅时、北京科学学研究中心赵京澄，以及北京协同创新服务联盟的李永强、马海燕等的支持和帮助。调研过程中得到了北京地区 42 个产业技术联盟的配合和支持。本书在撰写过程中，还有幸得到了北京市人大常委会教科文卫体办公室副主任颜振军、中国科学院科技政策与管理科学研究所研究员康大臣、冷民，新奥特集团博士后科研工作站主任姚景平等多位专家的指导，他们贡献了很多真知灼见，在此表示衷心的感谢！

　　此外，为了更好地完成本书的撰写工作，课题组积极参加了北京市科学技术委员会科技宣传与软科学处、高新技术产业化处组织的各种形式的产业技术联盟讨论会、调研座谈会等，包仁艳、袁晓庆、刘光宇、周学政、刘利永、苗润莲、张彦军、李莹等参与了课题研究和本书的起草工作，在此一并表示感谢。

　　本书成稿后，课题组邀请了中国产学研合作促进会副秘书长丁雪伟、中国科学技术发展战略研究院邸晓燕和北京市科学技术委员会原副总工程师张彤对本书进行审阅，三位老师提出了许多宝贵意见，在此特别致谢。

作　者
2011 年 5 月